한국의 차 문화 천년
4

한국의 차 문화 천년 4
조선 초기의 차 문화

송재소·조창록·이규필 옮김
2012년 4월 9일 초판 1쇄 발행
2023년 1월 31일 초판 2쇄 발행

펴낸이 한철희 | 펴낸곳 돌베개 | 등록 1979년 8월 25일 제406-2003-000018호
주소 (413-756) 경기도 파주시 회동길 77-20 (문발동)
전화 (031) 955-5020 | 팩스 (031) 955-5050
홈페이지 www.dolbegae.com | 전자우편 book@dolbegae.co.kr

책임편집 이경아·이옥란
편집 최혜리·소은주·권영민·이현화·김태권·김진구·김혜영
표지디자인 민진기 | 본문디자인 이은정·박정영 | 마케팅 심찬식·고운성·조원형
제작·관리 윤국중·이수민 | 인쇄 한영문화사 | 제본 경일제책사

글 ⓒ 아모레퍼시픽 | 사진 ⓒ 백종하

ISBN 978-89-7199-473-3 (94810)
ISBN 978-89-7199-340-8 (세트)

책값은 뒤표지에 있습니다.

이 도서의 국립중앙도서관 출판시도서목록(CIP)은 e-CIP 홈페이지
(http://www.nl.go.kr/cip.php)에서 이용하실 수 있습니다.(CIP제어번호: CIP2012001372)

한국의 차 문화 천년 4

조선 초기의 차 문화

'한국의 차 문화 천년'을 펴내며

인간의 기호식품으로 차茶만큼 오랜 역사를 가진 것도 없을 것이다. 차의 원산지라 할 수 있는 중국에서는 수천 년 전부터 차를 마셔 왔으며, 이 중국 차가 세계 각국으로 전파되어 지금은 170여 개국에서 하루에 20억 잔의 차를 마신다고 한다.

『삼국사기』三國史記의 기록에 의하면 우리나라에서는 7세기 중반 신라 선덕여왕 때 이미 차를 마셨다. 홍덕왕 3년(828)에는 중국으로 사신 갔던 김대렴金大廉이 돌아오면서 차 종자를 가져왔는데 왕이 이를 지리산에 심게 해서 차가 널리 성행하게 되었다. 그러나 신라 시대에 차가 얼마나 대중화되었는지는 알 수 없다. 고려 시대에는 궁중과 귀족, 특히 승려 사이에 차가 크게 유행했으나 일반 서민의 기호식품으로까지 확대되지는 못한 것으로 보인다. 조선 시대에는 차 문화가 다소 위축되어 주로 궁중이나 민간의 의식용儀式用으로 차가 쓰였고, 사찰의 승려들이 그 맥을 잇다가 다산茶山, 초의草衣, 추사秋史 등 걸출한 다인茶人들이 차를 중흥시켰다. 그러나 역시 차는 서민이 즐겨 마시는 기호식품과는 거리가 있었다.

현대에 와서야 차가 대중화되었다고 말할 수 있다. 지금은 차가 이른바 '웰빙 식품'으로 널리 사랑받고 있고, 신체의 건강뿐만 아니라 정신 건강의 증진에도 기여한다고 인식되고 있다. 차는 이제 어디에서나 쉽게 구할 수 있고 누구나 마실 수 있는 대중의 기호식품으로 확고하게 자리 잡았다.

『한국의 차 문화 천년』은 일찍부터 차 문화의 보급과 차의 대중화를 선도해온 (주)아모레퍼시픽의 출연 재단인 아모레퍼시픽재단의 야심적인 기획이다. 우리 역사상 어느 때보다 차가 대중의 사랑을 받고 있는 이 시점에서, 우리의 유구한 차 문화 전통을 종합, 정리함으로써 이 땅의 차 문화를 한층 더 발전시키자는 의도에서 기획되었다.

전 6권으로 간행될 이 기획물은 신라 시대에서부터 현대에 이르기까지 차에 관한 문헌 기록 자료의 집대성에 목표를 두고 있다. 차시茶詩를 포함한 개인 문집의 자료, 『조선왕조실록』朝鮮王朝實錄, 『고려사』高麗史, 『삼국사기』 등의 관찬 사료官撰史料와 『임원경제지』林園經濟志, 『성호사설』星湖僿說, 『음청사』陰晴史 등의 별집류別集類를 비롯하여 이전에 발굴되지 않은 자료까지 차에 관한 모든 문헌 자료를 망라하고자 한다.

이 작업은 결코 쉬운 일이 아니다. 산적한 한문 전적을 일일이 뒤져서 차에 관한 자료를 발췌하는 일도 어렵거니와 이렇게 뽑은 자료를 번역하는 일 또한 만만치 않다. 최선을 다하지만 여전히 누락된 자료가 있을 것이고 미숙한 번역이 있을 줄 안다. 이 점은 앞으로 계속해서 수정, 보완해 나갈 것이다. 아무쪼록 차를 사랑하는 다인들과 차를 연구하는 학자들의 자료로 활용될 수 있다면 다행이겠다.

물심양면으로 아낌없는 지원을 해준 (주)아모레퍼시픽의 서경배

사장님을 비롯하여 아모레퍼시픽재단의 관계자 여러분, 그리고 꼼꼼하게 원고를 손질해준 돌베개 출판사의 편집진들께 이 자리를 빌려 고마운 마음을 전한다.

송재소

'조선 초기의 차 문화'를 엮어 내며

이 책은 '한국의 차 문화 천년' 시리즈의 네 번째 책으로, 조선 초기의 차 문화 관련 기록들을 수집·번역한 것이다.

조선 초기는 흔히 한국의 차 문화가 쇠퇴기에 들어선 시기로 인식되고 있다. 그러나 비록 왕실과 사찰을 중심으로 차 문화가 화려하게 꽃피었던 고려시대만큼은 아니지만, 한적하고 담백한 취미를 가진 관료와 문인들 사이에서 여전히 차가 애호되고 있었다.

이 책은 변중량卞仲良에서부터 심언광沈彦光에 이르기까지 모두 46명 189편의 시문을 수록하였다. 이중에는 김종직金宗直·김시습金時習·이목李穆 등 기왕에 다인茶人으로 이름이 알려졌던 인물들도 있으나, 이원李原·변계량卞季良·유방선柳方善·이승소李承召·홍귀달洪貴達·성현成俔·남효온南孝溫·조위曺偉·이식李湜·정희량鄭希良·김안국金安國 등 낯선 인물들도 많다. 이들은 대개 네댓 편 이상의 관련 시를 남겼다. 그중에서 유방선의 「즉사」卽事라는 시를 보면,

만년에 궁벽한 곳 좋아하여

먼 산에 거처를 잡았네.
차를 심고 약초밭 일구며
대나무 심어 낚싯대 만드네.
봄빛에 잠이 안 와 심란한데
새소리가 한적함을 깨누나.
누가 알리오, 초가집 아래에
누워 노니는 느긋함이 있는 줄.

이라고 하여, 자연에 묻혀 사는 한가롭고 근심 없는 일상을 읊었다. 특히 "차를 심고 약초밭 일구며"라고 한 대목을 보면, 개인적으로 차를 재배하여 즐겼음을 알 수 있다. 또 김시습의 「천원역 누각에서」(川原驛樓)나 「차나무를 기르며」(養茶)를 보면, 개인적인 필요로, 또는 공물로 바치기 위해 차를 길렀음을 확인할 수 있다. 이러한 사실들을 통해, 뜻밖에도 민간에서 차 재배가 상당히 일반적으로 이루어졌음을 짐작할 수 있다.

한편 조선 초기는 고려 말기까지 성행하던 말차 위주의 차 문화가 잎차 위주의 차 문화로 전환되던 시기였다. 그 대표적인 차가 바로 작설차인데, 이와 관련하여 김시습의 「작설차」(雀舌)라는 시를 보면,

남국의 봄바람 부드럽게 일어날 때
차 숲 잎사귀 밑에 뾰족한 부리 머금었네.
연한 싹을 가려내면 아주 신령스레 통하는 것
그 맛과 품류는 육우의 『다경』에 수록되었네.
자순紫筍은 기旗와 창槍 사이에서 뽑아낸 것

봉병鳳餠이니 용단龍團은 모양 두고 하는 말.
푸른 옥병 속에서 활화活火로 끓여 낼 때
게 눈 같은 거품 일며 솔바람 소리 나네.
산당山堂의 고요한 밤에 손들이 둘러앉아
운유차雲腴茶 한번 마시면 두 눈이 밝아지네.
당 태위黨太尉의 풍미를 슬쩍 맛본 촌사람이
어찌 알리, 설차雪茶가 이처럼 맑은 줄을.

이라고 하였다. 봄날 차밭에 돋아나는 연한 싹, 찻물을 끓이며 듣는 솔바람 소리, 겨울날 설차를 마시는 운치가 모두 어우러진 대표적 차 시라고 할 수 있다.

또한 손꼽히는 작품으로, 김종직이 1471년 함양군수로 부임하여 엄천사 북쪽 죽림에 차밭을 조성하고 지은 「다원」茶園이라는 시가 있다. 그 서문을 보면, 당시에 차를 공물로 바치던 실상, 차의 거래가, 지방관으로서 백성의 부담을 덜고자 하는 마음 등을 읽을 수 있다. 또 차에 관한 전문 저술도 등장했는데, 이목李穆의 「다부」茶賦가 바로 그 것이다. 그 내용은 글을 짓게 된 동기, 품종, 산지, 풍광, 채취, 달이기, 마시기, 다섯 가지 공과 여섯 가지 덕, 차에 대한 자신의 철학 등을 읊은 것으로, 차에 관해서는 최초로 본격적이고 종합적인 내용을 다룬 작품이다.

다음으로 『조선왕조실록』에서 태종, 세종, 성종 대의 차와 관련된 기사를 수록하였다. 주요 내용을 보면, 다방茶房을 비롯한 중앙 아전들의 전근에 관한 규정, 사헌부의 다시茶時에 관한 논의, 조선과 명나라 혹은 유구국 사이에서 차나 차 도구를 선물한 기록, 궁중 의식에 차를 사용한 일, 중국의 차 전매법에 대한 논의 등이 있다.

또 이와는 별도로 『세종실록 지리지』에서 조선 전역의 토산품을 열거한 대목을 선별하였는데, 경상도의 밀양·울산·진주·함양·고성·하동·산음·진해, 전라도의 고부·옥구·부안·정읍·나주·영암·영광·강진·무장·함평·남평·무안·고창·흥덕·장성·순창·구례·광양·장흥·담양·순천·무진·보성·낙안·고흥·동복·진훤 등이 차의 산지로 나열되어 있다. 특히 나주목 무장현의 용산龍山과 재역梓亦, 장흥도호부의 요량饒良·수태守太·칠백유七百乳·정산井山·가을평加乙坪·운고雲高·정화丁火·창거昌居·향여香餘·웅점熊岾·가좌加佐·거개居開·안칙곡安則谷 등 열세 곳, 동복현의 와지다공리瓦旨茶貢里에는 다소茶所가 있다고 하였다.

그 밖에 이 책에 수록한 자료들을 보면, 절을 무대로 했거나 스님과 교유한 사실을 다룬 글이 상당히 많다. 그것만 보더라도 사찰이 조선 초기에도 여전히 차 문화의 주요 공간으로 자리매김하고 있었음을 알 수 있다. 이러한 점에서 볼 때 이 책은 고려시대에서 조선 후기에 이르는 차 문화의 공백기를 설명하는 자료가 될 수 있을 것이다.

마지막으로 조선 후기에서 시작하여 모두 4권의 책이 나오기까지 번역자 이상으로 꼼꼼하게 교정을 보아 주신 돌베개 편집부에 진심으로 감사의 말씀을 드린다.

2012년 4월
역자 일동

차 례

'한국의 차 문화 천년'을 펴내며 5
'조선 초기의 차 문화'를 엮어 내며 8
일러두기 18

변중량 卞仲良, 1345~1398 한적한 집에서 중려와 우연히 읊다 21

권근 權近, 1352~1409 지관사 서봉에 오르다 22 | 16일 집에 당도하여 편지를 얻어 보고 23 | 매계 스님이 평전을 전송하는 시권 끝에 쓴다 25 | 장의사의 청재에서 초사를 짓다 26 | 복재가 안양에게 준 시에 차운하여 28 | 눈 내리는 가운데 시를 지어 29 | 오대산 서대 수정암 중창기 31

이직 李稷, 1362~1431 우산 장로의 시권에서 차운하여—이름은 계융이다 36 | 시 출당 38 | 9일 법림사 주지 월창 방장을 방문하여 41

이원 李原, 1368~1429 한적하게 살며 42 | 앞의 운자를 써서 춘정에게 드림 43 | 사가정 시를 차운하다 45 | 관음사에서 밤을 보내며 46 | 허 스님에게 주다 47 | 연정에서 윤 교수를 초대하여 48 | 다시 명정암 시를 차운하여 49

변계량 卞季良, 1369~1430 백화사에서 경도를 바라보며 50 | 자다가 일어나 52 | 오원의 용봉사에 쓰다 53 | 윤후의 시권에 쓰다 54 | 밤에 앉아 55 | 서경 사상께서 돌솥을 선물했기에 시로 보답하다 56

하연 河演, 1376~1453 벗이 무쇠탕관을 보내 준 것에 사례하다 59 | 산옹이 잣을 보내 준 것에 사례하다 60 | 지리산의 산승이 햇차를 보내오다 61

유방선 柳方善, 1388~1443   동암에게 주다 62 | 호 스님에게 부치다 65 | 즉사 68 | 우연히 짓다 69 | 새벽에 산승의 집을 찾다 70 | 산승을 찾아가다 71 | 산중 생활 72 | 명곡 스님에게 드리다 73 | 초가의 벽에 장난삼아 적다 75 | 회포를 읊다 76 | 산사에 세 들어 살며 77 | 공덕사에 계신 명곡 스님께 시를 올리다 78 | 명곡 스님을 곡하다 79 | 지리산 심 스님이 시를 청하기에 80

정극인 丁克仁, 1401~1481   여승을 읊어 고부 군수에게 부치다 81

박휘겸 朴撝謙, 미상   불우헌음 83

최항 崔恒, 1409~1474   매창에 비친 달 85

김수온 金守溫, 1409~1481   호로새 87 | 풍기 김공이 찾아준 것에 사례함 88 | 궁실과 저택은 사대부가 거처하는 곳이니 89 | 실제 91

신숙주 申叔舟, 1417~1475   선종 판사 수미가 찾아오셨기에 이튿날 아침 시로 사례하다 92

서거정 徐居正, 1420~1488   병가를 얻다 96 | 안견의 〈산수도〉에 쓰다 — 겨울 경치 98 | 다조 100 | 외질 이생이 시골집으로 나를 방문하다 101 | 2월 22일 밤에 눈보라가 크게 몰아쳐서, 새벽에 일어나서 짓다 102 | 세 번째 화답하다 104 | 앞의 운을 사용하여 — 일휴에게 부쳐서 화답하기를 요구하다 106 | 병중에 오은군에게 부치고 겸하여 기백에게 적어 보내다 108 | 다섯 번째 화답하다 110 | 앞의 운에 네 번째로 화답하여 홍이부, 윤담수에게 부치다 112 | 잠 스님이 작설차를 준 데 대하여 사례하다 114 | 잠 스님의 시에 차운하다 118 | 병중에 밤에 앉아서 120 | 회포를 써서 김문량에게 부치다 121 | 경상도 함

감사가 차와 먹, 초와 포를 부쳐 준 것에 사례하다 122 | 남원 부사로 가는 양성지를 받들어 전송하며 123 | 회포를 쓰다 125 | 삼각산을 바라보며 127 | 숲 속 정자에서 석양에 읊다 — 잠 스님의 시에 차운하다 128 | 밤에 읊다 129 | 이차공의 차운시에 받들어 수답하다 130 | 아침 비가 내리다 132 | 달을 보며 차를 마시다 134 | 한가한 가운데 본 것으로 장난삼아 쓰다 135 | 바둑을 마치고 누워서 읊다 136 | 진원 박 태수가 차를 부쳐 준 데 대하여 사례하다 138 | 앞의 운을 사용하다 139 | 차를 달이다 141 | 차를 달이다 143 | 백발 144 | 동짓날 이틀 뒤 청제에 들어가 자심에게 부치다 146 | 차를 끓이며 147

이승소 李承召, 1422~1484   일암 전 장로에게 주다 148 | 유구국 사신 자단 스님의 운에 받들어 화답하다 150 | 차를 달이며 연구를 짓다 151 | 고평 153 | 행산에서 한낮에 쉬다 154

성간 成侃, 1427~1456   절구 155

김종직 金宗直, 1431~1492   즉흥시를 지어 자고 김뉴에게 바치다 156 | 또 세 수를 짓다 158 | 엄천사에서 자다 159 | 농사를 권장하기 위해 마천에 이르러 160 | 다원 162 | 제야 즉사 166 | 지리산 기행 167

홍유손 洪裕孫, 1431~1529   은솥에 차를 끓이며 168

최숙정 崔淑精, 1432~1480   한인수와 함께 배를 띄워 신륵사 동대에 오르다 170

김시습 金時習, 1435~1493   등불 아래에서 173 | 잠을 탐해서 175 | 새벽에 176 | 준 스님에게 주다 177 | 민 스님에게 주다 178 | 술에 취해 사가의 운을 따라 시를 지어 스님에게 주다 181 | 산속에 살며 182 | 비 온 뒤에 183 | 바람과 비가 번갈아 치더니 조금 있다가 개다 184 | 대나무 홈통 185 | 소나무 정자 186 | 작설차 187 | 차를 끓이며 189 | 뇌검천에서 191 | 장경문 밖으로 나가 차를 달이며 192 | 근 선사와 이야기하다 194 | 보현사에서 회포를 써서 주다 195 | 장안사 196 | 진불암 197 | 나그네 길에 중추절 달

	을 바라보며 198	천원역 누각에서 199	차나무를 기르며 200	일본 스님 준 장로와 이야기하며 202	장난삼아 짓다 203	후추와 차 도구를 보내 준 것에 감사하다 205
홍귀달 洪貴達, 1438~1504	유관을 출발하여 207	사국의 여러 동료들에게 보내다 209	안율보에게 211	매창에 비친 달 212	동관역에 묵으며 213
성현 成俔, 1439~1504	제천정에서 달구경을 하다 215	살구꽃을 읊음 216	인제헌에 차운하다 217	사탄을 건너 망일사에 쉬다 218	엄 스님의 벽송당기 219
손조서 孫肇瑞, 미상	육우의 다천 221
유호인 兪好仁, 1445~1494	차를 읊다 222	정자사 223	매창에 비친 달 224
채수 蔡壽, 1449~1515	매창에 비친 달 226
남효온 南孝溫, 1454~1492	눈 내리는 날 아이를 데리고 정중을 찾아가다 228	은솥에 차를 끓이며 229
조위 曺偉, 1454~1503	점필재 선생의 시운을 받들어 화답하다 230	동화사—낙안군 관운산에 있다 231	관아에서 우연히 쓰다 232	눈을 읊다—왕안석의 운자를 쓰다 233	홍주 제영 236	영명사로 스님을 찾아가서 237	가섭암 238
최부 崔溥, 1454~1504	중국의 차 접대 240
성종 成宗, 1457~1494	매창에 비친 달 242
이식 李湜, 1458~1488	즉사 244	밤에 앉아 우연히 지어 정중에게 부치다 246	금헌의 시에 차운하다 247	문연에게 1 248	문연에게 2 249

김일손 金馹孫, 1464~1498		매창에 비친 달 250
이주 李胄, 1468~1504		망해사 251 ǀ 금골산 253
정희량 鄭希良, 1469~1502		눈 온 뒤에 써서 매계 선생께 받들어 올리다 256 ǀ 밤에 앉아 차를 달이며 258 ǀ 홀로 앉아 차를 끓이다—매계에게 드리다 260 ǀ 계문의 시 「상춘」에 차운하다 261
이목 李穆, 1471~1498		다부 262
홍언충 洪彦忠, 1473~1508		정인사 274 ǀ 화운하여 산은에게 올리다 276
김세필 金世弼, 1473~1533		경기 도사 황군에게 277
박상 朴祥, 1474~1530		상림역장 집에 묵다 278
김극성 金克成, 1474~1540		소나무 난간 279 ǀ 산곡의 운을 쓰다 280
홍언필 洪彦弼, 1476~1549		봄눈 281
이행 李荇, 1478~1534		공석 김세필이 작설차를 보내 주었기에—공석은 당시 호남 감사로 있었다 284 ǀ 새봄 290 ǀ 자미에게 편지를 부치며—아울러 종이와 돌솥을 준 데 사례하다 291 ǀ 대숲에서 차 달이기 292
김안국 金安國, 1478~1543		사상의 시 「취승정야연」에 차운하여 293 ǀ 봄날 295 ǀ 법륜사에서 새벽에 떠나며 296 ǀ 장흥사에서 노닐다가 297 ǀ 장흥사 사미승 사운에게 주다 298
김안로 金安老, 1481~1537		청학도인이 중추절에 써서 보내온 「유회」에 화답하여 299 ǀ 매화시 차운 302
신광한 申光漢, 1484~1555		한가한 날의 우의—다시 강 자 운을 쓰다 303 ǀ 김 사또가

		숯을 보내 주신 데 사례하다 305
김정국	金正國, 1485~1541	경희 선사의 시축에 쓰다 306
김정	金淨, 1486~1521	낮잠에서 깨어 307 ǀ 벗의 시에 차운하다 308 ǀ 절구 309
소세양	蘇世讓, 1486~1562	경술년 입춘 310 ǀ 자작 311 ǀ 쌍봉의 시에 차운하다 312 ǀ 낮잠—청구자에게 313
심언광	沈彦光, 1487~1540	서쪽 교외에 쌓인 눈 314 ǀ 박금천 316

조선왕조실록 319

세종실록 지리지 335

인명 사전 354
서명 사전 383
찾아보기 393

일러두기

1. 이 책은 조선 초기의 차 문화를 다룬 작품만을 정리한 것이다.
2. 각 작품의 수록 순서는 저자가 태어난 해를 기준으로 하였다.
3. 매 작품마다 출전을 표시하였고, 해설을 두어 작품 전체의 저술 배경과 내용 등을 요약, 정리하였다.
4. 이 책에 나오는 인명과 서명 중 자세한 설명이 필요한 경우 인명 사전과 서명 사전 항목을 부록으로 두어 참고하도록 하였다.
5. 원주는 해당 단어 옆에 번호를 표시하고 번역문과 원문 다음에 수록하였다.
6. 본문의 단어 중 설명이 필요한 경우 해당 단어 옆에 *표시를 하고 해당 단어가 수록된 면의 하단에 각주를 달아 설명하였다.

조선 초기의 차 문화

변중량 卞仲良, 1345~1398

한적한 집에서 중려中慮와 우연히 읊다
閑齋同中慮偶吟

눈이 녹으니 봄빛이 감돌고
산이 둘렀으니 석양빛이 많네.
게을러서 살림은 가난하고
한적하여 찾아오는 벗 반갑네.
오래된 우물에 막 얼음 풀리자
겨울 매화가 한창 꽃망울 맺네.
오순도순 모여서 즐거움이 족하니
외상술 사 오고 차를 끓이네.

雪盡春光動 山圍暮色多 懶從生計薄 閑愛舊知過
古井初消凍 寒梅正結花 團欒風味足 賒酒更煎茶

출전: 『동문선』東文選 권10

해설 변중량은 조선 초에 20년 동안 대제학을 지낸 변계량卞季良의 형이다. 문집을 남기지 않았으며 위의 시만 『동문선』에 실려 전한다. 중려中慮는 변계량과 절친했던 권우權遇라는 인물이다.

권근 權近, 1352~1409

지관사 서봉에 오르다 登止觀寺西峯

땅이 외지니 산이 절을 감추었고
시내는 돌아 물길이 누대를 감았네.
차 달여 도란도란 이야기 나누다
막대 짚고 높은 언덕에 오르니,
들국화는 싸늘하게 이슬을 품고
바위 덩굴은 시들어 가을을 띠었네.
서울이 여기서 몇 리던가?
올라서 보니 너무도 아득하네.

地僻山藏寺 溪回水繞樓 煮茶聞軟語 策杖上高丘
野菊寒含露 岩藤老帶秋 京都知幾里 登眺極悠悠

출전: 『양촌집』陽村集 권2

해설 지관사止觀寺가 어디인지는 미상이나, 서울이 멀리 바라보이는 곳이었음을 알 수 있다.

권근 權近, 1352~1409

16일 집에 당도하여 편지를 얻어 보고
十六日 到家得前夜……

절집이 외따로 성 모퉁이에 있는지라
시승詩僧이 속기 없어 내 일찍이 기뻤네.
달구경 하자는 약속을 어찌 저버릴 건가
서로 마주해 차 마시니 외롭지 않았네.
어진 벗이 편지를 보내올 줄 어이 알았으리.
좋은 밤에 술 한잔 한들 나쁠 것이 있으랴.
더구나 남쪽 누대엔 밤 흥취 많으니
그대 위해 옷 잡혀 술을 마련하려 하네.

梵宮僻在古城隅 曾喜詩僧俗語無 翫月有期何可負 喫茶相對不爲孤
豈知賢契勤投簡 未害良宵更佩壺 固覺南樓多夜興 爲君還欲典衣酤

출전: 『양촌집』 권3

원제 16일 집에 당도하여, 전날 밤 사인舍人 이공을 비롯한 여러 분이 누각에서 달구경 하고 싶어한다는 편지를 얻어 보고, 앞 시의 운을 다시 쓰다 十六日 到家得前夜李舍人諸公欲來小樓翫月之書 又用前韻

해설 여행에서 돌아와 자신의 누각에서 달구경을 하자는 벗들의 편지를 받고 흔쾌히 술을 마련하겠다는 대답으로 쓴 시이다. 달구경을 하자는 내용으로 보아 음력 8월 16일에 쓴 것으로 추측된다. 또 『양촌집』에는 이 시 바로 앞에 「중추절에 법왕사에서 달을 구경하다」(中秋法王寺翫月)라는 시가 수록되어 있는데, 이것을 보면 법왕사에서 돌아와 편지를 받은 것이 아닐까 생각된다.

권근 權近, 1352~1409

매계 스님이 평전平田을 전송하는 시권詩卷 끝에 쓴다 題梅谿上人送平田詩卷末

섣달이 다 간 계곡에 눈이 개니
겨울 매화 막 피어 그윽한 향기 풍기네.
선옹을 우연히 만나 차 달이는 곳에
성긴 그림자 가로 비끼고 물은 절로 맑네.

臘盡谿山雪向晴 寒梅初綻暗香生 仙翁邂逅煎茶處 踈影橫斜水自淸

출전: 『양촌집』 권7

해설 전체 6수 중에서 두 번째 시이다. 매계 스님이 누구인지는 미상이나, 평전은 일본승 히라타平田가 아닐까 짐작된다. 권근은 1389년 겨울부터 이듬해 겨울까지 유배 생활을 하였는데, 이 시는 이때 지은 시를 수집한 『남행록』南行錄에 수록했던 것이다.

권근 權近, 1352~1409

장의사藏義寺의 청재淸齋*에서 초사醮詞*를 짓다
藏義寺淸齋……

구불구불 돌길에 칡덩굴 덮였는데
성을 나온 나그네가 이곳으로 왔네.
기약한 사람을 만나면 입을 벌려 웃고
시를 들으면 저절로 머리를 끄덕이네.
파란 산은 비를 보낸 뒤에 구름이 뭉쳐 있고
푸른 나무는 바람을 품어 가을 기운이 많네.
나는 도령陶令*의 술을 사고 싶거니
어찌 조주다趙州茶*만 마실 수 있으랴.

盤廻石逕入烟蘿 出郭遊人向此過 有約欣逢開口笑 聞詩不覺側頭哦
青山送雨暮雲合 碧樹含風秋氣多 我欲索酤陶令酒 那堪只喫趙州茶

출전: 『양촌집』 권8

- **청재淸齋** 몸과 마음을 깨끗이 하고 제향하는 일.
- **초사醮詞** 절에서 단壇을 쌓고 기도를 올릴 때 쓰는 글.
- **도령陶令** 중국 진晉나라의 도잠陶潛이 팽택령彭澤令을 지냈기 때문에 이렇게 말한다.
- **조주다趙州茶** 조주의 차茶. 조주는 중국 당나라의 고승인 종심從諗의 법호인데, 그와 곡천谷泉 선사 사이의 선문답 가운데 차에 관한 이야기를 빌려 쓴 것이다.

원제   장의사藏義寺의 청재淸齋에 교명敎命을 받들고 정당政堂 복재復齋 정총鄭摠을 따라 가서 초사醮詞를 짓고, 그 운을 빌리다. 2수 藏義寺淸齋 奉敎陪復齋 鄭政堂摠 至撰醮詞 次其韻 二首

해설   전체 2수 중에서 첫 번째 시이다. 원제에 나오는 정총은 여말선초麗末鮮初의 문신이며, 장의사藏義寺는 서울의 삼각산에 있던 절이다.

권근 權近, 1352~1409

복재復齋가 안양安養에게 준 시에 차운하여
次復齋贈安養詩韻

한가할 때면 가끔 성 밖에 나가
숲 속의 귀인을 방문하였네.
샘물을 길어다가 차 달이고
산 보느라 한참 두건 젖혀 썼네.
밝은 창엔 유난히 달빛이 밝고
빈방엔 저절로 티끌이 없다.
이곳에 그윽한 풍취가 있으니
이제부터 자주 오고 가려 하오.

乘閑時出郭 林下訪高人 汲井聊煎茗 看山久岸巾
晴窓偏得月 虛室自無塵 幸此有幽趣 從今來往頻

출전: 『양촌집』 권8

해설 앞의 시에 바로 이어서 나오는 시로, 복재는 정총을 가리키나 안양은 누구인지 미상이다.

권근 權近, 1352~1409

눈 내리는 가운데 시를 지어
雪中吟成五言唐律一首……

새 도성에 방을 빌려 집 걱정을 잊고
눈을 바라보며 시 읊고 차를 마시네.
병중에 한가로이 누워 있으니
한적한 골목길에 해가 기우네.

새하얀 흰 눈이 마을을 덮는데
새벽에 아이 불러 차를 달인다.
시상에 맑은 기운 스며들거든
붓 휘둘러 마음대로 써 볼거나.

新都僦屋任無家　對雪哦詩只啜茶
病裡得閑高枕卧　寂寥門巷日初斜

皚皚白雪遍人家　晨起呼童便煮茶
要使詩脾淸氣入　滿牋揮筆任攲斜

출전: 『양촌집』 권10

원제　눈 내리는 가운데 오언율시 한 수와 칠언절구 두 수를 지어, 학사學士 낙보樂甫 이래李來의 좌하에 올리니, 이 시를 우정雨亭 조박趙璞에게 전송傳誦하여

조선 초기의 차 문화

29

함께 교정해 주기를 바란다 雪中吟成五言唐律一首 七言絶句二首 奉呈樂甫李學士來座下 幸傳誦於趙雨亭璞 同加斤正

해설　전체 3수 중에서 두 번째와 세 번째 시로, 서울에 거처를 마련하고 지은 것이다. 앞의 것은 저물녘에, 뒤의 것은 눈 내린 새벽에 경치를 바라보며 차를 마시는 정경을 읊었다.

권근 權近, 1352~1409
오대산 서대 수정암 중창기 五臺山西臺水精菴重創記

강원도의 경계에 큰 산이 있는데, 다섯 봉우리가 나란히 솟아 크고 작은 것들이 비슷하게 둘러서 있으므로 세상에서는 오대산五臺山이라고 부른다. 가운데 것은 지로봉地爐峯, 동쪽은 만월봉滿月峯, 남쪽은 기린봉麒麟峯, 서쪽은 장령봉長嶺峯이라 하며, 북쪽은 상왕봉象王峯이라 한다. 드디어 오류성중五類聖衆*이 늘 머물고 있다는 말이 있어 불교를 믿는 사람들이 굉장하게 떠들어 대나, 우리 유가에서는 근거가 없는 것이기 때문에, 자세하게 적지 않는다.

서대西臺 아래에 함천檻泉이 솟아난다. 빛깔과 맛이 보통 물보다 좋고 물의 무게도 무거운데, 그 물을 우통수于筒水라고 한다. 서쪽으로 수백 리를 흘러서 한강漢江이 되어 바다로 들어간다. 한강이 비록 여러 곳에서 흘러온 물이 모여 만들어진 강이지만, 우통수가 중령中泠*이 되어 빛과 맛이 변하지 않아서 중국에 양자강楊子江이 있는 것과 같다. 한강이라 부르게 된 것도 이 때문이다. 우통수의 근원에 수정암水精菴이라는 암자가 있는데, 옛날 신라의 두 왕자가 이곳에 은둔하여 선을 닦아 도를 깨쳤다. 지금도 증과證果*를 닦고자 하는 중들이 모두

• **오류성중**五類聖衆　본불本佛을 따라다닌다고 하는 다섯 종류의 성자를 일컫는 말.
• **중령**中泠　중국 강소성江蘇省 진강현鎭江縣 서북쪽의 양자강 속에 있는 샘. 강물과 함께 흐르면서도 이 물은 특히 섞이지 않고 차가운 성질을 그대로 지닌다고 한다.
• **증과**證果　깊은 수행의 결과로 얻어지는 과보果報를 일컫는 말로, 증과의 최종 경지는 성불成佛이다.

여기에 거처하기를 즐겁게 여긴다.

임신년 가을에 화재가 있었는데, 이때 조계종의 시 잘하는 스님 나암 유공懶庵游公과 목암 영공牧庵永公이 모두 명리明利를 버리고 이 산에 들어와 있다가, 암자의 서까래가 잿더미가 된 것을 보고 슬퍼 탄식하고 중건하고자 하였다. ……염려스러운 일은 앞으로 이 암자에 있는 사람들이, 신라의 두 왕자와 같이 득도할 수 있을 것인지, 늘 쓸고 닦아 황폐하지 않도록 하며 흔들리는 것은 붙잡아 세우고 썩은 것은 바꾸어 두 공의 뜻을 저버리지 않고 이 산과 더불어 무궁하게 할 수 있을 것인지, 아니면 암자가 또 화재를 만나 다시 숲이 되어 터도 알 수 없게 될는지 모두 기필할 수는 없으니, 이는 다음 사람들의 책무에 달린 것이다. 나암懶庵이 내게 와서 기문을 구하는 것도 대개 이를 통해 장래를 경계하려는 것이리라. 나와 나암은 도는 비록 다르나 서로 안 세월이 오래기 때문에 사양하지 않고 그의 말을 적어서 기문을 짓는다. 나암은 세족世族으로서 부귀를 버리고 스님이 되었는데, 명성이 매우 높아 지금은 양가도승록대사兩街都僧錄大師가 되었다 한다. 영락 2년 2월 16일.

江原交界 有大山 五峯並峙 小大均敵而環列 世號爲五臺山 中曰地爐 東曰滿月 南曰麒麟 西曰長嶺 而北爲象王 遂有五類聖衆常住之說 爲浮圖者 盛稱之 於吾儒爲無稽 玆不復詳 西臺之下 有檻泉涌出 色味勝常 其重亦然 曰于筒水 西流數百里而爲漢江 以入于海 漢雖受衆流之聚 而于筒爲中冷 色味不變 若中國之有楊子江 漢之得名以此 于筒之源 有菴曰水精 昔新羅二王子 甞遁于此 修禪得道 至今衲子欲修證者 皆樂居之 壬申之秋 欻攸爲災 于時曹溪韻釋懶庵游公 牧庵永公 皆捨名韁 入于玆山 目其榱題化爲煨燼 惻然悲嘆 欲重營之 ……所可慮者 自今

居是庵者 有能得道 如羅王之二子者歟 常加掃漑 不至廢弃 撓者扶之 腐者易之 能不墜二公之志 使與此山 相無窮歟 抑無奈又羅蔚攸 復爲林木 以至於不可知歟 皆未可必也 是在後來者之責爾 懶庵來予徵記 盖欲以是警後來也 予與懶庵 道雖不同 相知已久 故不辭而書其言以爲記 懶庵世族也 棄紈綺蒙伽梨 道譽甚高 今爲兩街都僧錄大師云 永樂二年二月旣望

출전: 『양촌집』 권14

해설 오대산 우통수는 한강의 발원지로, 『신증동국여지승람』新增東國興地勝覽 권3 한성부漢城府 조와 『연려실기술』燃藜室記述 별집 권16에도 나온다. 우통수 옆 수정암에서 도를 닦았다는 신라의 두 왕자는 정신대왕淨神大王의 두 아들 보천寶川과 효명孝明으로 『삼국유사』三國遺事 「대산오만진신」臺山五萬眞身 편에 나온다. 마지막의 영락 2년은 1404년이다. 이 글은 『동문선』 권80에도 수록되어 있다.

이직 李稷, 1362~1431

우산 장로의 시권에서 차운하여
—이름은 계융이다 次牛山長老卷上韻 名契融

일찍이 조계종에서 법맥 전수받았고
또 사백詞伯*을 따라서 함께 시를 읊네.
덕산德山의 법맥*이 덩굴처럼 곧장 벋고
가도賈島의 새로 지은 시*는 빙설같이 깨끗하네.
약 솥과 찻사발 놓인 방장方丈은 맑고
솔바람 부는 강과 달빛은 오래도록 좋은 밤이네.
장로를 따라 하룻밤을 묵어가니
지팡이와 가사는 다툴 수가 없네.

• **사백詞伯** 당대 문단에서 으뜸으로 치는 거장을 뜻한다.
• **덕산德山의 법맥** 덕산은 중국 호남성에 있는 산이다. 검남 출신의 선승 덕산 선감德山宣鑑이 이곳에서 득도하여 선풍을 드날렸다. 여기서는 곧 계융 장로의 법맥을 의미한다.
• **가도賈島의 새로 지은 시** 가도는 중국 당나라 중기의 시인으로, 승려였다가 환속한 인물이다. 역시 계융 장로가 지은 시를 의미한다.

早向曹溪傳派止 却從詞伯共題詠 德山直脈葛藤達 賈島新詩氷雪淨

藥鼎茶甌方丈淸 松風江月良宵永 從師欲借一床眠 柱杖袈裟非所競

출전: 『형재시집』亨齋詩集 권1

해설   작자 이직은 "까마귀 검다 하고 백로야 웃지 마라……"라는 시조로 유명한 분이다. 우산은 계융 스님의 호이거나 그가 머물던 곳의 지명으로 보인다. 전체 2수 중에서 첫째 수이다.

이직 李稷, 1362~1431

시출당 時出堂

옛날에 소동파가 황주黃州에 좌천되어 갔을 때 동쪽 언덕에 설당雪堂을 짓고 여생을 마치려 하였다. 이 일로 오늘날까지 사람들은 그가 처신을 잘하였다고 칭송한다. 나는 금년 봄에 문하참찬으로 있다가 좌천되어 이 고을에 왔으니, 곧 양천현陽川縣이다. 이곳 사람들은 모두 좁고 누추한 곳에 거주해서 바람과 비라도 들이칠 양이면 주인과 객이 모두 불편했다. 그래서 직산直山의 남쪽 사관寺串의 서쪽에 터를 잡고 거름 수레에 띠풀을 베어 날라 세 칸 집을 짓고 이름을 '시출時出'이라 하였다. 대개 『중용』의 "넓고 깊어서 때에 맞게 맑은 물이 솟는다"(溥博淵泉 而時出之)는 뜻을 취한 것이다. 여기에 있노라면 못의 근본을 생각하며 늘 조심하고 두려워하게 되니, 벼슬에 나아가고 물러섬에 설당의 주인에게도 부끄러울 것이 없다. 그래서 오언율시를 지어 여생을 보내는 정취를 기록한다.

예전에 설당을 지었다는 말 들었는데
지금도 사립문이 남아 있다 하누나.
전원에 은거함은 은나라 이윤伊尹을 사모함이요*
시를 읊는 것은 홀로 깨어 있던 굴원屈原과 같네.*
물은 서해에 잇닿아 푸르고
(원문 결락) 사방 창문이 파랗구나.
온종일 거마 소리 끊겼으니

풀은 작은 뜰에 제멋대로 자랐어라.

궁벽한 곳이라 할 일이 없어
숲 속에 들어가 나무를 줍노라.
차를 끓이니 샘물 맛이 좋고
대자리 누워 있자니 술이 깨네.
나그네의 머리에 서리가 앉았고
농부의 눈동자는 저절로 푸르네.
질동이와 함께 늙어질 이 몸
병이 많아 궁궐에는 못 나서겠네.

昔蘇端明貶黃州 作雪堂於東坡 若將終身 至今傳稱善處變焉 余於今年春 以參贊
門下 謫來是縣 卽陽川也 縣中人居皆狹陋 如值風雨暑濕 主客俱有妨 於是卜直
山之陽寺串之西 輦糞誅茅 築室三間 名之曰時出 蓋取中庸淵泉時出之義也 居是
堂者 思淵泉之有本 常存戒懼 其於進退出處之際 亦無愧於雪堂之主矣 因書五言
八句 以記栖遲之趣

舊聞雪堂製 今亦有柴荊 耕慕商先覺 吟同楚獨醒

- **전원에~사모함이요** 이윤은 탕왕湯王을 도와 중국 하夏나라 걸왕桀王을 멸망시키고 난세를 평정한 뒤에 선정을 베푼 은殷나라의 명상이다. 『맹자』「만장」萬章 편에서 "이윤은 유신의 들판에서 밭 갈면서도 요순의 도를 즐겼다"(伊尹耕於有莘之野 而樂堯舜之道焉)라고 한 구절을 원용한 표현이다.
- **시를~굴원과 같네** 중국 전국시대 굴원의 「어부사」漁父辭에서 "사람들 모두 취해 있는데, 나만 홀로 깨어 있다"(衆人皆醉 我獨醒)라고 한 구절을 원용한 표현이다.

永連西海碧 ○○四窓靑 盡日輪蹄絶 荒蘇任小庭

地僻無餘事 林間手拾荊 煮茶泉甚美 臥簟酒能醒
客子頭須白 田翁眼自靑 瓦盆堪送老 多病阻阻庭

출전: 『형재시집』 권2

해설 이직이 문하참찬으로 있다가 양천현陽川縣으로 좌천되자, 그곳에 시출당이라는 집을 짓고 한가로이 차를 즐기던 모습을 읊은 시이다.

이직 李稷, 1362~1431

9일 법림사 주지 월창 방장을 방문하여
九日 訪法林社主月窓方丈

홍이 나서 병든 몸 끌고 높은 산에 올라
구름과 물 사이로 방장을 찾노라.
벼슬살이 10년 세월 헤아려 보니 꿈결 같은데
만나서 한번 웃으매 얼굴이 환히 열리네.
푸른 소나무 비취빛 대나무에 선방은 고요하고
붉은 단풍 노란 국화에 좋은 계절 돌아왔네.
조용한 이야기와 맑은 차 즐길 것 많으니
용산龍山에서 모자 날릴 필요 없어라.*

興來扶病上巑岏 尋訪閑人雲水間 遊宦十年眞似夢 相逢一笑暫開顔
靑松翠竹禪軒靜 赤葉黃花令節還 軟語淸茶多所樂 不須吹帽在龍山

출전: 『형재시집』 권3

해설 가을날 법림사의 선방을 찾아 월창 스님과 차를 나누는 즐거움을 읊은 시이다. 전체 2수 중에서 첫 번째 시이다.

• **용산龍山에서~필요 없어라** 중국 진晉나라 때 맹가孟嘉가 용산에서 동료들과 놀면서 모자가 떨어지는 줄도 모르고 즐겼다는 고사가 있다.

이원 李原, 1368~1429

한적하게 살며 幽居卽事

맑은 새벽에 세수하고 오사모 쓴 다음
초가에 앉았으니 한 개 달팽이 집이라.
주조酒槽에 술을 거르니 빗소리인 듯
뜰 앞 나무에 눈 나부끼니 꽃잎 날리는 듯.
밝은 창문 아래 붓을 찍어 시를 쓰고
푸른 시내 얼음 깨어 차를 끓이네.
손이야 와서 화내건 말건 문 닫아걸고
근래에 게을러져 조용함을 즐겼네.

淸晨盥櫛戴烏紗 坐此茅茨一殼蝸 酒滴槽床疑有雨 雪飄庭樹作飛花
明牕點筆仍題句 碧澗敲氷自煎茶 客至從嗔還閉戶 年來過懶愛無譁

출전: 『용헌집』容軒集 권1

해설 한 해가 끝나는 겨울, 얼음을 깨어 차를 끓여 마시며 그 한적한 정취를 읊은 시이다.

이원 李原, 1368~1429

앞의 운자를 써서 춘정에게 드림 用前韻 呈春亭

삭풍이 불어 가벼운 사모에 들이치고
벼슬길 구구함이 달팽이 싸우는 듯.
나의 도는 슬프게도 실에 물이 들었고˙
그대의 시는 붓끝에 꽃피는 걸 꿈꾸었네.˙
병이 나아 두보의 기장주˙ 빚기 재촉하고
잠이 깨어 간의諫議가 준 차˙를 끓이네.
뜰 가득 눈이 쌓여 찾는 사람 없는데
철없는 아이만 밥 달라고 성화를 부리네.

˙ **실에 물이 들었고** 습속의 영향으로 사람의 성정이 변해 가는 것을 의미한다. 중국 전국시대 묵적墨翟이 실을 물들이는 것을 보고, "푸른색에 물들면 푸르게 되고, 노란색에 물들면 노랗게 된다. ……그러므로 물들이는 것을 삼가지 않아서는 안 된다"(染於蒼則蒼 染於黃則黃 …… 故染不可不慎也)라고 하였다.

˙ **붓끝에~꿈꾸었네** 원문의 '필생화' 筆生花는 중국 오대 왕인유王仁裕가『개원천보유사』開元天寶遺事에서 "이태백이 어릴 적 쓰던 붓끝에서 꽃이 피어나는 꿈을 꾸었는데, 뒤에 천재성을 발휘하여 천하에 이름을 떨쳤다"라고 한 기록을 원용한 것으로, 춘정의 문장이 나날이 발전한다는 의미이다.

˙ **두보의 기장주** 당나라 두보의 시「마음을 달래다」(遣意)에 "노년에 기장주 빚기를 재촉하고, 가랑비 내리니 등나무 다시 옮겨심네"(衰年催釀黍 細雨 更移橙)라고 노래한 것을 인용한 표현이다.

˙ **간의諫議가 준 차** 간의는 당나라 간의대부 맹간孟簡이다. 노동의 「다가」茶歌는 맹간이 보내준 월단차月團茶를 마시며 지은 것인데, 거기에 "봉함 열자 완연히 간의를 만난 듯, 손수 삼백 조각 월단차 더듬노라"(開緘宛見諫議面 手閱月團三百片)라고 하였다.

朔風發發怯輕紗 宦路區區等戰蝸 吾道自悲絲欲染 君詩曾夢筆生花
病餘催釀杜陵黍 睡覺仍煎諫議茶 積雪盈庭人寂寂 癡兒索飯獨喧嘩

출전: 『용헌집』 권1

해설 앞의 시에 이어 같은 운자로 지은 시이다. 춘정春亭은 이원과 절친했던 변계량의 호이다. 변계량이 좌간의 대부를 지냈으므로, "간의諫議가 준 차"라고 한 것은 변계량이 보낸 차를 의미하는 것으로 짐작된다.

이원 李原, 1368~1429

사가정 시를 차운하다 次四佳亭詩

세모에 바람도 차고 술값도 올라서
화롯불 끼고 수시로 차만 달이노라.
아이들은 가지 끝에 내린 눈을 잘못 보고
다투어 정원에 매화꽃 피었다 알려 오네.

歲暮風寒酒價加 對爐時復自煎茶
兒童錯料枝頭雪 爭報園梅已着花

출전: 『용헌집』 권2

해설   전체 4수 중 네 번째 시로, 사가정四佳亭은 서거정徐居正의 호이다. 세모에 눈 내린 경치를 바라보며 차를 마시는 정경을 읊은 것이다.

이원 李原, 1368~1429

관음사에서 밤을 보내며 宿觀音寺

첩첩산중 외로운 길을
걷고 걸어 홀로 찾아왔네.
땅이 외지니 찾아오는 이 없고
산이 높으니 해도 일찍 기우네.
폭포수 쏟아져 돌 사이에서 울고
차가운 풍경 소리 숲 밖으로 들리네.
고요하게 속세의 마음 없어지니
차를 끓이며 달을 보고 읊조리네.

千山一條路 步步獨來尋 地僻人難到 峯高日易沈
瀑流鳴亂石 寒磬出疏林 寂寂無塵想 煎茶對月吟

출전: 『용헌집』 권2

해설 관음사가 어느 곳에 있었던 절인지는 미상이다. 이 시는 이원이 산길을 걸어 그곳을 찾아가 달밤에 차를 마시며 지은 것이다.

이원 李原, 1368~1429

허 스님에게 주다 贈虛上人

적막한 봄 동산을
거니노라면 흥취 많겠지요.
새벽엔 숲 속 헤치며 약초 캐고
밤엔 대나무 태워 차를 끓이네.
숲 속의 새는 긴 해를 희롱하고
가벼운 바람은 떨어지는 꽃잎에 부네.
지금부터 자주 왕래하여
자리 마주하고 함께 읊읍시다.

寂歷春山裏 逍遙意味多 穿林晨採藥 燒竹夜煎茶
幽鳥弄遲日 輕風吹落花 從令數來往 促席共吟哦

출전: 『용헌집』 권2

해설 앞의 시에 바로 이어지는 시로, 제목에 나오는 허 스님이 아마도 관음사에 있던 스님이 아닐까 생각된다.

이원 李原, 1368~1429

연정蓮亭에서 윤 교수를 초대하여 在蓮亭 招尹教授

정자에서 바람 안고 푸른 못 굽어보니
비 온 뒤에 비단 구름 막 흩어지네.
차 마시다 다시금 시구를 찾을 때
선생을 버려두고 뉘와 함께하리.

亭榭含風俯綠池 雨餘雲錦政離披

喫茶時復尋詩句 除却先生更與誰

출전: 『용헌집』 권2

해설 교수敎授는 조선 시대의 종6품 관직이나, 윤 교수가 구체적으로 누구인지는 미상이다. 그와 함께 연못을 굽어보는 정자에서 차를 마시고 시를 나누는 즐거움을 읊은 것이다.

이원 李原, 1368~1429
다시 명정암 시를 차운하여 又次明正庵詩

생활이 본래 담박함을 따랐으니
속세의 호화로움을 어찌 사모했으리.
기심機心*과 망상은 이미 사라지고
굶주림도 곤한 잠도 스스로 만족하네.
달빛 아래 문 두드려 도인을 찾아가니
솔 그늘에 걸상 내려 시객詩客을 맞이하네.
마주 보고 차 마시느라 돌아가길 잊었으니
십 홀十笏*의 선방에서 맑은 마음을 얻었네.

生活本來從淡薄 肯於塵世慕華劇 機心妄想已消盡 饑食困眠聊自適
月下敲門訪道人 松陰下榻邀詩客 喫茶相對頓忘歸 十笏禪房抱虛白

출전: 『용헌집』 권2

해설　전체 2수 중에서 두 번째 시이다. 명정암明正庵은 어느 스님이 거처하던 선방이었던 듯, 그곳을 찾아 차를 마시고 지은 시이다.

- **기심機心**　자기의 사적인 목적을 이루기 위하여 교묘하게 꾀하는 마음을 말한다.
- **십 홀十笏**　홀은 척尺과 같은 뜻으로, 십 홀은 사방이 한 길 정도인 조그만 공간을 의미한다.

조선 초기의 차 문화

변계량 卞季良, 1369~1430

백화사百華寺에서 경도京都를 바라보며
在百華寺望京都

깨끗하고 조용하니 이곳이 선가라
언제나 스님 불러 합장하곤 했다네.
산속이 추워지자 사슴 가끔 찾아들고
낮 시간 길어지니 스님네들 차 끓이네.
소나무의 눈덩이는 때때로 떨어지고
돌 사이에 물줄기는 비스듬히 흐르누나.
북당北堂*의 어머님 편안하신지
날마다 목을 빼어 경도를 바라보네.

• **북당北堂** 부인들이 거처하는 곳으로 어머니를 지칭하는 말이다. 『시경』詩經 위풍衛風 「백혜」伯兮에 "어찌하면 원추리를 얻어서 북당에 심어 볼까. 떠난 사람 생각에 내 마음만 병드누나"(焉得諼草 言樹之背 願言思伯 使我心痗)라고 하였다.

淸虛寂寞是禪家 每引胡僧手共叉 麋鹿山寒時入院 沙彌晝永解煎茶
松頭晴雪時時落 石底澄流脉脉斜 想得北堂安穩未 日興翹首望京華

출전: 『춘정집』春亭集 권1

해설   백화사는 경기도 과천의 청계산에 있던 절이다. 여기서 경도京都란 서울을 지칭하는 것으로, 변계량의 어머님이 그곳에 계셨을 것으로 추측된다.

변계량 卞季良, 1369~1430

자다가 일어나 睡起

처마 끝에 해 비치자 봉창이 밝아지고
창 밖에 푸른 산은 병풍처럼 펼쳐졌네.
정오쯤 되어서 숙취가 가시기에
화롯불 피워 놓고 찻물을 끓이었지.

茆簷日靜小窓明　窓外靑山作畵屛
宿醉醒來時政午　手開爐火煖茶甁

출전: 『춘정집』 권1

해설　술을 마신 이튿날, 느지막이 깨어나 찻물을 끓이는 정경을 읊은 시이다.

변계량 卞季良, 1369~1430

오원五原의 용봉사에 쓰다 題五原龍鳳寺

오원에는 아름다운 경관이 많지마는
그중에 용봉사가 더더욱 아름답지.
누각은 너른 들판에 임했고
산천은 큰 강물에 다다랐네.
비 내리자 개울물 소리 급해지고
구름 속에 소나무 그림자 늘어졌네.
하루가 다 가도록 할 일이 없는데
어린 중은 차 달이는 법 아는구나.

五原多勝處 龍鳳寺尤嘉 樓閣臨平野 山川到大河
泉聲和雨急 松影拂雲斜 竟日無餘事 沙彌解煮茶

출전: 『춘정집』 권2

해설 오원五原은 황해도 연안도호부延安都護府에 속했던 군이며, 용봉사는 그곳의 용박산龍縛山에 있던 절이다. 그곳에서 어린 중에게 차를 대접받고 지은 시로 보인다.

변계량 卞季良, 1369~1430

윤후尹侯의 시권에 쓰다 題尹侯詩卷

병든 사내가 시험 삼아 차를 끓여 마시고
대낮의 창가에서 노동盧仝의 졸음*을 쫓아냈지.
갑자기 윤후가 찾아와서 보여 준 시를
읽어 보니 봉황 소리 들리는 듯하였네.

病夫煎茶聊自試 午窓破却盧仝睡
忽蒙尹侯來示詩 讀之怳若聞鳳吹

출전: 『춘정집』 권3

해설   이 시는 원래는 장편이나, 첫 대목만을 수록하였다. 윤후는 봉작을 받은 윤씨 성의 인물을 뜻하나, 누구인지 미상이다. 차를 마시며 대낮의 졸음을 쫓고 있던 차에 윤후의 방문을 받고 지은 시이다.

• **노동盧仝의 졸음**   중국 당나라 때 인물인 노동이 「다가」茶歌에서 "해가 높이 떴는데도 단잠에 빠졌으니"(日高丈五睡正濃)라고 한 구절을 원용한 표현이다.

변계량 卞季良, 1369~1430
밤에 앉아 夜坐

화로에 불 지피고 등불 다시 켜고서
야심토록 앉아 있자 물이 얼려고 하네.
차 달이는 일 말고는 할 일이 없으니
이 근래에 심사가 중보다 담담하네.

小爐熾炭復張燈 坐盡深更水欲氷
除却煎茶更無事 向來情思淡於僧

출전: 『춘정집』 권4

해설   한밤에 홀로 차를 마시는 심사를 읊은 시이다.

조선 초기의 차 문화

변계량 卞季良, 1369~1430

서경西京 사상使相께서 돌솥을 선물했기에
시로 보답하다 西京使相惠石銚 以詩答之

돼지 배에 용머리 새긴 돌솥
약 달이고 차 끓이기 알맞네.
용헌공이 고맙게도 역리 편에 보내어
멀리 병든 나에게 보내 주셨네.

구구하게 늘 그대를 생각하였는데
돌솥을 보니 한스러운 마음 다시 생기네.
언제라야 등불 아래 무릎을 맞대고
화롯불 끼고 연구聯句 지으며 밤을 보낼까.

부녀자들 모양 보고 웃을는지 모르지만
쓰임새는 오히려 솥의 역할 다한다네.
작은 집에서 차나 끓인다고 하지 말게.
맛있게 끓여 내어 임금님께 바치려 하네.

숯불로 샘물 끓여 향차를 달이니
한 사발만 마셔도 신선이 된 듯.
어찌하면 집집마다 이 맛을 보게 하여
앉아서 온 세상의 비린내를 씻어 낼까.

한유는 연구聯句를 짓고 서문을 붙였으며*
소식과 사혜련謝惠連*도 또한 차시를 남겼네.
춘정의 병든 노인은 무엇 하는 사람인가
오직 차 끓일 줄만 아는 바보 같네.

어린 시절 함께 자란 10여 년 세월
사흘만 못 만나도 안달을 하였지.
오랜 이별에 아픈 마음 견디기 어려운데
머리 돌려 강산을 보니 또다시 가을이네.

豕腹龍頭巧琢磨　最宜煎藥與煎茶
容軒鄭重煩郵吏　遙惠春亭病者家

區區常抱憶君情　石銚看來恨又生
何夕一燈相促膝　擁爐聯句盡三更

縱然婦女笑形模　見用還將鼎鼐具
莫謂小齋徒煮茗　調羹直欲獻天廚

---

* **한유는 연구聯句를 짓고 서문을 붙였으며**　중국 당나라 때 한유가 「석정연구시」石鼎聯句詩를 짓고 서문을 붙인 것을 말한다.
* **소식과 사혜련謝惠連**　소식은 중국 북송 때의 유명한 시인 소동파이며, 사혜련 역시 남북조 시대 송나라의 유명한 시인이다.

香茶活火煮山泉 一椀才傾骨欲仙
安得家家分此味 頓令天下洗甌甖

韓子愛聯曾有序 坡公謝惠亦留詩
春亭病叟何爲者 唯解煎茶似大癡

孩提同隊十年餘 三日違離也謂疏
久別不堪懷抱惡 江山回首又初秋

출전: 『춘정집』 권4

해설 제목의 서경은 평양을 말한다. 사상使相은 원래 중국 당·송 때의 절도사를 가리키는 말로, 여기서는 평안도 관찰사를 지칭한다. 첫 수에서 용헌공이라고 한 것으로 보아, 이 관찰사가 곧 지은이와 절친했던 이원李原임을 알 수 있다. 아마도 그가 차 끓이는 돌솥을 보내 준 듯, 그것을 받고 함께 자란 어린 시절을 회상하며 지은 시이다. 『춘정집』 권4에는 앞의 4수만이 수록되어 있으나, 『춘정집』 추보追補와 『용헌집』을 참조하여 뒤의 2수를 보완하였다.

하연 河演, 1376~1453

벗이 무쇠탕관을 보내 준 것에 사례하다
謝友人送水鐵湯罐

차를 달이니 향기가 특이하고
죽을 끓이니 맛이 더욱 좋네.
가난한 집에서 이런 것을 얻으니
호련瑚璉˙도 이보다 귀할 수 없네.

煎茶香更異 烹粥味尤嘉
家貧聊得此 瑚璉未爲加

출전: 『경재집』敬齋集 권1

해설 벗에게서 무쇠탕관을 선물로 받고 지은 시로, 그 내용을 보면 탕관으로 차를 달이거나 죽을 끓이기도 하였음을 알 수 있다.

• **호련**瑚璉 종묘 제사에 사용하는 제기.

하연 河演, 1376~1453

산옹이 잣을 보내 준 것에 사례하다 謝山翁送海松子

양주 동산의 잣을
올해도 나누어 주셨네.
차에 곁들여 씹어 보니
가슴이 훤히 트이네.

楊州園裏柏 今歲又分來

茶茗兼調嚼 胸腸一豁開

출전: 『경재집』 권1

해설   경기도 양주는 지금도 잣의 산지로 유명한 곳이다. 그곳에서 나는 잣을 선물로 받아 차에 곁들여 먹었다는 내용이다.

하연 河演, 1376~1453

지리산의 산승이 햇차를 보내오다 智異山僧送新茶

진주의 기후는 섣달 전에 봄이 오니
지리산 아래 초목들도 새싹이 트네.
금설옥미金屑玉糜•는 끓일수록 좋아서
맑은 빛깔 묘한 향에 맛 더욱 진귀해.

晉池風味臘前春 智異山邊草樹新

金屑玉糜煎更好 色淸香絶味尤珍

출전: 『경재집』 권1

해설 지리산의 산승에게서 햇차를 선물로 받고 지은 시로, 『조선의 차와 선』朝鮮の茶と禪(모로오카 다모쓰諸岡存·이에이리 가즈오家入一雄 공저, 보련각, 1979) 22쪽에 「식다시」植茶詩라는 제목으로 소개되어 있다.

• **금설옥미**金屑玉糜 금가루 옥싸라기라는 뜻으로 차를 지칭한다.

유방선 柳方善, 1388~1443

동암에게 주다 贈東菴

우연히 용천사에 이르러
인연 따라 뵙게 되었어라.
인사 올리매 늦게 만남 부끄럽고
차를 달이매 청담이 자유로워라.
이욕은 서리 맞은 낙엽처럼 떨어지고
가슴은 달빛 비친 연못처럼 맑아라.
공空을 보며 아침저녁을 잊었고
법法을 물으며 동서남북 분주했지.
방장실은 시린 개울 굽어보고
성긴 기둥은 푸른 안개에 잠겼어라.
색깔대로 맛대로 차를 나누어 심고
떫은 과실 단 과실 섞어 심었네.
산은 고요해 봄 유람 나른하고
창은 밝아 낮잠이 달구나.
전심傳心은 승찬僧璨과 혜가慧可*를 따르고
박물博物은 장자와 노자에 빠져들었네.

선정禪定에서 깨어 가송을 부르고
『시경』 펼치어 「갈담」葛覃*을 읊조리네.
필봉은 숫돌에 막 간 듯 예리하지만
양식은 떨어져 항아리 못 채우네.
자연에 누움이 진실로 귀한 것
세상의 일이란 어리석은 짓이라.
십 년 세월에 이룬 일은
끝내 소나무 집을 함께하고픈 것이지.

偶到龍泉寺 隨緣始得參 攄衣慭晚遇 煮茗縱淸談
利欲霜摧葉 胸懷月照潭 觀空忘早暮 問法走東南
禪訣曾相究 儒經亦自探 高風吹後百 妙契透前三
丈室臨寒澗 疏楹入翠嵐 蒔茶分色味 種果雜酸甘
山靜春遊慣 牎明午睡酣 傳心從粲可 博物失周聃
出定看歌頌 開篇詠葛覃 詞鋒初見砥 活計不盈甔
雲臥知良貴 塵勞愧大憨 十年成底事 終擬共松龕

출전: 『태재집』泰齋集 권1

• **승찬僧璨과 혜가慧可** 불교 선종의 제3조祖 승찬僧璨과 제2조 혜가慧可를 가리키는 말이다.
• **「갈담」**葛覃 『시경』 주남周南의 편명으로, 그 내용은 문왕文王의 후비后妃가 몸소 근검절약을 실천하여 손수 빤 옷을 입고 부모님을 뵈러 가고자 하는 뜻을 읊은 것이다.

해설 용천사龍泉寺는 여기저기서 자주 보이는 절 이름이다. 여기서는 아마도 경기도 가평에 있던 절이 아닐까 생각된다. 동암東菴은 그곳에 있던 스님이다. 내용 중에 "색깔대로 맛대로 차를 …… 과실 섞어 심었네"라는 구절로 보아, 절에서 차와 과일을 함께 재배하였음을 알 수 있다.

유방선 柳方善, 1388~1443

호浩 스님에게 부치다 寄浩上人

자취 거두고 자연에 숨었으니
암자가 푸른 산에 기대어 있네.
산 노을이 가장 아름다운 곳이니
명리名利는 꿈처럼 부질없어라.
참선에 들어 심성을 보고
차를 달여 속을 맑게 하누나.
소나무 심어 이미 숲이 되었고
대나무 심어 벌써 장대 되었네.
한가로울 때 시구를 고치고
고요한 곳에서 경전을 보네.
낚싯돌 밟으며 봄놀이 나서니
높은 산에 은은해라, 경 읽는 소리.
강이 끝나자 자리에 꽃잎 날리고
시 읊자 달빛이 난간에 가득해라.
행장은 오직 석장 하나뿐이요
살림은 그저 부들자리라.
산 과일 향기로워 씹을 만하고
푸성귀는 연하여 맛이 좋구나.
도道로 사귄 정은 본래 진중한 법
속된 생각이 어찌 끼어들랴.

창으로 드는 햇볕은 겨울에도 따뜻하고
누대에 부는 바람은 여름에도 시원해라.
부러울손, 선사는 담론이 호탕하고
부끄러워라, 나는 머뭇거리기만 하네.
객의 귀밑머리 점차 세어 가고
시름겨운 얼굴엔 청춘이 시들건만,
성스러운 임금을 만난 인연에
차마 벼슬을 버리지 못하고 있네.
기구하게 지내다 몸은 병들고
우물쭈물 세월은 또 쇠했어라.
마침 그곳으로 가는 인편을 따라
한바탕 웃음으로 삶의 애환을 부치노라.

屛迹投深境 禪菴倚翠巒 煙霞居最勝 名利夢初殘
面壁觀心性 煎茶淨肺肝 栽松多作樹 種竹已成竿
詩稿閒時改 經文靜處看 春遊淩磯确 午梵殷巉岏
講罷花飄席 吟餘月滿欄 行裝唯錫杖 活計但蒲團
野果香堪嚼 園蔬軟可餐 道情元自重 塵念詎相干
牕日冬猶暖 樓風夏亦寒 羨師常淡蕩 愧我獨盤桓
客鬢將催白 愁顔欲減丹 只緣逢聖主 不忍掛朝冠
轗軻身仍病 淹留歲又闌 會承方便去 一笑任悲懽

출전: 『태재집』 권1

해설   유방선이 호 스님에게 보낸 시로, 스님이 사는 곳의 경치와 일상을 상상하여 지은 것이다.

유방선 柳方善, 1388~1443

즉사 卽事

만년에 궁벽한 곳 좋아하여
먼 산에 거처를 잡았네.
차를 심고 약초밭 일구며
대나무 심어 낚싯대 만드네.
봄빛에 잠이 안 와 심란한데
새소리가 한적함을 깨누나.
누가 알리오, 초가집 아래에
누워 노니는 느긋함이 있는 줄.

晩歲愛幽獨 卜居投遠山 種茶開藥圃 栽竹製漁竿

春色惱無睡 鳥聲啼破閒 誰知茅屋下 自有臥遊寬

출전: 『태재집』 권1

해설   자연에 묻혀서 지내는 한가롭고 근심 걱정 없는 일상을 읊은 시이다. "차를 심고 약초밭 일구며"라고 한 대목으로 보아, 차를 재배하여 마시는 일이 상당히 일상적인 것이었음을 알 수 있다.

유방선 柳方善, 1388~1443

우연히 짓다 偶作

집터는 자못 그윽하여
문에 찾아오는 손님 없네.
촌로를 따라 물고기 낚고
시인에게 술 얻어 마시네.
묵은 풀은 새잎을 돋우고
봄꽃은 옛 가지에 피어라.
이웃 산승이 때때로 찾아와
미소 지으며 차 달여 마시자 하네.

一境頗幽僻 門無車馬過 釣魚從野叟 得酒向詩家

宿草生新葉 寒葩發舊柯 隣僧時見訪 微笑索煎茶

출전: 『태재집』 권1

해설　전체 5수 중 첫 번째 시이다. 짧막하지만 한적한 정경에 촌로와 시인, 산승이 함께 차를 마시는 일상이 잘 그려진 시이다.

유방선 柳方善, 1388~1443

새벽에 산승의 집을 찾다 曉過僧舍

다시 산사에 이르니
산승이 익숙히 맞이하네.
안개 속에 세월이 한가롭고
누각에는 단청이 아름다워라.
어둑한 물길은 성긴 대 사이로 통하고
맑은 이내는 작은 기둥 사이로 스며드네.
한낮에 소나무 집 고요하니
가랑비에 찻병을 꺼내노라.

再到招提境 居僧慣送迎 煙霞閒歲月 樓閣耀丹靑

暗水通疏竹 晴嵐入小楹 日長松院靜 細雨出茶缾

출전: 『태재집』 권1

해설 전체 2수 중 두 번째 시이다. 새벽에 산사를 찾아 지은 것으로, 가랑비 속에 차를 마시는 운치를 읊었다.

유방선 柳方善, 1388~1443
산승을 찾아가다 尋僧

성 밖 십여 리
영은靈隱 스님을 찾아왔네.
개울물 소리에 사람 음성 파묻히고
이끼 미끄러워 말이 발을 헛디디네.
도의 본성은 미묘하여 알기 어렵고
속된 마음은 늙을수록 미련하여라.
만나거든 놀리라
차 달이며 시 지으며.

去郭十餘里 來尋靈隱師 澗喧人語劣 苔滑馬蹄移

道性微難省 塵心老更癡 逢場當作戱 茶罷更題詩

출전: 『태재집』 권1

해설 유방선의 고향은 개성인데, 인근의 천마산 자락에 영은령靈隱嶺이라는 고개가 있었다. 영은은 그곳에 있던 스님이 아닌가 생각된다.

유방선 柳方善, 1388~1443
산중 생활 山居

높은 집은 맑고도 고요한데
그윽한 흥이 근래에 더하누나.
창은 따뜻해 매화가 막 피고
밭은 쌀쌀해 푸성귀 돋지 않았네.
한가롭게 낮잠을 즐기다가
식사 뒤에 노동盧仝의 차 마시네.
만사를 온통 버려두니
사람들이 은자의 집이라 부르네.

高齋淸且靜 幽興近來加 窓暖梅初坼 園寒菜未芽

閒中槐國夢 飯後玉川茶 萬事從疏懶 人稱隱者家

출전: 『태재집』 권1

해설 전체 2수 중 두 번째 시이다. 매화가 필 무렵, 식후에 한가로이 차를 즐기는 은자의 모습이 잘 드러나 있다.

• **노동盧仝** 중국 당나라 때 인물로, 육우陸羽와 함께 차성茶聖으로 일컬어진다. 차를 읊은 「다가」茶歌로 유명하며, 원문의 옥천玉川은 그의 호이다.

유방선 柳方善, 1388~1443
명곡 스님에게 드리다 贈明谷上人

기남아奇男兒 명곡明谷이여
외진 운림雲林을 사랑했지.
젊어서 불가의 가르침 좇아
멀리 세상의 굴레 벗어났지.
처음 공부는 주자학에 침잠했는데
고상한 물음에 모두가 물러섰네.
출가하자 벌써 시원히 도를 통하여
눈앞에 막힘이 없었어라.
선승의 마음은 가을 강물처럼 맑고
세상의 욕념은 봄 얼음처럼 녹았어라.
산으로는 금강산을 유람했고
물로는 촉석루를 둘러보았지.
온 조선 두루 밟아
발길 닿는 대로 걸었어라.
돌아와 암자에 거처하며
십 년 자취를 거두었네.
가부좌 틀고 홀로 지내며
방 안에서 도를 닦았어라.
만나자마자 의기가 투합해
지칠 줄도 모르고 담소했네.

샘 길어 향기로운 차 달이고
광주리 열어 햇잣을 쪼갰어라.
이리저리 머무르길 권하다 보니
어느새 저녁노을이 물드누나.
이제부터 함께 노닐어
가을에 다시 찾아오리다.
오고 감에 무어 어려움 있으랴.
몇 봉우리 너머로 서로 바라보는걸.

明谷奇男兒 性愛雲林僻 少也逃空虛 逈脫塵網窄
初參宴晦翁 高問皆辟易 出門已豁然 目前無扞格
禪心秋江澄 世念春氷釋 山游登金剛 水賞過矗石
身行遍東國 尋訪任所適 歸來臥一菴 斂却十年迹
跏趺樂幽獨 室中生虛白 相逢風調同 素談兩無斁
汲泉煮香茗 開籠劈新柏 多方慰淹留 徙倚煙霞夕
從今約同遊 秋晴更蠟屐 往來亦何有 相看數峯隔

출전: 『태재집』 권1

해설　유방선은 경상도 영천永川에서 오래도록 유배 생활을 하였는데, 명곡은 그 시절 교유했던 스님이다(『동문선』東文選 권81 「백련암기」白蓮庵記 참조). "샘 길어 향기로운 차 달이고 광주리 열어 햇잣을 쪼갰어라"라고 한 구절을 보아, 차와 함께 잣을 곁들여 먹었음을 알 수 있다.

유방선 柳方善, 1388~1443
초가의 벽에 장난삼아 적다 戲題屋壁

낚시 거두고 돌아오니 해 저물려 하는데
어린 솔과 성근 대는 산가에 의지했어라.
동산이 있다지만 생계 위한 것 아니니
반은 차를 심고 반은 꽃을 심었지.

罷釣歸來日欲斜 稚松疏竹屬山家
有園不是謀生計 半種仙茶半種花

출전: 『태재집』 권2

해설   전체 2수 중 첫 번째 시이다. 집 근처 동산에 차와 꽃을 가꾸는 정경을 그려 볼 수 있다.

유방선 柳方善, 1388~1443

회포를 읊다 詠懷

손수 차 달이니 사발 가득 향기롭고
창 아래서 한번 마시니 뱃속이 맑아지네.
속진俗塵의 욕념일랑 진작 씻었으니
더 이상 좌망坐忘*을 배울 것 없어라.

手煮淸茶滿椀香 晴窓一啜淨肝腸
已敎塵念無從起 更把何心學坐忘

출전: 『태재집』 권2

해설 전체 5수 중에서 네 번째 시이다.

• **좌망**坐忘 『장자』莊子 「대종사」大宗師에 나오는 말로, 자신을 잊고 천지와 합일되는 경지를 말한다.

유방선 柳方善, 1388~1443

산사에 세 들어 살며 寓居僧舍

분주한 세상이 싫어서
산사에 방을 하나 빌렸네.
돌 냄비에 차 달이니 맑은 낮 한가롭고
솔 그늘 넓게 드리워 온 창이 시원하여라.

自嫌塵世苦奔忙 爲向僧家借一房
石銚煮茶淸晝永 松陰贏得滿窓凉

출전: 『태재집』 권2

해설 유방선은 20대와 30대의 대부분을 경북 영천에서 유배 생활을 하며 보냈다. 이 시는 아마도 그 시절 지은 것으로 짐작된다.

유방선 柳方善, 1388~1443

공덕사에 계신 명곡 스님께 시를 올리다
明谷上人在功德寺 以詩寄贈

모자산에 있는 공덕암은
고찰이라 고을에 소문이 났지.
누대는 높아 아침저녁으로 산들바람 불고
골짝은 깊어 언제나 푸른 산빛 사랑스럽다.
선정禪定에서 깨어 차 달이니 시는 더욱 자연스럽고
흉금 열고 달을 대하니 졸음은 어찌나 달콤한지.
십 년 동안 세상에 매여 뵈올 길 없었기에
풍진을 돌아보매 문득 부끄럽구나.

母子山中功德菴 邑人傳是古伽藍 樓高日夕生涼吹 洞密尋常愛翠嵐
出定煮茶吟更穩 披襟對月睡何酣 十年牽俗無由往 回首風塵却自慚

출전: 『태재집』 권3

해설　명곡 스님은 앞에서도 나온 인물로, 공덕사는 유방선이 유배 생활을 하던 영천 인근의 모자산母子山에 있던 절이다.

유방선 柳方善, 1388~1443

명곡 스님을 곡하다 哭明谷上人

만년에 환귀사에서 깊이 사귄 후
객지에 계실 때 항상 만났지.
산사의 창 아래 몇 번이나 함께 차 달였던고
술집에선 자주 달을 보며 함께 시를 읊조렸지.
절은 이미 옛 주인 잃었건만
앞개울 소리만 예전 그대로이구려.
이제 누가 내 마음 알아주랴
청산을 바라보니 눈물만 홍건해.

晚向還歸托契深 客中無處不相尋 禪窓幾伴煎茶話 酒店頻同對月吟
古院已非當日主 前溪惟有舊時音 從今誰是知心者 回首靑龍涕滿襟

출전:『태재집』권3

해설　함께 차를 마시고 시를 읊조렸던 추억을 떠올리며, 명곡 스님의 죽음을 애도한 시이다. 환귀사還歸寺는 명곡이 있던 경북 영천의 절 이름이다(『동문선』권81 「백련암기」 참조).

유방선 柳方善, 1388~1443

지리산 심 스님이 시를 청하기에 智異山深上人……

전날에도 정처 없었거니 오늘이야 어떠랴
남북으로 오고 감도 또한 우연인 것을.
석양에는 원숭이 그림자 너머로 홀로 가시겠고
밤에는 학 울음 옆에서 외로이 읊조리시겠지.
거침없이 지었던 옛 시구를 한가로이 고치겠고
선정에서 깬 뒤 향기로운 차 즐겨 달이시겠지.
부끄러워라, 나만 오랫동안 세상에 얽매여
타향에서 몸이 묶여 세월만 보내겠지.

昔非有住今何往 北去南來亦偶然 落日獨行猿影外 淸宵孤嘯鶴聲邊

揮毫舊句閒相改 出定香茶好自煎 愧我久爲塵世累 異鄕瓠繫過年年

출전: 『태재집』 권3

원제 지리산 심 스님이 떠나기 앞서 시를 청하기에 그 자리에서 입으로 부르다 智異山深上人臨行索賦 輒口號

해설 시를 짓고 차를 마시는 스님의 일상을 읊어서 송별한 시이다.

정극인 丁克仁, 1401~1481

여승(尼姑)을 읊어 고부 군수에게 부치다
尼姑吟寄古阜郡伯

평생의 고절이여
온갖 근심 품어 견디기 어렵네.
다병茶甁에서는 연기가 끊어지려 하고
초막에서는 땀이 물 흐르듯.
삼업三業*을 아직 벗지 못한 터에
육통六通*을 어느 곳에서 닦으리.
원하노니 큰 은혜를 베풀어
불경을 실은 소*를 구제해 주었으면.

• **삼업三業** 불가에서 말하는 세 가지의 업으로, 신업身業·구업口業·의업意業을 이른다.
• **육통六通** 불가에서 말하는 여섯 가지의 신통력으로, 육안으로 볼 수 없는 것을 보는 천안통天眼通, 귀로 들을 수 없는 것을 듣는 천이통天耳通, 다른 사람의 의사를 알 수 있는 타심통他心通, 지나간 세상의 생사를 알 수 있는 숙명통宿命通, 자유로이 경계를 변하여 나타내기도 하고 마음대로 날아다니기도 하는 신족통神足通, 스스로 번뇌를 끊는 누진통漏盡通을 이른다.
• **불경을 실은 소** 소가 전생에 불경을 실었던 공이 인연이 되어 현세에 사람으로 태어난 것을 말하는데, 여기서는 여승을 가리키는 말인 듯하다.

苦節一生內 難堪抱百憂 茶瓶煙欲絶 草幕汗如流

三業未能脫 六通何處修 願言施大惠 普濟馱經牛

출전: 『불우헌집』不憂軒集 권1

해설 정극인은 불우헌不憂軒이라는 호로 유명한 인물인데, 이 밖에 다헌茶軒, 다각茶角이라는 호를 썼던 것으로 보아 차를 애호하였음을 짐작할 수 있다.

박휘겸 朴撝謙, 미상

불우헌음 不憂軒吟

눈 녹인 물로 차를 끓이니 푸른 구름 일어나고
매화 핀 창에 해가 비쳐 오동을 대했구나.
광채가 은빛 바다에 흔들리매 읊조리고 완상할 만하니
흥을 타고 하필 대안도戴安道를 방문*하랴.[1]

雪水烹茶漲綠雲 梅牕日映對桐君
光搖銀海堪吟賞 乘興何須訪戴云

[1] 이는 겨울을 읊은 것이다(右冬).

출전: 『불우헌집』 권1

• **흥을 타고~방문** 중국 동진東晉 때 왕자유王子猷가 큰 눈이 오는 날 대안도戴安道가 생각나서, 배를 타고 그 집 문 앞까지 갔다가 도로 돌아왔다는 고사를 원용한 것이다.

해설 이 시는 정극인의 「불우헌음」不憂軒吟에 박휘겸이 차운한 것으로, 춘하추동으로 된 4편의 시 중에서 마지막 겨울 편이다.

최항 崔恒, 1409~1474

매창에 비친 달 梅窓素月

뜰 가운데 가을 달은 안개 낀 잔디밭을 비추는데
가지 하나 창에 걸려 비단 휘장에 얽혀 있네.
찬 그림자 고요히 바라보니 눈과 서로 비치고
그윽한 향기 느긋이 맡노라니 삼성參星˚이 비끼려 하네.
서호西湖˚에 눈 맑아져 속된 생각 끊겼고
동각東閣˚에 흥이 일어 잠 귀신도 없구나.
화공畵工들은 응당 시인들의 냉정함을 웃으리니˚

• **삼성參星** 이십팔수二十八宿의 하나로, 서쪽 끝에 있는 별이다.
• **서호西湖** 중국 북송 때의 임포林逋가 은거한 곳. 임포는 서호의 고산孤山에 은거하여 20년 동안 처자 없이 매화를 심고 학을 기르며 즐겨서, 사람들이 '매처학자梅妻鶴子'라고 하였다. 비해당에 매화가 피어 그것을 바라보니 속된 생각이 사라졌다는 뜻으로 인용하였다.
• **동각東閣** 중국 양梁나라의 하손何遜이 양주楊州의 관아인 동각에 핀 매화 아래에서 시를 읊곤 하였는데, 이후 낙양洛陽에 돌아갔다가 그 매화가 그리워서 다시 돌아와 매화나무 아래서 종일토록 서성거렸다는 일화에서 온 말이다. 비해당에 매화가 피어 봄 흥취가 일어나 졸음이 달아났다는 뜻으로 인용하였다.
• **화공畵工들은~웃으리니** 그림으로는 매창에 비친 달을 그려 낼 수 있으나, 시로는 표현하기 어렵다는 말이다.

조선 초기의 차 문화

얼음 간장을 다 끌어내어 설차雪茶를 대접하겠네.

半庭涼月照煙莎 一枝橫窓綴素紗 靜看寒影雪相映 細聞幽香參欲斜
眼淨西湖絶塵想 興動東閣無眠魔 畫工應笑騷人冷 鈞盡氷肝對雪茶

출전: 『태허정집』권1

해설 「비해당사십팔영」匪懈堂四十八詠 48수 중에서 첫 번째 시에 차운한 시이다. 비해당은 시·서·화 삼절三絶로 유명한 안평대군 이용李瑢(1418~1453)의 당호이다. 조선 전기 문인들이 비해당에 모여 시회를 열 때, 그 자리에 모인 사람들이 모두 안평대군의 시에 똑같은 제목으로 차운하여 시를 지었다. 마지막 운자가 '차'茶이며 당시 함께 지은 시들이 뒤에도 나온다.

김수온 金守溫, 1409~1481

호로새 提壺鳥

종일토록 술을 권하는 새가
처마 맴돌며 내 곁에서 울지만,
주인은 일찍이 술을 끊었으니
목마르면 맑은 차를 마시네.

終日提壺鳥 巡簷傍我鳴
主人曾斷酒 渴則飮茶淸

출전: 『식우집』拭疣集 권4

해설 원문에 있는 제호提壺의 한자 뜻이 '술 호리병을 들어 권한다'는 의미이므로, 그 뜻을 풀어 쓰고 술을 끊은 자신은 차를 마시겠다고 한 것이다.

• **호로새** 호로로삐쭉새 혹은 제호로提胡蘆로 표기하기도 한다.

김수온 金守溫, 1409~1481
풍기 김공이 찾아준 것에 사례함 謝豊基金公見訪[1]

늘그막에 관직이 한가하여 누추한 집에 누웠자니
차 그릇에 겸하여 또다시 술동이가 남아 있구려.
세상 사람들 향해 사립 닫지도 않고
아름다운 객을 위해 높은 탑자榻子 청소하네.
고요한 가운데 배회하며 석노釋老를 탐구하고
한가한 가운데 담소하며 시서詩書를 논박하네.
은근히 다시 백련白蓮의 모임*을 약속하고
한 해가 저물 때 서로 좇아 모임을 맺어 보리라.

垂老官閑臥弊廬 茶甌兼復酒樽餘 衡門不向世人設 高榻只爲佳客除

靜裏沿洄探釋老 閑中談笑駁詩書 殷勤更約白蓮會 歲宴相從結社居

[1] 화악상인은 나이가 83세인데, 그를 통해 문집의 글을 청하였기에, 내가 명을 받들어 쓰고 이렇게 말한 것이다(有華岳上人年八十三 因上人求文集字 僕承命述之故云).

출전: 『식우집』 권4

해설 전체 4수 중 첫 번째 시이다.

• 백련白蓮의 모임 중국 동진東晉 때 혜원 법사慧遠法師가 여산廬山의 동림사東林寺에서 당대의 명사들과 모임을 결성하여 산문山門을 나서지 않고 정토 수행에 전념한 일.

김수온 金守溫, 1409~1481

궁실과 저택은 사대부가 거처하는 곳이니
宮室第宅 士大夫之攸居 ……

자줏빛 소매의 붉은 입술을 방에 그득 불러 놓고
서유犀帷˚와 봉탄鳳炭˚에 술은 아황鵝黃이라지.
도곡陶穀이 청아한 구경만 생각한 게 가련토다.
눈을 담아 차 달이게 하며˚ 문득 비교하려 하였네.[1]

絳袖丹唇列洞房 犀帷鳳炭酒鵝黃

可憐陶穀懷淸賞 掬雪煎茶輒欲方

[1] 공이 미인을 좋아하는 일이 많았기에 이렇게 말한 것이다(公多寵嬺故云).

출전: 『식우집』 권4

- **서유犀帷** 추위를 몰아내는 장막이라는 뜻. 중국 당나라 때, 교지국交趾國에서 물소 뿔(犀角)을 바쳤는데, 이것을 궁전 안에 두자 한기가 물러가고 온기가 퍼졌다는 일화가 있다.
- **봉탄鳳炭** 봉황의 모습을 빚어서 만든 사치스러운 석탄이라는 뜻. 중국 당나라 때 양국충楊國忠이 석탄 가루를 꿀로 반죽하여 봉황의 형태로 만들어 땔감으로 썼다는 일화가 있다.
- **도곡陶穀이~달이게 하며** 중국 송나라 때 도곡陶穀이 아름다운 첩을 거느리고 눈 녹인 물로 차를 달여 마시며 설경을 감상하던 일을 말한다. 도곡의 첩은 본래 당 태위黨太尉의 집에 있던 사람인데, 도곡이 "당 태위는 응당 이런 풍류를 모를 것이다"라고 하자, "비단 장막 안에서 고아주羔兒酒를 마시며 우리더러 나직이 노래 부르라 하였습니다"라고 대답하였다.

원제　궁실과 저택은 사대부가 거처하는 곳이니, 높고 낮음과 넓고 좁음에 구분이 엄격한 것이다. 3편이 모두 고금의 건물을 짓고 보수하는 제도의 득실을 논한 것으로, 장차 지극한 논의를 가진 대학사에게 나아가 질정을 받을 것이다 宮室第宅 士大夫之攸居 而高下廣俠 貴賤之分嚴矣 三篇皆論古今營繕制度之得失 將以就正於大學士之至論云

해설　전체 3수 중에서 세 번째 시이다. 저택을 화려하게 꾸미고 화려한 생활을 했던 대학사를 비꼰 것으로 보이나, 구체적으로 누구를 가리킨 것인지는 미상이다.

김수온 金守溫, 1409~1481

실제 失題

마른입 가끔씩 다만 차로 적시고
창자를 지탱해 주는 보리밥 한낮에만 채우네.
뼈에 사무치는 청빈함 아직도 옛날과 같으니
후侯에 봉해진 부원군의 집이라 말하지 마소.

枯吻時時只點茶 撑腸麥飯午交加
淸貧徹骨猶依舊 莫道封侯府院家

출전: 『식우집』 권4

해설　원서의 책장이 떨어져 제목을 알 수 없는 시이다. 바로 앞의 시와는 대조적으로 부원군府院君의 청빈한 삶을 읊었으나, 차를 애용한 점에 있어서는 동일하다.

신숙주 申叔舟, 1417~1475

선종 판사 수미가 찾아오셨기에 이튿날 아침 시로 사례하다 禪宗判事壽眉 見訪 翼朝詩謝

도갑산* 개울에 작설차 피고
옹촌 울타리에 매화꽃 필 제,
아시겠지, 내가 고향 생각에
남쪽 지방 옛 추억 이야기할 줄을.[1]

道岬山溪雀舌茶 瓮村籬落雪梅花
也應知我思鄉意 說及南州故事多

• **도갑산** 道岬山 전라남도 영암군 월출산의 남서쪽 끝 산봉우리로, 그 기슭에 도갑사가 있다.

사진_ 도갑사

¹ 도갑사는 운암에 있는데, 대사가 사는 곳이다. 옹촌은 광주 옹정리로 선인의 옛집이 있던 곳이다(道岬寺在雲岩 師之所住 瓮村 光州之瓮井里 先人舊業所在).

출전: 『보한재집』保閒齋集 권7

해설 전체 3수 중 세 번째 시로, 신숙주의 선조가 나주 옹촌瓮村에서 살 때 친교를 맺었던 도갑사 수미 스님이 한양의 신숙주를 찾아온 다음 날 지은 것이다.

사진_ **월출산**

서거정 徐居正, 1420~1488

병가를 얻다 移病

하늘의 짓궂은 장난을 내가 어찌하랴
곤궁한 어려움 속에 병까지 침범하누나.
가랑비에 남쪽 창 아래가 맘에 들어서
아이 불러 돌솥에 햇차를 끓이게 하노라.
병이 들어 복채 주고 어떠할지 점쳐 보니
그 빌미가 시마詩魔와 주마酒魔*에 있다고 하네.
괴이해라, 마를 보내도 마가 가지 않으니
해묵은 버릇을 버리지 못한 탓이로다.

• **시마詩魔와 주마酒魔** 시마는 끝없이 시 짓기를 좋아하는 버릇을 말하고, 주마는 역시 끝없이 술 마시기를 좋아하는 버릇을 말한다.

天公惡劇酒吾何 落魄艱難病又加 小雨南窓聊可意 呼兒石鼎瀹新茶
病餘握粟問如何 崇在詩魔與酒魔 怪底送魔魔不去 年前結習未消磨

출전: 『사가시집』四佳詩集 권2

해설　가랑비 내리는 날 남쪽 창 아래 앉아, 병든 몸을 추스르며 차를 마시는 심사를 읊은 시이다.

서거정 徐居正, 1420~1488

안견의 〈산수도〉에 쓰다—겨울 경치
題安堅山水圖(冬景)

시커먼 강 구름이 눈을 빚으니
옥룡玉龍이 밤에 얼어 인갑鱗甲이 찢기네.*
앞산과 뒷산은 온통 하얀 빛이요
맑은 물 흰 모래에 강물은 마실 만하네.
멀리 보이는 고목은 구름처럼 검은데
솔바람 거세게 일어 파도같이 요란하네.
누구네 집인가? 밝은 창 열고 주렴 내린 채
화로에 둘러앉아 향기로운 술잔 드누나.
어디 가던 뱃사공인지
짤막한 노 저으면서 포구로 들어오네.
늙은 중은 단장 짚고 발걸음 따라가는데
절은 아득한 데 있어 어딘지를 모르겠네.
생각난다, 매화 찾아 나귀에 거꾸로 앉았던
강 하늘에 눈이 내릴 듯 말 듯하던 그때가.
당시엔 나도 그림 속의 한 사람이었는데
그림 속에서 나도 몰래 시까지 지었지.
내가 이제 그림 펼치고 손으로 만져 보니
옥루玉樓엔 소름 일고 은해銀海는 어른거리네.*
늙어 가매 섬계剡溪를 찾아갈 흥취는 없거니*

돌솥 가져다가 도곡陶穀의 차˚나 끓여 볼거나.

江雲黯黯釀作雪　玉龍夜凍鱗甲裂　前山後山白皚皚　渚淸沙白江可啜
遙看老樹黑如雲　松風怒作洪濤喧　誰家簾幕開晴窓　火爐擁坐杯氤氳
漁舟之子向何許　短棹歸來入浦漵　老僧信脚携短筇　寺在虛無不知處
憶昔探梅驢倒騎　江天欲雪未雪時　當時我亦畫中人　畫中不覺又有詩
我今披圖手摩挲　玉樓亦粟銀海花　老來無興到剡溪　石鼎聊試陶公茶

출전: 『사가시집』 권2

해설　조선 초기의 유명한 화가였던 안견安堅의 〈산수도〉 중 겨울 경치에 붙인 시이다. 시의 전반부는 아마도 그림 속의 설경을 풀이한 것으로 보인다. 참고로 안견의 〈산수도〉는 일본 궁내청宮內廳에 소장되어 있다고 한다.

• **옥룡玉龍이~찢기네**　옥룡은 눈을 맞은 소나무이고, 인갑鱗甲은 용의 비늘처럼 생긴 소나무의 거죽이다. 눈을 맞은 소나무 가지가 찢어지는 모습을 형용한 표현이다.
• **옥루玉樓엔~어른거리네**　도가道家에서 옥루는 두 어깨, 은해는 두 눈을 가리킨다. 소식蘇軾이 「설후서북대벽」雪後書北臺壁에서, "얼음은 옥루에 얼어 추워서 소름이 일고, 빛은 은해를 흔들어 현란하게 어른거리네"(凍合玉樓寒起粟　光搖銀海眩生花)라고 하였다.
• **늙어 가매~없거니**　중국 진晉나라 때 왕휘지王徽之가 큰 눈이 내리는 밤 섬계剡溪에 사는 대규戴逵가 생각나서, 밤새도록 그곳으로 가서는 집 앞에서 흥이 다했다 하여 그대로 되돌아와 버렸다는 일화를 인용한 말이다.
• **도곡陶穀의 차**　김수온의 시 「궁실과 저택은 사대부가 거처하는 곳이니」의 주 '도곡이~달이게 하며' 참조(이 책 89쪽).

조선 초기의 차 문화

서거정 徐居正, 1420~1488

다조 茶竈

누런 노아露牙*의 싹을 따고 또 따네.
아궁이는 물의 중앙에 있도다.*
활활 타는 불로 차를 달이노라니
문득 좋은 향내 풍기는 줄 깨닫네.

采采金露牙　竈在水中央

聊以活火煎　便覺聞天香

출전: 『사가시집』 권4

해설　주문공朱文公의 「무이정사도」武夷精舍圖를 읊은 시 중에서 아홉 번째 시이다.

- **노아露牙**　차의 명품 중 하나로, 원래 중국 복주福州의 방산方山에서 생산되었다고 한다.
- **아궁이는~있도다**　중국 송나라 때, 주희朱熹가 「다조」茶竈 시에 "선옹이 돌 아궁이 남겨 놓았으니, 완연히 물의 중앙에 있도다"(仙翁遺石竈 宛在水中央)라고 한 것을 원용한 표현이다.

서거정 徐居正, 1420~1488
외질 이생李生이 시골집으로 나를 방문하다
外姪李生 訪我村莊

깊은 겨울 초가로 내가 먼저 돌아온 뒤
눈 가득한 산골 집에 그대 또한 찾아왔구나.
이따금 화롯불 돋우어 차를 끓이거니와
촛불 켜고 서책 보는 일 또한 아름다워라.
근래엔 자못 몰골이 쇠해 가는 걸 알겠고
늙을수록 골육 그리운 줄 깊이 알겠네.
얼른 떠나지 말고 진중히 더 머무시게
그대 위해 소략한 술상을 봐 올 테니.

冬深茅屋吾先到 雪滿山堂汝又來 撥火煎茶聊偶爾 檢書燒燭亦佳哉
年來頗識形骸變 老去深知骨肉懷 珍重留連莫辭去 爲君草草具盤盃

출전: 『사가시집』 권4

해설 겨울날 시골집을 찾아온 외종질을 맞아 지은 시이다.

서거정 徐居正, 1420~1488

2월 22일 밤에 눈보라가 크게 몰아쳐서, 새벽에 일어나서 짓다 二月二十二日夜 大風雪 曉起有作

이월이라 스무이틀 밤, 눈보라가 몰아쳐
창문을 난타하고 지붕까지 헤쳐 버렸네.
평지에 눈이 서너 자나 깊이 쌓였는지라
일어나 보니 천지가 온통 한빛이로세.
고목은 눈이 가득 쌓여서 이미 꺾이었고
참새는 꽁꽁 얼어 소리 내서 울지도 못하네.
늙은 종은 비를 들고도 소제를 다 못하고
어린 여종은 물 길러 갔다 길을 헤매누나.
병든 나는 대낮까지 이불 쓰고 자면서
고작 눈 녹인 물로 차 달일 줄만 알았네.
납전臘前의 삼백三白*도 이미 기뻐할 일인데
새봄의 좋은 상서가 더구나 이러함이라.

* **납전臘前의 삼백三白** 동지 이후 세 번째 술일戌日에 납제臘祭를 행하는데, 납제 이전까지 세 차례 눈이 내리는 것을 납전삼백이라고 한다. 이런 경우 풍년이 든다고 한다.
* **내모시**來麰詩 내來는 소맥小麥, 모麰는 대맥大麥을 의미하는데, 『시경』 주송周頌 「사문」思文 편에 "우리에게 대맥과 소맥을 주심은, 상제께서 명하여 두루 기르게 하신 것이라. 이 경계와 저 경계를 없게 하시고, 떳떳한 도를 이 중하中夏에 베푸셨도다"(貽我來麰 帝命率育 無此疆爾界 陳常于時夏)라고 한 구절을 가리킨다.

붓 적셔 미리 내모시來麰詩*를 지으련다
태평하고 풍년 들면 나야 마냥 즐거우리.

二月念二夜風雪 亂打紙窓穿屋角 平地積深三四尺 起看天地同一色
老樹壓壓已摧倒 凍雀飛來聲嗾溢 老奴擁箒掃不除 小婢汲井歸路迷
病夫日高擁衾眠 只解雪水茶堪煎 臘前三白已可喜 新春嘉瑞況如此
泚筆預作來麰詩 時和歲豊吾熙熙

출전: 『사가시집』 권4

해설   음력 2월 22일에 큰 눈이 내리자, 새봄의 상서로 여기고 풍년을 기원한 시이다.

서거정 徐居正, 1420~1488

세 번째 화답하다 三和

사십 년 세월에 오두막 한 칸
심란한 나그네 회포 울울하여라.
동산東山 자주 올랐던 나막신을 배우려 하고*
돌길 찾아서 수레 멈추고 감상도 하였네.*
산승은 나에게 멀리서 전다보煎茶譜*를 보내오고
촌 노인은 수시로 종수서種樹書*를 건네주누나.
땅이 후미져 찾아오는 수레가 드무니
도성 안에도 또한 은자의 집이 있구려.

光陰四十一茅廬 淡蕩羈懷鬱不除 擬學東山頻蠟屐 曾尋石徑愛停車

山僧解送煎茶譜 野老時傳種樹書 地僻終然輪鞅少 長安亦有隱人居

출전: 『사가시집』 권5

- **동산東山~하고** 중국 진晉나라 때 사안謝安의 별장이 동산에 있었는데, 사안이 항상 나막신을 신고 올라 노닐었다는 일화를 인용한 구절이다.
- **돌길~하였네** 중국 당나라 때 두목杜牧이 「산행」山行 시에서 "멀리 차가운 산 비스듬한 돌길을 따라 오르니, 흰 구름 깊은 곳에 사람의 집이 있네. 수레 멈추고 앉아 늦가을 단풍 감상하노라니, 가을 단풍잎이 이월 꽃보다 더 붉구나"(遠上寒山石逕斜 白雲深處有人家 停車坐愛楓林晚 霜葉紅於二月花)라고 한 것을 인용한 구절이다.
- **전다보煎茶譜** 자세한 것은 미상이나, 차를 끓이는 방법을 기록한 책을 말한다.
- **종수서種樹書** 나무를 심고 가꾸는 일을 기록한 농서農書를 말한다.

해설 전체 2수 중에서 첫 번째 시로, 홍일동洪逸童이 보내온 시에 세 번째로 화답한 것이다.

서거정 徐居正, 1420~1488

앞의 운을 사용하여
— 일휴日休에게 부쳐서 화답하기를 요구하다
用前韻 寄日休求和

쌀쌀하고 용렬한 내 모습을 세상은 그르게 여기거늘
평소의 마음과 소탈함을 그대만이 알아주는구려.
솥에 차 달이니 게 눈*에서 향기 풍기고
잔에 술 가득하니 아황鵝黃*은 빛 고와라.
정로鄭老는 삼절三絶의 솜씨를 헛되이 전했거니*
장형張衡은 사수시四愁詩를 짓지 말았어야지.*
일생 백 년을 스스로 헤아려 지낼 뿐이니
분분한 세상일은 실타래 푸는 것과 같아라.

- **게 눈** 게 눈은 물이 끓기 시작할 때에 자잘하게 일어나는 기포를 말한다. 소식의 「시원전다」試院煎茶에 "게의 눈을 이미 지나서 물고기 눈이 나오니, 쐐애쐐애 솔바람 소리와 흡사하구나"(蟹眼已過魚眼生 颼颼欲作松風鳴)라는 구절이 있다.
- **아황鵝黃** 거위 새끼의 빛깔처럼 노란 술을 지칭한 것으로, 좋은 술을 뜻한다.
- **정로鄭老는~전했거니** 정로는 중국 당나라 현종玄宗 때의 문인인 정건鄭虔. 자신이 쓴 시와 글씨, 그림을 올리자, 현종이 어필로 '정건삼절'鄭虔三絶이라고 써 주었다는 일화가 전한다.
- **장형張衡은~말았어야지** 장형은 중국 후한後漢 때의 문인. 하간왕河間王에게 시국을 근심한 4장의 사수시四愁詩를 지어 올린 사실이 있다.

冷語庸姿世所非 雅懷踈蕩只君知 香生蟹眼茶煎鼎 光動鵝黃酒滿卮
鄭老虛傳三絶筆 張衡莫作四愁詩 百年自可商量過 世事紛如似理絲

출전: 『사가시집』 권8

해설　전체 5수 중에서 네 번째 시이다. 일휴는 바로 앞의 시에 나오는 홍일동의 호이다.

서거정 徐居正, 1420~1488

병중病中에 오은군吳隱君에게 부치고 겸하여 기백耆伯에게 적어 보내다 病中 寄吳隱君 兼簡耆伯

높은 바람에 떨어진 잎은 뜰에 가득하고
요양하며 한가로이 지내기 두어 달 남짓.
도를 성취 못한 채 몸은 이미 늙었으니
'안심安心이 약'*이란 말 헛되지 않아라.
때로 차 솥에서 지렁이 우는 소리를 듣고*
가만히 책에서 좀벌레 떨어진 걸 보는데,
우스워라, 어린 시절 습관은 아직 남아서
창 아래 밝은 곳에 드러누워 서책을 보네.

• **안심安心이 약** 안심은 마음을 편히 한다는 뜻으로, 불가에서 정법正法에 안주한다는 의미로 쓰이는 말이다. 『전등록』傳燈錄을 보면, 혜가慧可가 "제 마음이 안정되지 않으니 스님께서 제 마음을 안정되게 해 주소서"라고 하자, 달마 선사가 "마음을 가져오너라. 네 마음을 안정되게 해 주리라" 하니, 혜가가 한참 뒤에 "마음을 찾아보아도 도무지 찾을 수가 없습니다"라고 하므로, 달마가 다시 "내가 너에게 안심의 경지를 주었노라"라고 했던 데서 온 말이다. 또 소식은 「병중유조탑원」病中遊祖塔院에서 "병으로 한가함을 얻는 것도 별로 나쁘지 않으니, 안심이 바로 약이지 다른 처방이 있겠는가?"(因病得閒殊不惡 安心是藥更無方)라고 하였다.
• **때로~듣고** 중국 당나라 때 한유韓愈가 「석정연구」石鼎聯句에서 "때로는 지렁이 구멍에서 파리 울음소리가 가늘게 들리네"(時於蚯蚓竅 微作蒼蠅鳴)라고 한 데서 온 말. 찻물이 지렁이가 우는 것처럼 작은 소리를 내며 보글보글 끓는 것을 형용한 것이다.

風高落葉滿庭除 養病閑居數月餘 學道無成吾已老 安心是藥語非虛
時聞茶鼎鳴蚯蚓 靜看書籤落蠹魚 堪笑少年餘習在 紙窓明處臥看書

출전: 『사가시집』 권12

해설　전체 2수 중에서 첫 번째 시이다. 오은군吳隱君과 기백耆伯은 서거정의 시 벗으로 오효영吳孝永과 김숭로金崇老라는 인물이다. 병으로 요양하며 차를 마시고 책을 읽는 한가로운 일과를 읊었다.

서거정 徐居正, 1420~1488
다섯 번째 화답하다 五和

누가 알리, 병을 요양하는 곳에
또한 글 읽는 동료가 있는 줄을.
조금 취하면 안석에 기대어 쉬고
남은 추위는 도포로 가릴 만하네.
차를 달이면 게 눈이 생겨나고*
시구를 찾으면 벌 허리를 얻는데,*
반가운 손은 어찌 그리도 늦는고
다만 다시 편지 보내 부를 뿐이네.

誰知養病處 亦有讀書僚 小醉聊憑几 餘寒可擁袍
煎茶生蟹眼 覓句得蜂腰 可客來何晚 唯且抵簡招

출전: 『사가시집』 권12

- **차를~생겨나고** 게 눈이란 물이 끓기 시작할 때에 자잘하게 일어나는 기포를 말한다. 서거정의 시 「앞의 운을 사용하여」의 주 '게 눈' 참조(이 책 106쪽).
- **시구를~얻는데** 벌의 허리란 봉요체蜂腰體를 뜻한다. 오언시에서는 2번째와 5번째 글자의 성음聲音을 같게 하는데, 이렇게 되면 양쪽 머리는 굵고 중간은 가늘어서 마치 벌의 허리 모양과 같이 된다는 데서 온 말이다. 일설에는 전구全句가 다 탁음濁音인데 중간의 한 글자만 청음清音인 것을 말하기도 한다.

해설　전체 2수 중에서 첫 번째 시로, 김동년金同年에게 다섯 번째로 화답한 것이다. '동년'은 과거에 함께 합격한 동기라는 뜻으로, 김맹金孟이라는 인물을 가리킨다.

서거정 徐居正, 1420~1488

앞의 운에 네 번째로 화답하여 홍이부, 윤담수에게 부치다 四和前韻 寄洪吏部尹談叟

북풍이 갑자기 창문 깁을 뚫고 들어오니
썰렁한 이부자리에 병든 몸을 어찌할꼬.
젊어서는 현인을 바라고* 만 리를 갔고
만년에는 부처 배우려 삼마三摩에 들었네.*
협객의 고아주羔兒酒*를 감히 생각하리오
산승의 작설차*나 함께 마시려 하네.
하룻밤 서재의 정경이 물처럼 깨끗하고
뜰 가득 날리는 눈발은 매화 꽃잎 같아라.

• **현인을 바라고** 중국 송나라 때 주돈이周敦頤가 『통서』通書에서 "성인은 하늘을 바라고, 현인은 성인을 바라고, 선비는 현인을 바란다"(聖希天 賢希聖 士希賢)라고 한 데서 온 말. 여기서는 저자가 중국에 가서 문인, 학자들과 교유하여 견문을 넓혔던 일을 두고 한 말이다.
• **삼마三摩에 들었네** 삼마는 불교 용어인 삼마지三摩地의 준말로, 번뇌를 없애고 마음을 한곳에 모아 조금도 흔들리지 않는 상태를 말한다. 삼매三昧와 같은 뜻.
• **고아주羔兒酒** 중국 산서山西 지방에서 생산되는 미주美酒의 이름. 김수온의 시 「궁실과 저택은 사대부가 거처하는 곳이니」의 주 '도곡이~닳이게 하며' 참조(이 책 89쪽).
• **작설차** 차의 이름인데, 보드라운 싹이 마치 참새의 혀처럼 생겼다 하여 붙인 이름이다.

北風劃地透櫳紗 孤枕寒衾病骨何 早歲希賢窮萬里 殘年學佛入三摩
敢思俠客羔兒酒 擬共山僧雀舌茶 一夜書窓淸似水 滿庭飛雪亂梅花

출전: 『사가시집』 권12

해설　전체 5수 중에서 두 번째 시이다. 홍이부는 홍응洪應이다. 윤담수는 미상이다.

서거정 徐居正, 1420~1488

잠岑 스님이 작설차를 준 데 대하여 사례하다
謝岑上人惠雀舌茶

스님은 오래도록 산속에서 살고 있으니
산속의 즐거운 일이 무엇인지 알겠구려.
봄 천둥 아직 안 치고 벌레도 깨기 전에
산다山茶가 처음 나서 새싹 올라오거든,
옥을 벌여 놓은 듯 황금을 뭉쳐 놓은 듯
한 잎 한 잎 참으로 구환단九還丹˚ 같네.
스님이 흥겨워서 지팡이 끌고 올라가
따고 따서 푸른 대바구니에 가득 채워,
돌아와선 혜산惠山의 샘물˚ 좋이 길어다
불기운 조절해서˚ 손수 달여 놓으면,
향과 색깔, 냄새와 맛이 정말 그만이지
가슴 열고 속이 상쾌하니 기특한 공이 많도다.
스님께선 멀리 홍진紅塵에 분주한 이 사람이

• **구환단九還丹** 도가에서 단사丹砂를 아홉 차례 제련하여 만든 단약을 가리키는데, 이것을 복용하면 신선이 되어 장생불사한다고 한다. 일명 구전단九轉丹이라고 한다.
• **혜산惠山의 샘물** 중국 강소성江蘇省 무석현無錫縣 서쪽에 있는 샘물로 물맛이 좋기로 유명하다.
• **불기운 조절해서** 원문의 문무활화文武活火는 약이나 차를 달일 때 불의 세기를 조절하는 것을 말한다. 문화文火는 뭉근 불, 무화武火는 센 불을 뜻한다.

십 년 넘어 소갈증 않는 걸 염려하여,
계림鷄林의 눈빛 같은 하얀 종이로 싸고는
용사龍蛇 같은 두세 글자˙를 써서 봉하였네.
봉함 뜯으니 하나하나 봉황鳳凰의 혓바닥˙ 같아
살짝 덖어서 곱게 가니 옥가루가 날리네.
아이 불러 다리 꺾인 냄비 씻게 하고
눈 녹인 맑은 물에 생강 곁들여 달이니,
게의 눈이 나오고 나자 물고기 눈이 생기고˙
때론 지렁이 구멍에서 파리가 울기도 하네.˙
한 번 마시매 만고의 울적함이 씻겨 나가고
두 번 마시매 십 년 묵은 고질이 달아나니,
어찌 노동盧소의 '마른 창자의 문자 오천 권'만 헤치랴˙
이백李白의 금간錦肝 시구 삼백 편도 구상할 수 있는걸.˙
필탁畢卓은 부질없이 항아리 밑에서 잠잤고˙

˙ **용사龍蛇~글자** 용이나 뱀이 굼틀거리는 듯한 힘찬 글씨를 뜻한다. 중국 송나라 때 장뢰張耒가 시 「마애비후磨崖碑後」에 "수부 원결元結의 흉중엔 별처럼 찬란한 문장이 있고, 태사 안진경顔眞卿의 붓 밑엔 용사 같은 글자를 이루었네"(水部胸中星斗文 太師筆下龍蛇字)라고 한 데서 온 말.
˙ **봉황鳳凰의 혓바닥** 스님이 보낸 차가 작설차雀舌茶이므로, 그것을 더 미화하여 이른 말.
˙ **게의~생기고** 게 눈은 찻물이 막 끓기 시작할 때 게의 눈처럼 자잘하게 일어나는 기포를 말하고, 물고기 눈은 찻물이 한창 끓을 때에 물고기 눈알만큼 크게 일어나는 기포를 말한다. 서거정의 시 「앞의 운을 사용하여」의 주 '게 눈' 참조(이 책 106쪽).
˙ **때론~하네** 서거정의 시 「병중에 오은군에게 부치고 겸하여 기백에게 적어 보내다」의 주 '때로~듣고' 참조(이 책 108쪽).

여양汝陽은 공연히 누룩 수레 보고 침 흘렸으니,˚

어찌 이 작설차 한두 잔을 마신 것만 하랴

두 겨드랑이에 날개 돋아 봉래산을 나는걸.

언제나 푸른 행전 베버선에 옷자락 떨치며

스님을 찾아 산속을 향해 들어가서,

부들자리에 말끔한 책상 놓고 밝은 창 아래

돌솥의 솔바람 소리˚ 함께 들을까.

• **어찌~헤치랴** 노동盧소이 「다가」茶歌에서 "첫째 잔은 목과 입술을 적셔 주고, 둘째 잔은 외로운 시름을 떨쳐 주고, 셋째 잔은 메마른 창자를 헤쳐 주어 뱃속엔 문자 오천 권만 남았을 뿐이요, 넷째 잔은 가벼운 땀을 흐르게 하여 평생의 불평스러운 일들을 모두 털구멍으로 흩어져 나가게 하네. 다섯째 잔은 기골을 맑게 해 주고, 여섯째 잔은 선령을 통하게 해 주고, 일곱째 잔은 다 마시기도 전에 또한 두 겨드랑이에 맑은 바람이 이는 걸 깨닫겠네"(一椀喉吻潤 二椀破孤悶 三椀搜枯腸 惟有文字五千卷 四椀發輕汗 平生不平事 盡向毛孔散 五椀肌骨淸 六椀通仙靈 七椀喫不得 也唯覺兩腋習習淸風生)라고 한 데서 온 말이다.

• **이백李白의~있는걸** 문사文思가 뛰어나거나 문장이 화려하다는 말이다. 중국 당나라 이백의 「송종제영문서」送從弟令問序에서 "자운선 아우가 일찍이 술에 취하여 내게 말하기를, '형의 심간오장心肝五臟은 모두 비단으로 되어 있는지요? 아니라면 어째서 입만 열면 글을 이루고 붓만 휘두르면 안개처럼 쏟아져 나올 수 있습니까?'"(紫雲仙季常醉目吾曰 兄心肝五臟 皆錦繡耶 不然何開口成文 揮翰霧散)라고 하였다.

• **필탁畢卓은~잠잤고** 중국 진晉나라 때 필탁은 주호酒豪로 이름이 높았는데, 이웃집에 술이 익자 밤중에 훔쳐 마시고 항아리 아래서 잠이 들 만큼 술을 좋아하였다.

• **여양汝陽은~흘렸으니** 중국 당나라 때 두보杜甫가 「음중팔선가」飮中八仙歌에서 "여양왕은 서 말 술 마시고야 조정에 나갔고, 길에서 누룩 실은 수레만 봐도 침을 흘렸으며, 주천군에 옮겨 봉해지지 못함을 한한다네"(汝陽三斗始朝天 道逢麴車口流涎 恨不移封向酒泉)라고 한 데서 온 말이다.

• **솔바람 소리** 서거정의 시 「앞의 운을 사용하여」의 주 '게 눈' 참조(이 책 106쪽).

上人長向山中居 山中樂事知何如 春雷未動蟄未驚 山茶苗苗新芽成

排珠散玉黃金團 粒粒眞似九還丹 上人乘興去携筇 採採已滿蒼竹籠

歸來好汲惠山泉 文武活火聊手煎 香色臭味眞可論 開襟爽懷多奇勳

上人遠念紅塵客 十年臥病長抱渴 裹以鷄林雪色紙 題封二三龍蛇字

開緘一一鳳凰舌 輕焙細碾飛玉屑 呼兒旋洗折脚鐺 雪水淡賷兼生薑

蟹眼已過魚眼生 時聞蚓竅蒼蠅鳴

一啜滌我萬古勃欝之心腸 再啜雪我十載沈綿之膏肓

豈但搜盧仝枯腸文字卷五千 亦可起李白錦肝詩句三百篇

畢卓謾向甕底眠 汝陽空隨麴車涎

那如飲此一兩杯 兩腋生翰飛蓬萊

何時青縢布韈拂我衣 尋師去向山中歸

蒲團淨几紙窓明 石鼎共聽松風聲

출전: 『사가시집』 권13

해설 잠岑 스님은 서거정의 시에 자주 등장하는 인물로, 경주 남산에 정사精舍를 짓고 살았던 인물이다. 이 시는 그곳에서 나는 작설차를 선물로 받고 지은 것으로, 차와 관련하여 노동, 소식, 한유 등의 여러 전거와 관련 용어들을 많이 활용하였다. 또 "아이 불러 …… 곁들여 달이니"라는 대목으로 보아, 찻물을 끓일 때 생강을 함께 넣었음을 알 수 있다.

서거정 徐居正, 1420~1488

잠 스님의 시에 차운하다 次韻岑上人 二首

1

외진 초당이라
속객 오지 않은 줄 아노라.
푸르고 살진 대는 진작에 죽순 돋았고
붉고 반지르르한 연꽃은 이미 피었구려.*
공명은 그림의 떡일 뿐이거니와
신세는 물결을 따름*이 부끄럽네.
때로는 산승이 찾아오기도 하여
한잔 차로 청담을 함께 나누네.

自識幽居僻 曾無俗客過 靑肥竹曾笋 紅膩蓮已華
功名眞畫餠 身世愧隨波 時有山僧到 淸談一椀茶

• **푸르고~피었구려** 두보는 「악주 가사마 육장과 파주 엄팔사군 두 어른께 보내는 오십운(寄嶽州賈司馬六丈巴州嚴八使君兩閣老五十韻)」에서 "파랗게 마른 건 가파른 잔도 잔도의 대나무요, 붉고 반지르르한 건 소호小湖의 연꽃일세"(翠乾危棧竹 紅膩小湖蓮)라고 하였다.
• **물결을 따름** 특별한 지조가 없이 시류에 따라 세상 사람들과 적당히 어울려 사는 것을 의미한다. 굴원屈原은 「어부사」漁父辭에 "온 세상 사람이 혼탁하거든 어찌 그 흐름을 따라서 그 물결을 일으키지 않는고"(擧世混濁 何不隨其流已揚其波)라고 하였다.

2

신세는 마려磨驢의 자취와 똑같은데*
세월은 사마駟馬가 벽 틈 지나듯하네.
병중이라 옷은 이미 헐렁해졌고
거울 속엔 귀밑털이 먼저 희었구려.
만절은 팽택彭澤의 도잠陶潛* 같이
여생은 마복파馬伏波처럼 살고자 했건만,*
유유히 실의에 빠진 사람처럼 되어
홀로 앉아 차만 끓여 마시고 있네.

身世磨驢跡 光陰隙駟過 病中衣已緩 鏡裏鬢先華
晚節陶彭澤 殘年馬伏波 悠悠成濩落 獨坐喫煎茶

출전: 『사가시집』 권13

해설 자신의 신세를 말하고, 때로 잠 스님을 맞아 차를 마시는 즐거움을 읊은 시이다.

- **신세는~똑같은데** 마려磨驢는 맷돌을 끄는 당나귀로, 변화가 없이 항상 제자리에서 맴도는 것을 의미한다. 소식의 시 「송지상인送芝上人」에 "돌고 도는 게 맷돌 끄는 소와 같아, 걸음마다 묵은 자국만 밟노라"(團團如磨牛 步步踏陳跡)라고 하였다.
- **팽택彭澤의 도잠陶潛** 중국 진晉나라 때, 도잠이 팽택의 수령이 된 지 겨우 80여 일 만에 「귀거래사」歸去來辭를 지어 자신의 뜻을 부치고 전원으로 돌아간 일을 가리킨다.
- **여생은~했건만** 중국 후한의 명장인 복파장군伏波將軍 마원馬援은 일찍이 "남아는 의당 변방에서 죽어 말가죽에다 시체를 싸서 반장하면 그만이지, 어찌 와상에 누워 아녀자의 수중에서 죽을 수 있겠는가"(男兒要當死於邊野 以馬革裹屍還葬耳 何能臥牀上在兒女子手中耶)라고 하였으며, 후에 과연 전장에서 죽었다.

서거정 徐居正, 1420~1488

병중에 밤에 앉아서 病中夜坐

한밤중에 홀로 오상烏牀*에 기대어 앉았노라니
외로운 등잔은 불꽃도 없이 고요히 침침하여라.
몸에 얽힌 삼 년 묵은 병을 이 어찌하리오.
강개하여 괜히 만고불변의 마음만 품네.
어찌하면 용모를 오래도록 확삭矍鑠*하게 할까.
흐르는 세월 괴롭게 찾아듦을 견딜 수 없어라.
여종 아이 불러서 차나 한잔 내다 마시고
실컷 잠이나 자며 스스로 입 다물 뿐이네.

獨倚烏牀子夜深 孤燈無焰靜沈沈 纏綿可奈三年病 慷慨空懷萬古心
安得容顏長矍鑠 不堪時序苦侵尋 欲呼小婢來茶椀 熟睡通場口自噤

출전: 『사가시집』 권13

해설　흐르는 세월에 병든 몸을 한탄하며 쓴 시이다.

- **오상**烏牀　검은 염소 가죽으로 장식한 안석인 오피궤烏皮几를 말한다.
- **확삭**矍鑠　원기가 왕성하고 몸이 날쌘 것을 말한다. 중국 후한 때의 명장 마원馬援이 예순둘의 노령으로 전쟁에 나가려고 하자, 임금이 연로한 것을 이유로 허락하지 않았다. 그러자 마원이 갑옷을 입고 말안장에 올라 몸을 가볍게 놀리며 아직도 쓸 만하다는 것을 보였는데, 이것을 본 임금이 "확삭하도다, 이 늙은이여"(矍鑠哉 是翁也)라고 한 데서 온 말이다.

서거정 徐居正, 1420~1488

회포를 써서 김문량金文良에게 부치다 書懷寄金文良

열 권의 『능엄경』에다 한 점의 등불 아래

지로地爐와 다정茶鼎* 곁에서 고승과 대화하네.

여생을 한가히 지내기로 이미 마음먹었지만

길들은 매처럼 이름 굴레 못 벗는 게 부끄럽네.

十卷楞嚴一點燈 地爐茶鼎話高僧

殘年已決投閑計 未擲名韁愧似鷹

출전: 『사가시집』 권13

해설   전체 2수 중에서 첫 번째 시이다. 문량文良은 김수온金守溫의 자이다.

• **지로地爐와 다정茶鼎**   지로는 일반적으로 방구석에 흙으로 테두리를 만들고 불을 피워 난방과 조명을 겸하던 난로를 말하고, 다정은 차 끓이는 솥을 가리킨다.

서거정 徐居正, 1420~1488

경상도 함咸 감사가 차와 먹, 초椒와 포脯를 부쳐 준 것에 사례하다 謝慶尙咸監司寄茶墨椒脯

연래엔 병든 삭신이 앙상하게 말라서
자고 깨자 동창 아래 차 생각 간절했지.
갑자기 영남의 봄 물색이 눈앞에 이르러
돌솥에 보글보글 물 끓는 걸 앉아서 보네.

年來病骨瘦槎牙 睡起東窓苦憶茶

忽爾嶺南春色到 坐看石鼎細生花

출전: 『사가시집』 권14

해설 함씨 성의 경상도 관찰사에게서 차와 먹, 후추와 포를 선물로 받고 각각을 읊은 4수 중에서 두 번째 시이다.

서거정 徐居正, 1420~1488

남원 부사로 가는 양성지를 받들어 전송하며
奉送梁南原奉使湖南

대궐에서 때로 함께 숙직할 땐
푸른 휘장 아래 같이 잠도 잤었지.
몸이 궁전 섬돌 가까이 올라가면
소매 가득 용연향龍涎香*이 풍기었는데,
촛불 똥은 이야기할 때에 잘라 내고
차는 술 취한 뒤에 끓여 마셨지.
우정을 논함엔 백발을 기약했으니*
그 맹세는 푸른 하늘이 알고 말고.
관포管鮑는 정의가 교칠膠漆 같았거니와*
기아期牙는 또 거문고 줄을 이어야지.*

• **용연향**龍涎香 명향名香의 이름이다. 위장병을 앓은 고래의 분비물이 굳어진 것이라고 한다.
• **우정을~기약했으니** 중국 한나라 때 이릉李陵이 소무蘇武와 작별할 때 준 시에 "부디 힘써서 밝은 덕을 숭상하여, 백발까지 변치 않기로 기약하세나"(努力崇明德 皓首以爲期)라고 한 것을 이른 것이다.
• **관포**管鮑**는~같았거니와** '관포지교'管鮑之交로 유명한 중국 춘추시대 제나라 관중管仲과 포숙鮑叔을 이르는 말. 교칠膠漆은 아교와 옻칠을 말하는데, 둘 다 물건을 접착하는 것이므로 교제가 친밀함을 비유한다.
• **기아**期牙**는~이어야지** 백아절현伯牙絶絃, '지음'知音으로 유명한 중국 전국시대 백아伯牙와 종자기鍾子期를 이르는 말. 백아의 거문고 소리를 알아주던 종자기가 죽자, 백아가 줄을 끊고 다시는 거문고를 타지 않았다고 한다.

조선 초기의 차 문화

紫閣時同直 靑綾夜共眠 將身近螭陛 滿袖動龍涎

燭向談時剪 茶從醉後煎 論交期皓白 信誓有蒼玄

管鮑曾投漆 期牙又續絃

                                                        출전: 『사가시집』 권20

해설   서거정이 남원 부사로 부임하는 양성지梁誠之에게 준 시로, 원래 100운의 장편 시지만 여기서는 그 일부만을 수록하였다. 『눌재집』訥齋集 권6에도 수록되어 있다.

서거정 徐居正, 1420~1488

회포를 쓰다 述懷

피리를 분 것은 그 몇 날이었으며˚
사직할 때는 정히 어느 해일런고.
강어귀에서 실컷 취하진 못하지만˚
항아리 곁에서 잠이나 자고 싶네.˚
노공魯公은 능히 해를 되돌아오게 하였고˚
기인杞人은 공연히 하늘을 걱정했지.˚

• **피리를~날이었으며** 무능한 사람이 재능이 있는 것처럼 속여서 외람되이 높은 자리를 차지하는 것. 중국 전국시대 제齊 선왕宣王이 피리 소리 듣기를 좋아하여 항상 악인樂人 300명을 불러서 피리를 합주하게 하였다. 이때 남곽 처사南郭處士가 원래 피리를 불지도 못하면서 자청하여 악인들 틈에 끼어 피리 부는 시늉을 하며 훌륭한 대접을 받고 지냈다. 그런데 선왕이 죽고 민왕湣王이 즉위하여 한 사람씩 불러서 피리를 불어 보게 하자, 남곽 처사가 마침내 도망갔다는 고사가 있다.

• **강어귀에서~못하지만** 중국 당나라 두보의 「곡강」曲江 시에 "퇴청해서는 나날이 봄옷을 전당 잡혀, 날마다 강 머리에서 실컷 취해 돌아오네"(朝回日日典春衣 每日江頭盡醉歸)라는 구절이 있다.

• **항아리~자고 싶네** 서거정의 시 「잠 스님이 작설차를 준 데 대하여 사례하다」의 주 '필탁은~잠잤고' 참조(이 책 116쪽).

• **노공魯公은~하였고** 위태로운 국면을 만회할 수 있는 역량을 의미한다. 중국 노魯나라 양공陽公이 한韓나라와 전쟁을 치르다가 날이 저물어 가자 해를 향하여 창을 휘둘러 해를 30리쯤 되돌아오게 했다는 고사가 있다.

• **기인杞人은~걱정했지** '기우'杞憂의 고사를 인용한 말. 기우는 중국 기杞나라 사람이 하늘과 땅이 무너지면 도망가서 살 곳이 없다고 생각하여, 침식을 폐하고 걱정을 했다는 고사이다.

병가를 내고 보니 또한 일이 없어
용단차*를 내 손으로 직접 달이노라.

吹竽知幾日 乞骨定何年 未得江頭醉 欲從甕底眠
魯公能退日 杞國謾憂天 移病還無事 龍團手自煎

출전: 『사가시집』 권20

해설 전체 2수 중에서 첫 번째 시이다. 중국의 고사와 두보의 시구를 인용하여 자신의 심사와 일상을 이야기하였다.

• **용단차** 중국 송대宋代에 궁중에 공납하던 품질이 좋은 차.

서거정 徐居正, 1420~1488

삼각산을 바라보며 望三角山

석양 바람에 말없이 처마 앞에 섰노라니
삼각산의 가을 모양이 뾰족이 드러나네.
생각난다, 어릴 적 글 읽던 절에서는
설창과 차솥의 운치 달빛 아래 아울렀지.

晩風無語立前簷 三角秋容露碧尖
憶昔小年讀書寺 雪窓茶鼎月相兼

출전: 『사가시집』 권21

해설   삼각산은 서울특별시와 경기도 고양시의 경계에 있는 북한산을 말한다. 그 산 어딘가에 서거정이 어릴 적 글을 읽던 절이 있었던 듯, 그곳의 눈 내린 풍경이 내다보이는 창가에서 달빛 아래 차를 마셨던 추억을 회상한 시이다.

서거정 徐居正, 1420~1488

숲 속 정자에서 석양에 읊다
―잠 스님의 시에 차운하다 林亭晩唫 次岑上人韻

성시엔들 어찌 은자의 집이 없으리오
숲 속 정자 워낙 한적해 속세와 격했네.
해마다 얼마나 많은 나무를 심었던고
무수한 꽃들이 절로 계속해서 피어나네.
흰개미들 한창 싸우더니 산비가 내리고*
누런 벌들 일 끝내니 시냇가에 해 기우네.
한참 동안 고승과 함께 정담을 나누노라니
차 끓이는 돌솥에서 솔바람 소리* 들려오네.

城市那無隱者家 林亭幽絶隔塵譁 年年爲種幾多樹 續續自開無數花
白蟻戰酣山雨至 黃蜂衙罷溪日斜 移時軟共高僧話 石鼎松聲送煮茶

출전:『사가시집』권21

해설 잠 스님은 앞에서도 여러 번 나온 인물이다. 이 시는『속동문선』續東文選 권7에도 수록되어 있다.

• **흰개미들~내리고** 개미가 한창 싸운다는 것은 개미가 흙을 쌓느라고 바쁘게 움직이는 것을 형용한 말이다. 민간에서는 개미가 흙을 쌓으면 큰비가 올 징조라는 말이 전한다.
• **솔바람 소리** 서거정의 시「앞의 운을 사용하여」의 주 '게 눈' 참조(이 책 106쪽).

서거정 徐居正, 1420~1488

밤에 읊다 夜唫

저녁 바람에 비 뿌리고 때는 또 황혼이라
마음속이 근심스러워 문 닫고 앉았노라니,
온갖 나무는 성내어 자연의 소리를 울리고
외로운 등불 적막한 가운데 구들이 따뜻하네.
세 칸의 낡은 집은 달팽이집처럼 작은데
십 년을 고상한 담론하며 홀로 이를 잡았네.*
차 솥에서는 때로 솔바람 소리 들려오니
일생의 풍미가 소갈병 든 문원文園*과 같네.

晚風吹雨又黃昏 悄悄幽懷坐掩門 萬木號怒天籟響 孤燈閒寂地爐溫
三間破屋蝸同小 十載高談虱獨捫 茶鼎松風時送響 一生風味渴文園

출전: 『사가시집』 권21

해설 근심스러운 마음에 홀로 차를 마시는 심사를 소갈병 든 사마상여에 비유하였다.

• **십 년을~잡았네** 여유 만만하게 기탄없이 담론하는 것. 중국 전진前秦 때 왕맹王猛이 소년 시절 대장군 환온桓溫을 알현하여 담론을 유창하게 하는 한편, 이를 잡으면서 방약무인한 태도를 지었다는 데서 온 말이다.
• **문원文園** 중국 한 무제漢武帝 때 효문원孝文園의 영슈을 지낸 사마상여司馬相如. 그가 소갈병을 앓아 차를 자주 들이켰던 사실을 비유한 말이다.

서거정 徐居正, 1420~1488
이차공李次公의 차운시에 받들어 수답하다
李次公 用僕前日……

내가 하늘을 위하여 술 한 잔을 올리노니
삼백三白*을 보았으매 참으로 즐겁다마다.
세상에 이미 풍년 들 상서가 있었으니
천하가 모두 윤택하게 할 인재를 알아보리.
사계절은 서로 돌아 나무로 불씨를 바꾸고*
이양二陽은 또 생하여 갈대 재가 움직이는데.*
돌솥에 차 끓이며 말없이 앉았노라니
날던 새는 안 보이고 사람도 오질 않네.

我爲天公酹一杯 眼見三白眞樂哉 人間已有豐穰瑞 天下皆知澤潤才
四時相禪木改火 二陽又生葭動灰 石鼎煎茶坐無語 鳥飛更絶人不來

출전: 『사가시집』 권22

- **삼백三白** 서거정의 시 「2월 22일 밤에 눈보라가 크게 몰아쳐서, 새벽에 일어나서 짓다」의 주 '납전의 삼백' 참조(이 책 102쪽).
- **사계절은~바꾸고** 계절에 따라 나무를 바꾸어 불씨를 취하던 것을 말한다. 즉 봄에는 느릅나무와 버드나무(楡柳), 여름에는 대추나무와 은행나무(棗杏), 늦여름에는 뽕나무와 산뽕나무(桑柘), 가을에는 떡갈나무와 참나무(柞楢), 겨울에는 홰나무와 박달나무(槐檀)에서 불씨를 취했다.

원제 이차공李次公이 내가 전일에 지은 「국화 활짝 필 때 달을 마주하고 홀로 술을 마시며」(菊花盛開對月獨酌)에 차운하여 부쳤으므로 받들어 수답하다 李次公 用僕前日菊花盛開對月獨酌詩韻 有次見寄 奉酬

해설 전체 3수 중에서 두 번째 시이다. 앞뒤 시를 보면 섣달에 쓴 시임을 알 수 있다.

• **이양二陽은~움직이는데** 11월 동지에 일양一陽이 생생하므로, 여기서 이양이 생했다는 것은 곧 12월이 되었다는 말이다. 갈대의 재가 움직인다는 것은 십이율려十二律呂가 1년 12달에 각각 짝하여, 황종黃鐘은 11월 동지, 대주大簇는 정월, 고선姑洗은 3월, 유빈蕤賓은 5월, 이측夷則은 7월, 무역無射은 9월, 대려大呂는 12월, 협종夾鐘은 2월, 중려仲呂는 4월, 임종林鐘은 6월, 남려南呂는 8월, 응종應鐘은 10월에 각각 배속되었던바, 후기후氣의 법칙에 의하면, 방 안에 나무 탁자 12개를 각각 방위에 따라 비치한 다음, 12개의 율관律管을 12개의 탁자 위에 각각 안치하고 갈대 재(葭灰)를 각 율관의 내단內端에 채워 놓고 절기를 기다려 살피노라면 매양 한 절기가 이를 때마다 해당 율관의 재가 날아 움직이게 됨을 말한 것이다. 예컨대 11월 동지에는 황종율관의 재가 움직이고, 정월에는 대주율관의 재가 움직이게 되는 법칙이다.

서거정 徐居正, 1420~1488

아침 비가 내리다 朝雨

아침부터 가랑비가 실처럼 가늘게 내리니
싸늘한 기운 스며들어 도포 입고 앉았는데,
차 끓는 소리는 사모를 쓰고 듣거니와˙
시 짓기는 맛 없어 신 신고 발 긁기˙ 같네.
애료艾醪는 이미 고아주羔兒酒에 맞설 만하거니와˙
침창砧唱은 오히려 봉미조鳳尾槽보다 더 낫고 말고.˙
살짝 취해 질장군 치며 소리 높여 노래하니
늘그막의 의기가 아직도 호탕하기만 하네.

• **차~듣거니와** 노동盧仝은 「다가」茶歌에서 "비단 모자 머리에 쓰고 스스로 차 끓여 마시네"(紗帽籠頭自煎喫)라고 하였다.
• **신~긁기** 문장 같은 것을 지을 때 정곡을 찌르지 못하고 겉돌아서 의미가 절실하지 못함을 비유한 말이다.
• **애료艾醪는~만하거니와** 애료는 약쑥으로 담근 술을 말하는데, 옛날 풍속에 단오절이면 이 술을 마셔서 사기邪氣를 물리쳤다고 한다. 고아주羔兒酒는 서거정의 시 「앞의 운에 네 번째로 화답하여 홍이부, 윤담수에게 부치다」의 주 '고아주' 참조(이 책 112쪽).
• **침창砧唱은~낫고 말고** 침창砧唱은 다듬이질하는 소리를 말한다. 봉미조鳳尾槽는 양귀비가 사용했다는 쌍봉雙鳳 모양으로 만든 비파琵琶 통을 가리킨다. 소식의 시 「송숙달의 집에서 비파를 듣다」(宋叔達家聽琵琶)에서 "두어 줄의 음절을 골라 용향으로 퉁기어라, 얼굴 반쯤은 오히려 봉미조로 가리는구나"(數絃已品龍香撥 半面猶遮鳳尾槽)라고 하였다.

朝來小雨細如繰 淸氣駸駸坐擁袍 煮茗有聲籠帽聽 作詩無味隔靴搔

艾醑已當羔兒酒 砧唱猶勝鳳尾槽 擊缶高歌拚小醉 莫年意氣尙麁豪

출전: 『사가시집』 권28

해설　가랑비 내리는 날 차를 마시고 시를 지으며 무료함을 달래 보다가, 결국 술을 마시고 노래를 불렀다는 내용이다.

서거정 徐居正, 1420~1488
달을 보며 차를 마시다 對月飮茶

앉아서 반달을 마주하고
석 잔의 차를 기울이노니,
어찌하면 두 날개를 달고*
천상의 계수화 완상할꼬.

坐對半輪月 爲傾三椀茶
何由揷兩翼 去賞天桂花

출전: 『사가시집』 권28

해설　달밤에 차를 마시며, 노동盧소의 「다가」茶歌를 원용하여 지은 시이다.

---

* **석 잔의~달고**　서거정의 시 「잠 스님이 작설차를 준 데 대하여 사례하다」의 주 '어찌~헤치랴' 참조(이 책 116쪽).

서거정 徐居正, 1420~1488

한가한 가운데 본 것으로 장난삼아 쓰다
閑中所見戲題

아침 술은 사기 사발 하나에서 흥이 나고
점심상은 나무 접시 둘 놓인 게 기뻐라.
유월이라, 얼음 없어 해갈은 어렵지만
차 솥에 울리는 봄 강물 소리˚ 듣기 좋구나.

卯酒興酣沙椀一 午飱飣喜木楪雙
六月無氷難解渴 喜聞茶鼎響春江

출전: 『사가시집』 권29

해설   전체 3수 중에서 첫 번째 시이다. 3수 모두 눈앞에 있는 것들을 시로 읊었는데, 여기서는 사기 사발과 나무 접시 그리고 차 솥을 소재로 하였다.

• **봄 강물 소리**   찻물이 한창 끓는 소리를 형용한 말이다.

서거정 徐居正, 1420~1488

바둑을 마치고 누워서 읊다 棊罷臥唫

게 눈 이는* 향차로도 갈증이 덜 풀려
창 아래 번듯이 누워 솔바람 소리 듣노라.
득실에는 운수가 있으니 어찌 피할 수 있으랴
몸과 그림자처럼 서로 붙어서 벗어날 수 없네.
후세에 남을 문장은 쥐의 꼬리처럼 하찮고
여생의 공적은 거북의 털 긁기*와 마찬가지네.
세상일은 바둑 두기와 같음을 잘 알거니
국수라도 돌을 놓지 않는 것이 상수라네.*

蟹眼香茶渴未消 小窓高枕聽松濤

乘除有數那能遣 形影相隨不自逃

- **게 눈 이는** 물이 막 끓기 시작할 때에 마치 게의 눈처럼 거품이 자잘하게 일어나는 것을 말한다. 서거정의 시 「앞의 운을 사용하여」의 주 '게 눈' 참조(이 책 106쪽).
- **거북의 털 긁기** 거북의 등은 아무리 긁어 보았자 터럭을 얻을 수 없다는 뜻으로, 수고만 할 뿐 보람을 얻지 못하는 것을 의미한다. 소식이 「동파팔수」東坡八首에서 "거북의 등에서 터럭을 긁어 내어, 어느 때에 털방석을 만들까"(刮毛龜背上 何時得成氈)라고 하였다.
- **국수라도~상수라네** 중국 송나라 대복고戴復古의 「음중달관」飮中達觀에서 "일심은 물과 같아서 평평한 게 좋고, 만사는 바둑과 같아서 두지 않는 게 상수라네"(一心似水唯平好 萬事如棋不著高)라고 하였다.

後世文章尖鼠尾 殘年勳業刮龜毛

極知世事如碁樣 國手無如不著高

출전: 『사가시집』 권29

해설   바둑을 마치고 차를 마시고 나서 창가에 누워 떠오르는 생각들을 시로 읊은 것이다.

서거정 徐居正, 1420~1488

진원珍原 박 태수朴太守가 차를 부쳐 준 데 대하여 사례하다 謝珍原朴太守寄茶

몇 년 동안 소갈병을 어찌하지 못하였더니
자상하여라, 그대가 좋은 차를 부쳐 주었네.
돌솥에 설설 끓이니 게의 눈 일어나고
수마睡魔를 쫓고 나니 시마詩魔가 찾아오네.*

年來病渴可如何 珍重煩君寄美茶

石鼎好煎生蟹眼 睡魔驅盡又詩魔

출전: 『사가시집』 권29

해설　진원珍原은 전라남도 장성군의 지명으로, 박 태수는 그곳의 현감이었다.

• **수마睡魔를~찾아오네**　수마는 잠이 오게 하는 마귀 즉, 졸음을 뜻하고, 시마詩魔란 시를 짓고 싶은 흥취가 강렬해짐을 말한다.

서거정 徐居正, 1420~1488
앞의 운을 사용하다 用前韻

하늘이 한 거울*을 열어 아름다운 정자를 둘렀는데
아름다운 배 천천히 저어 부평초를 헤쳐 가네.
녹의주綠蟻酒와 아황주鵝黃酒*는 나누어 담고
용단차와 봉단차는 차병에 가득 찼네.
물고기는 연잎 흔들어 그림자가 한들거리고
제비는 버들꽃 스쳐 은은한 향기 풍기는데,
퇴청하여 밥 먹고 긴긴 날 할 일 없어
붓 휘둘러 먹 찍어서 『황정경』黃庭經을 베껴 시를 쓰네.[1]

天開一鑑繞華亭 畫舫徐牽劈盡萍 綠蟻黃鵝分酒甕 團龍焙鳳滿茶甁
魚搖荷葉翻翻影 燕蹴楊花細細馨 退食日長無箇事 揮毫染墨寫黃寧

[1] 황녕은 곧 황정경이다(黃寧卽黃庭).

출전: 『사가시집』 권30

- **한 거울** 연못을 뜻하는 말. 주희朱熹의 「관서유감」觀書有感에서 "반 이랑 네모난 연못에 거울 하나 열리어, 하늘 빛과 구름 그림자가 함께 배회하네"(半畝方塘一鑑開 天光雲影共徘徊)라고 하였다.
- **녹의주**綠蟻酒**와 아황주**鵝黃酒 녹의주는 파란 거품이 둥둥 뜬 술, 아황주는 거위 새끼처럼 노란 술로, 둘 다 좋은 술을 가리킨다.

해설 전체 6수 중에서 세 번째 시이다. 앞의 운이란 『사가시집』의 바로 앞에 나오는 월산대군月山大君의 풍월정시風月亭詩에 응제應製한 시를 말한다. 월산대군은 안국방安國坊 집 서쪽 동산에 정자를 지었는데, 동생인 성종이 왕림하여 '풍월'風月이란 두 글자를 하사하고, 시 6수를 지어 문신들로 하여금 화답하게 하였다.

서거정 徐居正, 1420~1488

차를 달이다 煎茶

용단龍團*은 제일 유명한 것이고
운각雲脚과 설아雪芽* 또한 새롭네.
생수 길어다 살살 달여 보니
마른 창자에 맛이 더욱 진품이네.
노동의 시*는 읊을수록 쓴맛이요
육우의 『다경』*은 다 진부한 말이니,
사마상여의 오래된 소갈증*에는
스스로 자주 마시는 것이 제일이네.

• **용단龍團** 중국 송나라 때 궁중에 바치던 차 이름. 떡처럼 만든 덩이 위에 용龍 무늬를 그렸기 때문에 이렇게 일컫는다.
• **운각雲脚과 설아雪芽** 운각은 차의 별칭이며, 설아는 중국 아미산峨眉山에서 생산되는 명차이다.
• **노동의 시** 서거정의 시 「잠 스님이 작설차를 준 데 대하여 사례하다」의 주 '어찌~헤치랴' 참조(이 책 116쪽).
• **육우의 『다경』** 육우는 중국 당나라 때 은사로, 다신茶神으로 추앙받는 인물이다. 그가 저술한 책이 『다경』이다.
• **사마상여의 오래된 소갈증** 서거정의 시 「밤에 읊다」의 주 '문원' 참조(이 책 129쪽).

龍團名第一 雲脚雪芽新 活水煎初細 枯腸味更眞

盧詩吟轉苦 陸譜語皆陳 司馬長年渴 惟宜自酌頻

출전: 『사가시집』 권50

해설 앞에 나온 시에서도 말하였듯이, 서거정은 평소 소갈증을 앓고 있었다. 이 시에서는 노동의 시나 육우의 『다경』보다 스스로 알아서 자주 차를 마시는 것이 소갈증에 가장 좋다고 하였다.

서거정 徐居正, 1420~1488

차를 달이다 煎茶

선다仙茶의 묘한 맛 너무 좋아해
처음으로 영남에서 가져왔네.
맑은 병에 새로 물 길어 오니
낡은 솥에서 우렛소리 들리네.
이른 봄에 덖은 좋은 차 보내 오니
한바탕 봄 꿈에서 깨어나네.
나 또한 옥천자玉川子˙처럼
세 사발 차로 시를 재촉하네.

絶愛仙茶妙 初從嶺外來 澹瓶新汲水 古鼎故鳴雷

北焙分春早 南柯喚夢回 我如玉川子 三椀要詩催

출전: 『사가시집』 권52

해설   이른 봄 남쪽에서 보내 온 햇차를 받고, 기쁜 마음에 쓴 시이다.

• **옥천자**玉川子   당나라 시인 노동의 호이다. 하북 범양范陽 사람인데, 젊어서 소실산小室山에 은거하였다. 차를 좋아하여 「다가」茶歌를 지었다.

서거정 徐居正, 1420~1488
백발白髮

백발은 오랜 병 때문이지만
오사모는 온종일 한가롭네.
찻사발엔 지렁이 구멍 생기고*
향정香鼎엔 자고반鷓鴣斑*이 피어오르네.
안석에 기대어 맑은 한낮을 보내며
창문 열어 먼 산을 받아들이네.
높이 읊조리며 흥을 푸노라니
지친 새 또한 돌아올 줄을 아네.*

白髮長年病 烏巾盡日閑 茶甌蚯蚓竅 香鼎鷓鴣斑
隱几消淸晝 開窓納遠山 高吟聊遣興 倦鳥亦知還

출전: 『사가시집』 권52

- **찻사발엔~생기고**   서거정의 시 「병중에 오은군에게 부치고 겸하여 기백에게 적어 보내다」의 주 '때로~듣고' 참조(이 책 108쪽).
- **향정香鼎엔 자고반鷓鴣斑**   향정은 솥처럼 생긴 향로를 가리키고, 자고반은 이름난 향의 이름이다.
- **지친 새~아네**   중국 진晉나라 때 도잠의 「귀거래사」에 "새는 날다가 지쳐 돌아올 줄을 아네"(鳥倦飛而知還)라는 구절이 있다.

해설   맑은 한낮에 차를 마시고 먼 산 바라보며 시를 읊조리는 한가로움이 잘 드러나 있다.

서거정 徐居正, 1420~1488

동짓날 이틀 뒤 청재淸齋*에 들어가 자심子深에게 부치다 南至後二日 入淸齋 寄子深

늙고 병들어 마음이 이미 쓸쓸한 데다
새벽에 청동화로를 잡고 흐르는 세월을 느끼네.
동지 이후로 날마다 해가 길어지건만
북풍이 불 때에는 솜옷이라도 찢을 듯하네.
지장紙帳*으로 추위를 막으며 홀로 앉았다가
목로木爐의 온기 틈타 푹 자기도 하네.
그래도 시인의 풍류는 의연히 남아 있어
아이 불러 용단차 가져다 눈 녹인 물에 끓이노라.

老病情懷已索然 靑銅曉攬感流年 日南至後初添線 風北來時欲折綿
紙帳遮寒成獨坐 木爐偸煖穩長眠 詩家風味依然在 喚取龍團雪水煎

출전: 『사가시집』 보유 권1

해설   자심子深은 서하군西河君 임원준任元濬으로, 『사가집』에 서문을 쓴 인물이다. 이 시는 『속동문선』 권7에도 수록되어 있다.

- **청재**淸齋   권근의 시 「장의사의 청재에서 초사를 짓다」의 주 '청재' 참조(이 책 26쪽).
- **지장**紙帳   추운 겨울, 외풍을 막기 위해 방 안에 치던 방장房帳을 말한다.

서거정 徐居正, 1420~1488

차를 끓이며 煎茶

차 끓이며 맑은 한낮에 앉았노라니
돌솥에서 봄물 소리 울리네.
대나무 빛은 대자리에 흔들거리고
홰나무 그늘은 작은 창을 덮었네.
버들잎 짙어 꾀꼬리 곱게 울고
꽃은 피어 나비가 짝지어 나네.
다만 한가로운 정취 얻었을 뿐
은사 방덕공龐德公*은 배울 길이 없네.

煎茶坐淸晝 石鼎咽春江 竹色搖淸簟 槐陰罩小窓

柳深鶯囀百 花發蝶飛雙 只得閑中趣 無由學隱龐

출전: 『사가시집』 보유 권1

해설   비록 방덕공처럼 은사가 되지는 못했지만, 한낮에 차를 끓여 마시며 한가로운 정취를 얻었다는 내용이다.

• **방덕공**龐德公   중국 후한 때의 은사로 가족들을 데리고 녹문산으로 들어가 약초를 캐어 살면서 세상과 단절했던 인물이다.

이승소 李承召, 1422~1484

일암 전 장로專長老에게 주다 贈一菴專長老

백 년의 번뇌 떨쳐 버리고
일미선一味禪*에 깊이 들었네.
몸이 한가하니 응당 늙지 않을 테고
마음 고요하니 다시 졸음 없으리.
약 재료는 대바구니 속에서 말리고
차 단지엔 눈 녹인 물을 끓이리.
가장 불쌍한 건 속세의 객이
늘 몸이 얽매여 애쓰는 거네.

抖擻百年累 深參一味禪 身閑應不老 心靜更無眠
藥料筠籠曬 茶鐺雪水煎 最憐塵世客 役役常在纏

출전:『삼탄집』三灘集 권5

• 일미선一味禪 참선을 하여 돈오頓悟, 곧 문득 깨달음에 이르는 경지를 말한다.

해설　전체 6수 중에서 두 번째 시이다. 일암一菴은 조선 초기의 고승으로 술과 바둑을 좋아하였으며, 신숙주·서거정·성삼문·이석형 등과 두루 사귀었다.『용재총화』권7에 그에 대한 내용이 수록되어 있다.

이승소 李承召, 1422~1484

유구국 사신 자단 스님의 운에 받들어 화답하다
奉和琉球國使自端上人詩韻

나그네 길 눈보라가 쳐서 정히 쓸쓸한데
물병과 지팡이 들고 훌쩍 다시 조정에 들어왔네.
신선의 뗏목 타고 만 리 먼 길 유람하여
상서로운 해가 중천에 뜬 것을 바라보았네.
흥이 일어 붓을 들자 시는 적수가 없고
졸다 깨어 끓는 차를 손으로 가늠하네.
세속의 인연 따르는 건 재주가 많은 탓이니
은거하여 도끼 자루 썩는 것* 묻지 마소.

征途風雪正蕭條 瓶錫飄然再入朝 穩泛仙槎遊萬里 欣瞻瑞日上重霄
興來揮翰詩無敵 睡罷煎茶手自調 隨世應緣多伎倆 隱居休問爛柯樵

출전: 『삼탄집』 권6

해설 유구국 사신 자단自端은 1471년, 성종 2년에 조선에 온 인물이다. 시의 내용을 보면 그가 시에 능했고 또 차를 즐겼음을 알 수 있다.

• **도끼 자루 썩는 것** 중국 진晉나라 때, 왕질王質이 나무하러 갔다가 동자들이 바둑을 두면서 노래하는 것을 구경하였는데, 어느새 도끼 자루가 썩고 세월이 흘러 버렸다는 일화를 원용한 구절이다.

이승소 李承召, 1422~1484
차를 달이며 연구 聯句를 짓다 煮茶聯句

산골 아이 절구질해 차를 찧으매
월단차 부수어 옥가루로 만들었다네.
차 달이자 게 눈과 물고기 눈*이 생기고
수시로 가슴속의 글귀를 적셔 주네.
시를 지으면 귀신은 울음을 울 거고
마음은 고요하니 물결 일지 않으리.
석정石鼎의 뛰어났던 시 구절*은
예부터 압도하기 어려웠다네.

山童敲茶臼 玉屑碎月團 煎出蟹魚眼 時澆錦繡肝
詩成鬼應泣 心定井無瀾 石鼎龍頭句 從來壓倒難

출전: 『삼탄집』 권7

- **게 눈과 물고기 눈** 찻물이 막 끓기 시작할 때 게의 눈처럼 자잘하게 일어나는 기포와 한창 끓을 때 물고기 눈처럼 일어나는 기포를 말한다. 서거정의 시 「앞의 운을 사용하여」의 주 '게 눈' 참조(이 책 106쪽).
- **석정石鼎의 뛰어났던 시 구절** 중국 당나라 때 한유가 지은 「석정연구서」石鼎聯句序에 나오는 중국 도사 헌원미명軒轅未明과 유사복劉思服 후희신侯喜新이 합작하여 지은 연구를 말한다. 여기서 헌원미명은 한유 자신을 가탁한 것이라고 한다.

해설　「일암팔영」一菴八詠 중의 하나이다. 앞서 나온 일암 스님이 살던 곳의 경치를 읊은 것이 아닐까 생각되지만, 자세한 것은 미상이다. 연구란 본래 여럿이서 한 구씩 시를 지어 나가는 것인데, 각각의 구절을 누가 지은 것인지는 미상이다.

이승소 李承召, 1422~1484

고평 高平

맑은 새벽 사령沙嶺에서 길을 나서서
한낮 되어 고평高平에서 휴식을 하네.
폐를 적시려 서둘러 찻잔을 찾고
시를 지으려 짐 뒤져서 붓을 찾네.
만나서 괜스레 많은 말 나누어 본들
수심만 도리어 일어날 것을.
애 쓰며 고생하는 인간 세상을
물에 뜬 부평초처럼 떠다니누나.

淸晨發沙嶺 日午憩高平 潤肺催茶椀 題詩覓管城
相逢多謾語 轉覺攪愁情 役役人間世 飄飄水上萍

출전: 『삼탄집』 권8

해설 사령沙嶺과 고평高平은 중국의 요동에서 산해관 사이에 있는 지명이다. 이승소는 1480년 겨울 부사副使로 중국을 갔는데, 이때 지은 시이다.

이승소 李承召, 1422~1484

행산에서 한낮에 쉬다 杏山午憩

북쪽에서 내려온 자그마한 산
바라보니 구름 뜬 것 같구나.
먼 멧부리는 비쩍 말라 깎은 듯
찬 샘물은 얼어붙어 흐르지 않네.
배가 고파 물 말아서 밥 빨리 먹고
목이 말라 차 가득 든 병을 당기네.
아전에게 좋은 말을 구하라 했건만
타고 가니 둔하기 소와 같구나.

小山來自北 望若長雲浮 遠岫瘦如削 寒泉凍不流
飢殗水澆飯 渴引茶滿甌 叱吏求良驥 騎行鈍似牛

출전: 『삼탄집』 권8

해설   이 시 역시 1480년 부사로 중국에 갔을 때 지은 것으로, 행산杏山은 요동에서 산해관 사이에 있는 지명이다.

성간 成侃, 1427~1456

절구 絕句

봄을 찾아 날마다 모자를 젖혀 쓰고
동쪽 산으로 달려가 차를 달여 보네.
발길 따라 나비 좇아 노니노라니
개울가 여기저기에 흰 오동꽃 피었네.

尋春日日帽簷斜 走上東山欲試茶
隨意緩尋胡蝶去 溪邊時有白桐花

출전: 『진일유고』眞逸遺稿 권2

해설   전체 3수 중에서 첫 번째 시이다. 봄날에 경치 좋은 곳에 올라 차를 즐겼음을 알 수 있다.

김종직 金宗直, 1431~1492

즉흥시를 지어 자고子固 김뉴金紐에게 바치다
卽事呈子固金紐

동도東都에서 날마다 일없이 술만 마시며
아득한 지난 일을 흐르는 물결에 부치노라.
석 대의 화살*은 날아가는 고니를 놀래키고
한 장의 거문고*로는 새 노래를 타노라.
하얀 모시 도포는 누워 있기에 편하고
깁 모자에 바람 부니 차 마시기 좋구려.
세상은 허다한 출세의 전쟁터
듣자 하니 서울에서 발영과에 급제했지.[1]

• **석 대의 화살** 원문의 박두樸頭는 촉이 나무로 된 화살이다. 화살의 길이는 4자가량 되고, 깃은 매우 좁으며 살촉이 나무로 된 것이 특징인데, 무과武科를 보일 때와 훈련할 때에 썼다.

• **한 장의 거문고** 원문의 초미焦尾는 초미금焦尾琴을 말한다. 한나라 채옹蔡邕이 평상에서 낮잠을 자고 있는데, 옆집에서 좋은 오동나무가 불에 타는 소리가 들렸다. 급히 달려가 보니 아직 막 불이 붙고 있는 즈음이라 급히 불을 끄고 오동나무를 꺼내었다. 이것을 마름질하여 거문고를 만들었는데, 꼬리 부분에 불탄 자국이 남아 있어 '꼬리가 탄 거문고'란 의미로 초미금이라 하였다. 『후한서』後漢書 「채옹전」蔡邕傳.

東都日日飮無何 往事微茫付逝波 三箇樸頭驚疾鵠 一張焦尾譜新歌

苧袍如雪便欹枕 紗帽含風好喫茶 塵世幾多蝸角戰 玉京聞放拔英科

[1] 당시에 문신에게 시험을 보여 40인을 취한 다음 발영시拔英試라 사호賜號하고 홍패紅牌를 내렸으며, 유가遊街와 가자加資를 모두 중시重試와 동일하게 하였다(時試文臣 取四十人 賜號拔英試 賜紅牌 遊街加資 一依重試).

출전: 『점필재시집』佔畢齋詩集 권2

해설　자고子固는 김뉴金紐의 자이다. 동도東都는 경상북도 경주를 가리킨다. 김종직은 1465년 2월 영남병마평사가 되었고 가을에 경주에서 석전초헌관釋奠初獻官을 맡았는데, 이 시는 아마 그 무렵 지은 것으로 추측된다.

김종직 金宗直, 1431~1492

또 세 수를 짓다 又三首

동해 바닷속은 모두가 신선의 집이라
원교산 방호산을 차례로 지날 터이니
상상컨대 밤에 좌선하여 생각하는 가운데
한 병의 가을 물로 스스로 차를 끓이리.

海中都是羽人家　員嶠方壺取次過

遙憶夜禪商搉處　一瓶秋水自煎茶

출전: 『점필재시집』 권6

해설　일본에서 온 인란(人蘭) 스님을 보내며 지은 시로, 전체 3수 중 세 번째 시이다.

김종직 金宗直, 1431~1492

엄천사에서 자다 宿嚴川寺

엄천사 안에서 유 군과 임 군, 나 세 사람이
차 달여 청담 나누며 평소의 회포를 풀고서
하룻밤 동안 벼슬살이를 몽땅 잊었는데
여울물 소리에 꿈 깨어 문득 시를 찾누나.

嚴川寺裏兪林我 煮茗淸談愜素期
一夜簪纓渾忘却 灘聲驚夢忽尋詩

출전: 『점필재시집』 권7

해설　엄천사는 경상남도 함양군에 있던 절 이름이다. 뒤에 나오는 「다원」茶園을 보면, 엄천사 북쪽 죽림竹林에 차밭이 있었음을 알 수 있다.

김종직 金宗直, 1431~1492

농사를 권장하기 위해 마천에 이르러
勸農至馬川……

초목은 앞 산봉우리에 무성한데
뭉게구름 짙어지는 게 멀리 보이네.
차 마시며 자는 새 소리 듣고
시를 적다 보니 새벽이 이르렀네.
고상한 흥취는 승경을 유람해야겠지만
외로운 회포는 농사 걱정뿐이라오.
생공生公*이 지금 석장錫杖 멎고 있으면서
밤에 비를 내리게 한 것이 기쁘구려.

草樹蔚前峯 遙看水墨濃 啜茶聞宿鳥 題竹到殘鍾
雅興須探勝 孤懷只憫農 生公今住錫 可喜夜降龍

출전: 『점필재시집』 권7

원제 농사를 권장하기 위해 마천에 이르러 군자사에서 묵었는데, 가뭄이 심하던 차에 이날 비가 오므로 통 스님에게 주다 勸農至馬川 宿君子寺 旱甚 是日雨 贈通上人

- **생공** 중국 양梁나라 때의 고승. 일찍이 호구사虎丘寺에서 돌을 모아 청중으로 삼고 불경을 강설하자, 그 설법에 감화되어 돌들이 모두 머리를 끄덕였다고 한다.

해설　가뭄이 심하여 농사일을 걱정하던 끝에, 구름이 짙어지면서 새벽에 비가 내리자 이를 기뻐하며 쓴 시이다. 생공生公은 군자사에 있던 통 스님을 지칭한 것으로, 비가 내린 것이 그의 법력 덕분이라는 칭송의 표현이다.

김종직 金宗直, 1431~1492

다원 茶園

나라에 바치는 차가 본 군에서는 생산되지 않는다. 그런데 해마다 백성들에게 이를 부과한다. 백성들은 값을 가지고 전라도에서 사오는데, 대략 쌀 한 말에 차 한 홉을 얻는다. 내가 처음 이 고을에 부임하여 그 폐단을 알고 이것을 백성들에게 부과하지 않고 관에서 자체적으로 얻어서 납부하도록 하였다. 그런데 일찍이 『삼국사』三國史를 열람해 보니, "신라 때에 당나라에서 종자를 얻어와 지리산에 심게 하였다"라는 말이 있었다. 아, 우리 군이 바로 이 산 밑에 있는데, 어찌 신라 때 남긴 종자가 없겠는가. 그래서 부로父老들을 만날 때마다 찾아보게 하였더니, 과연 엄천사嚴川寺 북쪽 죽림竹林 속에서 두어 떨기를 발견하였다. 나는 몹시 기뻐서 그곳을 다원茶園으로 가꾸게 하였는데, 인근 땅이 모두 백성들의 밭이었으므로 관전官田으로 보상하여 사들였다. 겨우 몇 년 지나지 않아서 제법 번식하여 다원 전체에 두루 퍼졌으니, 4~5년만 기다리면 나라에 바칠 수효를 충당할 수 있을 것이다. 그래서 마침내 시 2수를 읊었다.

신령한 싹 올려 성군께 축수코자 하는데
신라 때의 종자를 오랫동안 찾지 못하다가
이제서야 지리산 아래에서 채취하였으니
우리 백성들 부담을 덜 수 있을까 기쁘네.

죽림 밖 황량한 동산 두어 이랑 언덕에
언제쯤 자주색 꽃 검은 부리 무성해질까?
다만 백성의 심두육心頭肉*을 치유할 뿐
속립아粟粒芽를 상자에 담아 바치기를 바라지 않네.*

上供茶 不産本郡 每歲賦之於民 民持價買諸全羅道 率米一斗得茶一合 余初到郡 知其弊 不責諸民 而官自求丏以納焉 甞閱三國史 見新羅時得茶種於唐 命蒔智異山云云 噫 郡在此山之下 豈無羅時遺種也 每遇父老訪之 果得數叢於嚴川寺北竹林中 余喜甚 令建園其地 傍近皆民田 買之償以官田 纔數年而頗蕃 敷遍于園內 若待四五年 可充上供之額 遂賦二詩

• **심두육心頭肉** 심장 위에 붙은 살을 말함. 중국 당나라 섭이중聶夷中의 「전가시」田家詩에 나오는 "이월에 새 실을 팔고 오월에는 새 곡식을 내어서 눈앞의 상처는 다스렸으나 심두육을 깎아 내었네"(二月賣新絲 五月糶新穀 醫得眼前瘡 剜却心頭肉)라는 구절에서 온 말이다.

• **속립아粟粒芽를~바라지 않네** '속립아'는 싸라기처럼 생긴 봄의 차싹을 말한다. 소식이 「여지탄시」荔支嘆詩에서 "그대는 무이 시냇가의 속립아를 보지 못했나, 전정후채前丁後蔡가 서로 상자에 담아 진상하였네"(君不見武夷溪邊粟粒芽 前丁後蔡相籠加)라고 한 데서 온 말이다. 여기서 전정후채란 송나라 때 정위丁謂와 채양蔡襄이 처음으로 건주산建州産 용단차龍團茶를 개발해서 번갈아 진상하였던 일을 가리킨다.

조선 초기의 차 문화

欲奉靈苗壽聖君 新羅遺種久無聞
如今擷得頭流下 且喜吾民寬一分

竹外荒園數畝坡 紫英烏觜幾時誇
但令民療心頭肉 不要籠加粟粒芽

출전: 『점필재시집』 권10

해설   김종직이 1471년 함양 군수로 부임하여 엄천사 북쪽 죽림에 다원을 조성하고 시 2수와 함께 그 서문을 쓴 것이다. 이 서문을 통해 차를 공물로 바치던 실상, 차의 거래가 등을 알 수 있고, 또 이어지는 시에서 지방관으로서 백성의 부담을 덜고자 한 어진 마음을 읽을 수 있다. 이런 점에서 이 글은 조선 초기 차 문화를 설명하는 데 매우 중요한 기록이다. 권별權鼈의 『해동잡록』海東雜錄, 성해응成海應의 『연경재전집』研經齋全集 「난실담총」蘭室譚叢 등에도 이와 비슷한 내용이 실려 있다.

사진_ 김종직이 조성한 다원 터

김종직 金宗直, 1431~1492
제야 즉사 除夜卽事

뇌고雷鼓는 울리고 말소리 떠들썩하게
동쪽 집 서쪽 집에서 구나驅儺*가 한창인데
유인幽人*은 문득 강호江湖의 꿈*을 접고
일어나 풍로에 올린 설수차를 마시노라.

雷鼓嘈嘈笑語多 東家西舍正驅儺

幽人忽罷江湖夢 起啜風爐雪水茶

출전: 『점필재시집』 권17

해설 전체 2수 중에서 첫 번째 시이다. 제야에 강호의 꿈에 젖어 있던 작자가 구나 소리에 일어나 설수차雪水茶를 끓여 마신다는 내용이다.

- **구나驅儺** 음력 섣달그믐에 궁중과 민가에서 마귀와 잡신을 쫓아내는 의미로 베풀던 의식이다. 중국 주周나라 때부터 유래된 풍습으로, 조선 초기까지 성행하였다.
- **유인幽人** '조용히 은거하여 사는 사람'이라는 뜻으로, 여기서는 작자 자신을 의미한다.
- **강호江湖의 꿈** 시끄러운 세상을 벗어나 자연에 묻혀 살고자 하는 희망을 말한다.

김종직 金宗直, 1431~1492

지리산 기행 遊頭流錄

가섭전迦葉殿의 북쪽 봉우리에는 두 바위가 우뚝 솟아 있는데, 이른바 좌고대坐高臺이다. ……동쪽 섬돌 아래에 영계靈溪가 있고, 서쪽 섬돌 아래에 옥천玉泉이 있는데, 물맛이 매우 좋아서 이것으로 차를 달인다면 중령中泠, 혜산惠山*도 이보다 낫지는 못할 듯하였다. 샘의 서쪽에 무너진 절이 우뚝하게 서 있으니, 바로 옛 영신사이다.

迦葉殿之北峯 有二巖突立 所謂坐高臺也 …… 東砌下有靈溪 西砌下有玉泉 味極甘 以之瀹茗 則中泠惠山 想不能過 泉之西 壞寺巋然 此古靈神也

출전: 『점필재문집』佔畢齋文集 권2

해설 이 글은 김종직이 함양 군수로 있던 1472년 가을에 쓴 지리산 유람기의 일부이다. 그 내용을 보면, 영신사靈神寺 인근의 옥천玉泉은 매우 맛이 좋아서 중국 강소성의 유명한 차샘인 중령이나 혜산보다 나을 것이라고 하였다.

• **중령**中泠, **혜산**惠山 중령은 중국 강소성江蘇省 진강현鎭江縣에 있는 샘물로 물맛이 좋기로 유명하다. 혜산은 강소성 무석현無錫縣에 있는 산 이름으로, 이곳의 샘물 또한 맛이 좋기로 유명하다.

홍유손 洪裕孫, 1431~1529

은솥에 차를 끓이며 銀鐺煮茗

마른 창자에선 야밤에 만 길 여울 소리 나지만
새벽밥에 양이 채소밭을 짓밟는 건* 알지 못하네.
붉은 배뢰蓓蕾* 조각 꺼내어
정화수를 길어다 풍로에 달이네.
백 마리 나귀 수레 끌고 푸른 언덕을 달리고
흰 구름은 거꾸로 물결 이는 못에 비추네.*
한 잔 마시매 신선의 연회에 참석한 듯
굽어보니 삼신산三神山*이 제비 알처럼 작구나.

- **양이 채소밭을 짓밟는 건**   채소만 먹고 고기 맛은 보지 못했다는 말. 어떤 사람이 늘 채소만 먹다가 양고기 맛을 보게 되었는데, 그날 밤 꿈에 오장신五臟神이 나타나서 "양이 채소밭을 짓밟았다"(羊踏破菜園)라고 했다는 일화가 있다.
- **배뢰蓓蕾**   당나라 노동의 「다가」에 나오는 좋은 차.
- **백 마리 나귀~비추네**   찻물이 끓는 소리와 잔에 일렁이는 찻물을 묘사한 말이다.
- **삼신산三神山**   신선이 산다는 봉래蓬萊, 방장方丈, 영주瀛州 세 곳의 산.

槁腸夜發灘萬仞 曉飯未解羊蹴蔬 拈出紅區蓓蕾片 汲此井華鬮風爐

百驢拽車走靑坂 白雲倒蘸潭紋袞 一覺去參宴瑤池 俯視三山如燕卵

출전: 『소총유고』 篠䕺遺稿 권하

해설 「동고팔영」東皐八詠 중 세 번째 시이다. 동고는 한경기韓景琦(1472~1592)의 호인데, 동대문 밖 아차산 아래에 있던 그의 별장을 지칭하기도 한다. 「동고팔영」이란 그곳의 가장 아름다운 경치를 여덟 수의 시로 읊은 것이다.

최숙정 崔淑精, 1432~1480

한인수와 함께 배를 띄워 신륵사 동대에 오르다
與韓仁叟泛舟 登神勒寺東臺

강물은 깊디깊고 강가 보리는 누런데
조각배 노를 저어 물결 거슬러 오르네.
백 년의 옛 비석은 흐린 눈 트이게 하고
한 사발 좋은 차는 답답한 속 씻어 주네.
상쾌함은 고래를 타고 바다를 건너는 듯
날아올라 학을 타고 구름 속에 들어온 듯.
선禪을 묻다가 서산에 해 지는 줄 모르고
돌아오는 길 봄바람에 나룻배 출렁대네.

江水深深岸麥黃 扁舟擊楫沂流光 百年古碣開昏眼 一椀眞茶洗鬱腸
爽似騎鯨過海去 飄如駕鶴入雲翔 問禪不覺暉西倒 歸路春風漾小航

출전: 『소요재집』逍遙齋集 권1

해설　신륵사는 경기도 여주군 천송리에 있는 오래된 사찰이다. 남한강에 접한 절의 동쪽 언덕을 동대라고 부르는데, 강가 바위에 동대東臺라고 새긴 글씨가 아직도 남아 있다.

김시습 金時習, 1435~1493

등불 아래에서 燈下

등불 아래에서 차 끓는 소리 나는데
꼿꼿이 앉았으니 흡사 나무그루 같네.
몸은 물거품과 같고
그림자는 끝내 흐릿하여라.
밤눈은 창을 두드려 차가웁고
산 구름은 땅을 덮고 사라진다.
불꽃 밝으니 심지 떨어지고
구들 따뜻하니 담요를 걷는다.
남쪽 절의 스님 온 뒤에
동쪽 산의 달이 떠오르네.
마음 한가하니 얽매일 곳 없고
생각 고요하니 흡사 바보 같네.
쌓인 눈은 수풀 속까지 환히 비치고
찬바람은 휘장에 들어와서 엷어지네.
뜰의 서리 맞은 계수나무 그림자
그대 사는 곳에 나누어 줄거나.

燈下茶聲咽 惺惺坐似株 是身如幻沫 此影竟塗糊

夜雪敲窓冷 山雲冪地無 花明餘燼落 堁暖卷氍毹

南寺僧來後 東山月上初 閑心多放曠 靜意似籧篨

積雪明林薄 寒風入帳疏 可庭霜桂影 分與爾爲居

출전: 『매월당시집』梅月堂詩集 권1

해설　남쪽 절의 스님을 맞이하여, 등불 아래 차를 끓이며 지은 시이다.

김시습 金時習, 1435~1493

잠을 탐해서 耽睡

진종일 누워서 잠을 탐하노라
게을러서 문 밖에도 안 나갔네.
책은 책상 위에 던져 버려
권으로 질로 흩어져 있네.
질화로엔 향 연기만 일어나고
돌솥에는 다유茶乳*가 끓는데,
알지 못했구나! 해당화 꽃이
일천 산에 내린 비에 다 떨어진 줄을.

竟日臥耽睡 懶慢不出戶 圖書抛在床 卷帙亂旁午

瓦爐起香煙 石鼎鳴茶乳 不知海棠花 落盡千山雨

출전: 『매월당시집』 권2

해설 종일 잠을 잔 뒤에 향을 피우고 차를 끓이다가 문득 떠오른 감회를 적은 시이다.

• **다유**茶乳 말차를 찻사발에 넣은 뒤 뜨거운 물을 붓고 차솔로 휘저으면 흰 거품이 일어나는데, 이 거품을 보통 다유茶乳라고 한다. 다유는 모양에 따라 운유雲乳, 유화乳花, 설유雪乳 등으로 표현한다.

김시습 金時習, 1435~1493

새벽에 曉意

어젯밤 이 산중에 비가 오더니
이제 돌 위의 샘물 소리 들리네.
창은 밝아 먼동이 트려 하는데
새는 요란해도 손은 아직도 자네.
방이 작으니 하늘이 훤히 보이고
구름이 걷히자 달이 하늘에 있네.
부엌에선 기장밥 지어 놓고서
어린 찻잎 달였다고 알려 주네.

昨夜山中雨 今聞石上泉 窓明天欲曙 鳥聒客猶眠
室小虛生白 雲收月在天 廚人具炊黍 報我嫩茶煎

출전: 『매월당시집』 권2

해설　『속동문선』 권6에도 수록되어 있다.

김시습 金時習, 1435~1493

준峻 스님에게 주다 贈峻上人

반평생 강과 바다 떠돌아 벗과 떨어졌더니
오늘 서로 만남은 도의 맛이 참인 듯하여라.
지팡이 날리며 홀로 가니 못 속에 그림자 지고
나무 아래에 평상 펼치고 한 몸을 자주 쉬네.
사천 권의 불경과 게송은 가슴속에 남았으나
백둘의 산하˚는 한 줌 티끌이 되었네.
분위기 쓸쓸하여 함께 이야기할 벗 없는데
차 끓이는 냄비에 물소리 가늘게 나네.

半生江海友如雲 今日相逢道味眞 飛錫獨行潭底影 敷床數息樹邊身

四千經偈留胸臆 百二山河轉一塵 氣味蕭然無與話 煮茶鐺水細剗剗

출전: 『매월당시집』 권3

해설   전체 20수 중에서 열다섯 번째 시이다. 그 서문을 보면, 준 스님은 호남에서 수도를 하고 산천을 두루 돌아다니다 서울로 들어와 명성을 얻었다고 한다. 이 시는 준 스님이 1452년 여름 조계사에 머물렀을 때, 근처 암자에 있던 김시습이 그를 만나 지은 것이다.

• **백둘의 산하**   견고한 요새. 중국 진秦나라의 함곡관函谷關은 지형이 험하여, 지키는 군사 두 사람이면 오는 군사 100명을 당한다는 뜻에서 '백이' 百二라고 하였다.

김시습 金時習, 1435~1493

민 스님에게 주다 贈敏上人

객이 있네, 객이 있네, 아름답기 꽃과 같은
나이야 서른이 안 되었네만 문예가 정숙하네.
훨훨 나는 구름 속 고니라, 종요鍾繇와 왕희지王羲之를 계승하고
알알이 여룡驪龍의 구슬이라, 성당盛唐보다 뛰어나네.*
흰 구름 쌓인 그 속에 나를 이끌고 놀다가
우연히 나와 이별하고 신성한 땅으로 들어가니,
신성한 땅 망망하기 삼천 리나 되는데
하루살이 어지러이 나그네 행장 들춰 내어
천만 가지 봄 근심을 내게 남겨 주었네.
장쾌하다! 머나먼 남포南浦 향해 가는데
남포의 봄 물결 그 푸름 물들여질 듯
한 조각 봄 생각의 괴로움마저 씻어 낼 듯.
중년에 받는 괴로움 얼마인지 아는가!
어쩜 잔나비 우는 곳에서 그대 이별함과 같아.
십 년 세월 방랑하며 산수 간에 놀다 보니
안개 노을 고질 되었어도 차고 더운 게 겁나서,

• **훨훨~뛰어나네** 글씨는 종요와 왕희지를 계승한 듯 힘차고 생동하여 마치 구름 속을 훨훨 날아가는 고니 같고, 시는 성당시盛唐詩의 정수를 터득한 듯 마치 용의 여의주처럼 찬란하고 아름답다는 말이다.

큰 뜻이야 사라졌으랴만 근력이 하 피곤하여
여윈 학이 공연히 높이 날려는 것과 똑같아.
만 권의 서책으로 이 산에서 늙으려 하니
그대 돌아오라, 내 그대를 기다리리.
언젠가 시냇가에서 차를 끓일 그때에
옷소매로 함께 청산의 연기를 떨쳐 보세나.

有客有客美如英　年未三十文藝精　翩翩雲鵠繼鍾王　顆顆驪珠優盛唐
白雲堆裏携我遊　偶然別我還神州　神州茫茫三千里　遊絲紛紛惹行李
遺我春愁千萬緖　快哉遙遙向南浦　南浦春波綠可染　可浣一段春懷苦
中年作惡知幾何　那似別爾猿啼處　十年浪遊山水間　煙霞痼疾怕寒暑
壯志未消筋力疲　恰似瘦鶴空軒擧　萬卷圖書老此山　願子歸來吾遲汝
他年煎茶石澗邊　衫袖共拂靑山煙

출전: 『매월당시집』 권3

해설　전체 3수 중에서 세 번째 시이다. 남포로 가는 민 스님과 이별하며, 시냇가에서 함께 차를 끓일 날을 기약한 내용이다.

사진_ **무량사**

김시습 金時習, 1435~1493

술에 취해 사가四佳의 운을 따라 시를 지어 스님에게 주다 醉次四佳韻 贈山上人

산중에는 기록할 달력도 없지만
경치를 보면 짐작해 알 수 있다네.
날 따뜻해지면 들꽃이 피어나고
바람 훈훈해지면 처마 그늘 더디 가네.
동산에서 서리 맞은 밤 수확한 뒤
화로에 눈 녹인 물로 차 끓일 때라.
두어라, 깊이 생각할 것 없으니,
내 평생 이렇게 살아왔노라.

山中無紀曆 景物可能知 日暖野花發 風薰簷影遲
園收霜栗後 爐煮雪茶時 且莫窮籌算 百年推類玆

출전: 『매월당시집』 권3

해설 사가四佳는 서거정의 호이다. 산중의 사계절을 읊은 것으로, "화로에 눈 녹인 물로 차 끓일 때"란 바로 겨울에 해당한다.

김시습 金時習, 1435~1493

산속에 살며 習之山居

종이 휘장 창포 방석 흙구들이 따뜻한데
남쪽 창 붉은 해에 매화의 넋이 따뜻해라.
도인은 손수 용차龍茶˙ 내어 덩어리 쪼개더니
눈 녹인 맑은 물에 달여 작은 잔에 붓네.

紙帳蒲團土堗溫 南窓紅日暖梅魂

道人手劈龍茶餅 煮雪淸瀾注小樽

출전: 『매월당시집』 권3

해설 전체 4수 중에서 네 번째 시이다. 자신의 이름 마지막 글자 '습習'을 따서 시의 제목으로 하였다.

• **용차**龍茶 보이차를 둥근 모양의 병차餠茶로 만들고, 그 중앙에 용 무늬를 넣으면 용단차龍團茶가 되고 봉 무늬를 넣으면 봉단차鳳團茶가 된다. 둘을 합쳐 용봉단차라 부른다.

김시습 金時習, 1435~1493

비 온 뒤에 雨後

비 지난 빈 처마에 저녁 서늘함 들어
쓸쓸한 바람과 이슬이 옷에 덮쳐 온다.
잎사귀 밑에 숨은 매미는 소리 아직 시끄럽고
시내에 꽂힌 무지개는 빛이 찬란하여라.
시로 야위는 건 본래부터 나의 병이요
이별 정한 많음은 벗들이 바빠서라오.
생애를 돌아봄에 구속될 것 없나니
한 주전자 햇차와 한 줄기 향이라.

雨過虛簷納晚涼 凄凄風露襲衣裳 蟬藏葉底聲猶澁 虹插溪心影有芒
詩瘦從來因病得 離情多爲故人忙 生涯點檢無拘束 一鼎新茶一炷香

출전: 『매월당시집』 권4

해설   늦여름 비 온 뒤에, 햇차와 향불을 마주하고 떠오르는 심사를 읊은 시이다.

김시습 金時習, 1435~1493

바람과 비가 번갈아 치더니 조금 있다가 개다
風雨交作 俄而開霽

비바람에 사립문 닫았는데
사방 산엔 구름안개 어둡네.
객은 능히 고민을 멀리 밀쳐 내고
가난은 소란스런 번뇌 떨칠 수 있네.
차 끓이는 아궁이에 연기 처음 일고
향로에는 불이 아직도 따뜻하다.
검은 구름에 햇살 많이 새어 나오고
창틈으로 아침 햇살 쏘아 드네.

風雨掩柴門 四山雲霧昏 客能排悶極 貧可袪喧煩
茶竈煙初起 香爐火尙溫 黑雲多漏日 窓隙射朝暾

출전: 『매월당시집』 권4

해설 전체 2수 중에서 첫 번째 시이다.

김시습 金時習, 1435~1493

대나무 홈통 竹筧

대를 쪼개어 찬 샘물 끌어다 놓았더니
한밤 내내 졸졸졸 우는 그 소리
물길 틀어 오면 깊은 시내 마르겠지만
나누어 받으니 작은 수조가 찰랑이네.
가느다란 소리 꿈속처럼 흐느끼고
맑은 운치 차 끓이는 데 들어가네.
찬 두레박 내리는 힘 들이지 않고도
은상銀床에 앉아 백 척이나 끌어오네.

剖竹引寒泉 琅琅終夜鳴 轉來深澗涸 分出小槽平

細聲和夢咽 淸韻入茶烹 不費垂寒綆 銀床百尺牽

출전: 『매월당시집』 권4

해설 대나무 통을 이어 샘물을 끌어다 차를 끓여 마시는 운치가 잘 드러난 시이다.

김시습 金時習, 1435~1493

소나무 정자 松亭

소나무 정자 적적하고 솔가지는 서렸는데
복건 쓰고 청려장 짚고 서성거리네.
뜰에 가득 그림자 떨어져 푸른 이끼 촉촉하고
반공半空에 소리 흔들어 맑은 바람 차갑네.
머리 들어도 붉은 해를 보지 못하고
귀 기울이면 미친 물결 흔들리는 소리 들리네.
차 끓이는 연기 피어나는 곳에 학이 날아가고
약 절구 찧을 때 구름이 머뭇거리네.
사람들 흩어진 노을 저녁에 새들만이 우니
바로 손님이 떠나고 바둑판만 남은 때라네.

松亭寂寂松枝蟠 幅巾藜杖來盤桓 影落一庭碧苔潤 聲撼半天淸風寒

擧頭不見有赫日 側耳時聽搖狂瀾 茶煙颺處鶴飛去 藥杵敲時雲闌珊

人散夕陽禽鳥鳴 正是客去棋初殘

출전: 『매월당시집』 권4

해설   해 질 무렵 바둑판이 놓여 있는 정자에 앉아 차를 끓이느라 피운 연기를 바라보며 지은 시이다.

김시습 金時習, 1435~1493

작설차 雀舌

남국의 봄바람 부드럽게 일어날 때
차 숲 잎사귀 밑에 뾰족한 부리 머금었네.
연한 싹을 가려내면 아주 신령스레 통하는 것
그 맛과 품류는 육우의 『다경』에 수록되었네.
자순紫筍은 기旗와 창槍* 사이에서 뽑아낸 것
봉병鳳餠이니 용단龍團은 모양 두고 하는 말.
푸른 옥병 속에서 활화活火로 끓여 낼 때
게 눈 같은 거품 일며 솔바람 소리 나네.
산당山堂의 고요한 밤에 손들이 둘러앉아
운유차雲腴茶 한번 마시면 두 눈이 밝아지네.
당 태위黨太尉의 풍미를 슬쩍 맛본 촌사람*이
어찌 알리, 설차雪茶가 그처럼 맑은 줄을.

• **기旗와 창槍**　갓 움튼 차 싹을 가리키는 말로, 각각 창 모양의 새순과 깃발 모양의 잎을 가리킨다.
• **당 태위黨太尉의~사람**　김수온의 시 「궁실과 저택은 사대부가 거처하는 곳이니」의 주 '도곡이~달이게 하며' 참조(이 책 89쪽).

南國春風軟欲起 茶林葉底含尖觜 揀出嫩芽極通靈 味品曾收鴻漸經

紫筍抽出旗槍間 鳳餅龍團徒範形 碧玉甌中活火烹 蟹眼初生松風鳴

山堂夜靜客圍坐 一啜雲腴雙眼明 黨家淺斟彼粗人 那識雪茶如許淸

출전: 『매월당시집』 권5

해설 봄날 차밭에 돋아나는 연한 싹, 찻물을 끓이며 듣는 솔바람 소리, 겨울날 설차를 마시는 운치가 함께 어우러진 차시의 대표작이라고 할 만하다.

김시습 金時習, 1435~1493
차를 끓이며 煮茶 二首

솔바람이 솔솔 차 끓이는 연기를 몰아서
하늘하늘 가로 비껴 시냇가에 떨어지네.
동창에 달 돋아 잠을 이루지 못해
병을 들고 돌아가서 찬 샘에 물을 긷네.

날 때부터 속진을 싫어함이 스스로도 괴이하여
문에 들어 봉鳳 자 쓰다가* 벌써 청춘이 다 갔네.
차 달이는 누런 잎을 그대는 아는가?
시를 쓰다 은둔의 삶 들킬까* 두렵네.

松風輕拂煮茶煙 裊裊斜橫落澗邊
月上東窓猶未睡 挈瓶歸去汲寒泉

- **봉鳳 자 쓰다가** 중국 진晉나라 여안呂安이 천 리 길을 달려 혜강嵇康의 집을 찾아갔다가 만나지 못하자, 문 위에다 '봉鳳' 자를 써 놓고 돌아갔다는 일화가 있다. 봉鳳은 평범할 '범凡'과 새 '조鳥'가 합쳐진 것이므로 뛰어난 인물인 줄 알았는데 알고 보니 평범한 인간이더라는 뜻이다. 속된 사람을 조롱하는 말로, 여기서는 자신의 젊은 날에 빗댄 것이다.
- **시를~들킬까** 시를 매개로 세상과 인연을 맺게 되는 일. 중국 당나라 때 궁녀 한씨韓氏와 우우于祐가 붉은 나뭇잎에 써 보낸 시 구절을 매개로 서로 결혼하게 되었다는 일화가 있다.

自怪生來厭俗塵 入門題鳳已經春

煮茶黃葉君知否 却恐題詩洩隱淪

출전: 『매월당시집』 권5

해설 밤에 잠 못 이루고 샘물을 길어다 차를 마시고, 이때 떠오른 사념을 읊은 시이다.

김시습 金時習, 1435~1493

뇌검천에서 雷劍泉

맑은 샘 담담히 흐르는 곳에
뇌검雷劍*이 바위를 가르고 솟았네.
맹꽁이 떼가 섞임을 허용치 않고
계수나무 옥토끼는 오래 머무네.
밤에 듣는 소리는 패옥 같은데
새벽에 물 길으면 빛이 옥 같네.
시험 삼아 용단차를 끓여
맛본 뒤로 번뇌를 풀 만하네.

淸泉流湛湛 雷劍擘雲根 不許黽蠅混 長留桂兔痕
夜聞聲似佩 晨汲色如琨 試煮龍團餠 嘗來可解煩

출전: 『매월당시집』 권9

해설   이 시는 1458년에 엮은 『유관서록』遊關西錄에 수록되었던 것이다. 바로 이어 수록된 시가 「유천마산」遊天磨山인 것으로 보아, 아마도 뇌검천은 개성의 천마산 인근에 있던 샘물이 아닐까 생각된다.

• 뇌검雷劍   중국 진晉나라 뇌환雷煥이 풍성豐城의 땅속에서 얻었다는 두 자루의 검을 말한다. 검의 이름은 용천龍泉과 태아太阿이다.

김시습 金時習, 1435~1493
장경문 밖으로 나가 차를 달이며 出長慶門外煮茗

아침에 장경문長慶門을 나갔다가
늦게야 영명사永明寺로 돌아왔네.
천천히 봄날 강가를 걸어서 가니
붉은 비단 같은 땅을 밟아 헤쳤네.
부질없이 시 읊느라 살피지 못해
원근도 제대로 기억하지 못하네.
흥이 깊으면 곧장 돌아올 줄 알고
노닐며 보는 것 또한 두서가 없네.
대동강의 강물은 깊고 깊은데
오리 떼 서로 화답해 울고 있네.
날 저물자 바람이 모래에 이니
물결이 평양성을 치는구나.
내 발걸음, 마침 늦은 봄이라
꽃은 지고 녹음이 무성해졌네.
내일 아침 명산으로 떠났다가
다시 또 풍월와風月窩로 돌아오리.
진실로 아름다움은 내 차지 아니니
계수나무 꽃잎으로 차나 달이리.

朝出長慶門 晚歸永明寺 緩步春江湄 踏損紅錦地

不省謾吟哦 遠近亦不記 興闌卽知還 遊觀亦無次

大同江水深 鳧鴨相和鳴 日暮風起沙 浪打箕子城

我行正春暮 花褪褪陰成 明朝向名山 更向風月窩

信美非吾土 且煎金粟芽

출전: 『매월당시집』 권9

해설 이 시 역시 『유관서록』에 수록되었던 것으로 평양을 유람할 때 지은 것이다. 장경문은 평양의 동쪽 성문이며 영명사는 대동강 가에 있는 유명한 절이다. 마지막 구절을 보면, 계수나무 꽃잎으로 차를 달여 마셨음을 알 수 있다.

김시습 金時習, 1435~1493

근根 선사와 이야기하다 與根師話

열 자 되는 선방은 고요하고
근 선사의 도안道眼은 밝기도 하네.
향이 사그라지니 놋화로가 싸늘하고
차 끓이니 옥사발이 울어 대네.
잠시 앉아 부드럽게 이야기 나누니
청산에 보기 드문 정이 담겼네.
나도 이 산속에 숨어 살아
평생 그대와 자주 이야기 나눌까!

十笏禪房靜 根師道眼明 香銷銅篆冷 茶沸玉甌鳴
軟語移時坐 靑山不世情 此峯吾欲隱 重與話平生

출전: 『매월당시집』 권9

해설   이 시 역시 『유관서록』에 수록된 것이다. 근 선사가 누구인지는 미상이나, 관서 지방을 유람하던 중에 어느 절에서 만난 스님임을 알 수 있다.

김시습 金時習, 1435~1493

보현사에서 회포를 써서 주다 寓普賢寺 書懷贈人

보현사普賢寺로 오고 난 뒤로는
마음 한가하니 주변도 편안하네.
돌솥에 햇차를 끓여 내니
쇠 향로에 푸른 연기 피어오르네.
나 같은 방외方外의 사람이
방외의 선사를 따라 놀며,
도를 물으니 도가 더욱 굳어지고
관심觀心을 하니 마음 더욱 닦아지네.
분명히 작은 티끌은 자취가 없는데
외로운 구름만이 돌고 도네.
인생 백 년 동안에
이런 즐거움은 어떠한가.

自我來普賢 心閑境亦便 石鼎沸新茗 金爐生碧煙
以我方外人 從遊方外禪 問道道愈梗 觀心心更硏
了無纖塵迹 只有孤雲旋 人生百年內 此樂何如焉

출전: 『매월당시집』 권9

해설 이 시 역시 『유관서록』에 수록된 것이며, 보현사는 묘향산에 있던 절이다.

김시습 金時習, 1435~1493

장안사 長安寺

소나무와 전나무 그늘 속의 옛 도량에
내가 와서 똑똑 선방을 두드리네.
늙은 중은 선정에 들고 흰 구름만 잠겼는데
들 학이 옮겨 와 깃들이니 맑은 운치가 길구나.
새벽에 해 떠오를 때 금빛 전각 빛나고
차 연기 날리는 곳에 서린 용이 날개 치네.
맑고 한가로운 주변을 두루 유람하면서부터
영화와 욕됨을 마침내 둘 다 잊어 버렸네.

松檜陰中古道場 我來剝啄叩禪房 老僧入定白雲鎖 野鶴移棲淸韻長

曉日升時金殿耀 茶煙颺處蟄龍翔 自從遊歷淸閑境 榮辱到頭渾兩忘

출전: 『매월당시집』 권10

해설 이 시는 1460년에 엮은 『유관동록』遊關東錄에 수록된 것이며, 장안사는 금강산에 있던 절이다.

김시습 金時習, 1435~1493

진불암 眞佛菴

돌에다 참부처라 이름 붙였지만
암자 안에 늙은 중이 살고 있다네.
길은 일천 봉 아래로 돌아서 가니
사람들이 오색구름 가에 있네.
물과 돌은 마음에 걸림 없고
안개 노을은 경치가 절로 곱네.
절 아이가 산 차를 끓여 주려고
달을 담은 찬 샘물을 길어 오네.

以石名眞佛 菴中住老禪 路回千嶂下 人傍五雲邊

水石心無累 煙霞景自姸 行童煮山茗 貯月汲寒泉

출전: 『매월당시집』 권10

해설   이 시 역시 『유관동록』에 수록된 것이며, 진불암 또한 금강산에 있던 암자이다.

김시습 金時習, 1435~1493
나그네 길에 중추절 달을 바라보며 客中 望中秋月

중추절에 무엇으로 맑은 수심 위로하나.
맛 좋은 햇차가 옥사발에 가득하네.
단계丹桂 나무는 추위와 더위를 몇 번이나 겪었나.
달은 응당 고금의 가을을 굴렸으리.
우저牛渚에선 밤에 지난 일을 이야기하고
남루南樓에선 흥이 나서 옛 유람을 추억하네.
다음 해엔 또 어디에서 볼지 모르지만
온 달빛을 남쪽 지방에 두루 비춰 주시게.

中秋何以慰淸愁 一味新茶滿玉甌 丹桂幾經寒暑變 氷輪應輾古今秋

夜談牛渚追前事 乘興南樓憶舊遊 來歲不知何處看 十分流彩遍南州

출전: 『매월당시집』 권10

해설   이 시 역시 『유관동록』에 수록된 것이며, 우저牛渚와 남루南樓는 모두 관동 지방의 어느 곳으로 추측된다.

김시습 金時習, 1435~1493

천원역 누각에서 川原驛樓

언덕은 평평하고 먼 나무 그럴 듯하게
어렴풋이 인가에 접해 있네.
땅은 기름져서 밭에서 차조를 거두고
산은 낮아 공물로 차를 올리네.
노봉蘆峯에는 구름이 어둑한데
능악楞岳 멧부리가 뾰족하구나.
강산의 경치를 모두 감상하고
올라가니 해가 반쯤 기울었네.

原平宜遠樹 曖曖接人家 地饒田收秫 山低貢有茶
蘆峯雲黯淡 楞岳岫槎牙 收拾江湖景 登臨日半斜

출전: 『매월당시집』 권11

해설 1463년에 엮은 『유호남록』遊湖南錄에 수록된 시다. 천원역은 전라북도 정읍현에 소속된 역원이다. 그 내용을 보면 이곳에서도 공물로 차를 올렸음을 알 수 있다.

김시습 金時習, 1435~1493
차나무를 기르며 養茶

해마다 차나무에 새 가지가 자라니
그늘에 기르느라 울을 엮어 보호하네.
육우의 『다경』에선 빛과 맛을 논했는데
관가에서 거두어들일 땐 일창일기一槍一旗*만을 취하네.
봄바람 아직 불지 않아도 싹이 먼저 터 나오고
곡우 때 돌아오면 잎이 반쯤 피어나네.
나지막한 동산 조용하고 따뜻한 곳을 좋아하니
비 때문에 옥 같은 꽃 드리워도 상관없네.[1]

年年茶樹長新枝 蔭養編籬謹護持 陸羽經中論色味 官家榷處取槍旗

春風未展芽先抽 穀雨初回葉半披 好向小園閑暖地 不妨因雨着瓊蕤

[1] 추抽 자는 아마도 잘못 쓰인 듯하다(抽字恐非也).

출전: 『매월당시집』 권12

• **일창일기**一槍一旗 창 모양의 새순과 깃발 모양의 잎을 말하는데, 일반적으로는 '갓 움튼 차 싹'을 지칭한다.

해설　이 시는 1473년에 엮은 『유금오록』遊金鰲錄에 수록된 것으로, 경상북도 일원을 유람할 때 지은 것이다. 정확한 장소는 미상이나 역시 차를 재배하여 공물로 바쳤음을 알 수 있다.

김시습 金時習, 1435~1493

일본 스님 준俊 장로와 이야기하며
與日東僧俊長老話

고향을 멀리 떠나니 마음 쓸쓸하여
옛 불상과 산꽃 속에서 고적함을 달래네.
쇠 다관에 차를 달여 손님 앞에 내놓고
질화로에 불을 더해 향을 사르네.
봄 깊으니 바다의 달이 쑥대 문에 비치고
비 그치니 산 사슴이 약초 싹을 밟는구나.
선의 경지와 나그네의 마음 함께 아담하니
밤 새워 오순도순 이야기할 만하여라.

遠離鄕曲意蕭條 古佛山花遣寂寥 鐵罐煮茶供客飮 瓦爐添火辦香燒
春深海月侵蓬戶 雨歇山麕踐藥苗 禪境旅情俱雅淡 不妨軟語徹淸宵

출전: 『매월당시집』 권12

해설 이 시 역시 『유금오록』에 수록된 것이다. 준 스님은 1463년 7월 조선에 온 일본 스님인데, 『유금오록』에서는 바로 앞에 염포(지금의 울산)의 왜관을 방문하여 지은 「섬 오랑캐가 사는 곳」(島夷居)이라는 시가 수록되어 있다. 아마도 이 시들은 김시습이 경주 금오산에 있으면서 염포로 여행을 갔을 때 지은 것이 아닌가 생각된다. 특히 이와 관련하여 근래에는 김시습이 일본의 차 문화에 영향을 주었다는 주장이 제기되기도 하였다.

김시습 金時習, 1435~1493

장난삼아 짓다 戲爲

좋은 술, 맛난 고기야 얻을 수 없지만
절인 나물, 거친 밥으로도 하루가 배부르네.
실컷 먹은 뒤엔 벌떡 누워 다시 잠에 들고
잠 깨면 차를 마시며 하고 싶은 대로 하네.

旨酒禁臠不可得 淹菜糲飯日日飽
飽後偃臥又入睡 睡覺啜茗從吾好

출전: 『매월당시집』 권14

해설   전체 5수 중에서 네 번째 시이다. 이 시는 1486년경에 지은 『명주일록』溟州日錄에 수록된 것으로, 명주는 지금의 강원도 강릉이다.

김시습 金時習, 1435~1493

후추와 차 도구를 보내 준 것에 감사하다
謝人送胡椒茶具

빈 골짝을 찾아 주어 기뻤는데
게다가 내게 선물을 보내 주셨네.
이 물건 오랑캐 땅에서 난 것이라
돈으로 사자면 얼마나 귀하겠는가.
비스듬히 봉한 모양에 정이 두텁고
멀리 보낸 마음은 얼마나 깊은가.
비단 모자 머리에 쓰고 차를 끓여
산속 집에서 시험 삼아 잔질해 보네.

끼니는 담박하니 나물이 반찬이요
집은 가난하니 차가 곧 술일세.
한가로운 맛이야 비록 달콤하지만
사람 그리운 게 무척이나 괴롭구나.
소반에 비친 건 붉은 낟알 쌓인 것이고
숟가락에 붙은 건 흰 소금 가루네.
벼슬살이에 박봉이 있다 한들
마음이 수고로운 거야 어이할거나.

사진_ **김시습의 부도**

석숭石崇의 삼백 섬 곡식과
내 한 냥짜리 봉지.
둘을 가지고 경중을 따진다면
하늘과 땅보다 더 차이 날 것이며,
세상인심은 승부에 집착하고
속세의 마음은 우열을 다투지만,
나는 생각노라, 임천林泉의 행복이
또한 벼슬살이보다 낫다고.

跫音空谷喜 況復贈余心 此物生胡域 如沽直幾金
斜封情不淺 遠送意何深 紗帽籠頭煮 山堂試自斟

餐淡蔬爲鮓 家貧茗是醯 雖甘閑味好 頗苦欠情多
映案堆紅粒 粘匙點白虀 爲官有薄俸 其奈役心何

石生斛三百 我得裏一兩 若以較輕重 不啻評霄壤
世情苦勝負 塵心爭頡頑 余謂林泉幸 亦得靑紫倘

출전: 『매월당시집』 권14

해설　이 시 역시 『명주일록』에 수록된 것으로, 후추와 차 도구를 선물로 받고 감사의 뜻으로 쓴 것이다. 첫 수에서 "이 물건 오랑캐 땅에서 난 것이라"라고 한 것으로 보아 이 선물이 일본에서 건너온 것임을 알 수 있다.

홍귀달 洪貴達, 1438~1504

유관楡關을 출발하여 發楡關未十五里……

허벅지 치는 탄식을 만 리에 금하기 어려워라
일신이 쇠약해진 건 시마詩魔에 걸려서지.
허약함 보하느라 소 염통 구이* 먹고 난 뒤
번민을 떨치느라 작설차 부르네.
오늘 더위 먹어 창자에 병이 들었으니
내일은 거울 앞에 백발이 늘겠지.
이제야 점점 깨닫노라, 몸은 쓸데가 없어
눈을 씻고 시를 보매 우물 속에 꽃 피었네.*

• **소 염통 구이**(牛心炙)   진晉나라 대부호인 왕개王愷에게 팔백리박八百里駁이라는 좋은 소가 있었다. 왕개는 팔백리박을 몹시도 사랑하여 뿔과 발굽을 보석으로 장식하였다. 왕제 王濟가 그 모습이 미워 내기를 하여 소 염통을 꺼내 구워 먹었다. 또 왕휘지가 어렸을 때 주의周顗를 찾아가자, 주의가 기특하게 여겨 소 염통 구이를 대접했다. 여기서는 아주 진귀한 보양식을 말한다.

萬里難禁拊髀嗟 一身消瘦坐詩魔 補虛幾說牛心炙 掛懣仍呼雀舌茶

今日觸炎肝肺病 明朝臨鏡鬢毛皤 而今轉覺身無用 洗眼看詩井有花

출전: 『허백정집』虛白亭集 권1

원제　유관을 출발한 지 15리도 채 못 가서 말 위에서 더위를 먹어 죽을 맛이었다. 말에서 내려 촌가 밭두렁에 누워 약을 먹고 치료하였다. 한참이 있어서야 겨우 나았기에 시를 지어 시름을 달래었다 發楡關未十五里　馬上病暑頗苦　下馬臥村舍園田頭　服藥療治　移時乃差　詩以敍悶

해설　유관楡關은 중국 하북성河北省 임유현臨楡縣의 요새로, 산해관 인근의 지명이다. 홍귀달은 1481년 중국으로 사신을 갔는데, 이 시는 아마도 그때 지은 것으로 보인다.

• 우물 속에 꽃 피었네　늙어서 눈이 어른어른하다는 말이다. 두보의 「음중팔선가」飮中八仙歌에서 "하지장賀知章은 배를 탄 듯 출렁출렁 말을 타고, 안화 때문에 우물에 빠져 물속에서 자기도 한다네"(知章騎馬似乘船　眼花落井水底眠)라고 한 것을 응용한 표현이다. 여기서 안화眼花란 노안으로 인해 눈에 반짝이는 것이 보이는 듯, 앞이 어른어른한 것을 말한다.

홍귀달 洪貴達, 1438~1504
사국史局의 여러 동료들에게 보내다 寄示史局諸僚

늘그막에 병이 많아 조회 참석 게을러지고
저녁에 집으로 돌아와 헌함憲緘*을 받네.
큰 눈 내려 누웠는데* 누가 나를 찾아왔나?
조각배로 벗 찾아오는 일* 정히 어이했던가?
찻사발엔 새벽 불에 용단차 데워지고
운각芸閣*의 관아엔 아침 술이 훈훈하여라.
『태현경』 베끼는 적막한 양웅의 집에
처마 끝에 함박눈이 펄펄 날리는구나.

老年多病懶朝參 宿夕還家受憲緘 大雪臥袁誰問我 扁舟訪戴正何堪
茶甌晨火龍團煖 芸閣朝衙卯酒酣 寂寞草玄揚子宅 連簷六出看毿毿

출전: 『허백정집』 권1

• 헌함憲緘 사헌부의 공문이다. 홍귀달이 대사헌을 지냈기 때문에 자신이 속한 사헌부의 공문을 이렇게 표현한 것이다. 늙어서 몸이 나태해져, 퇴근하여 집에서 공무를 본다는 의미이다.
• 큰 눈 내려 누웠는데 중국 후한後漢 때 폭설이 내려서 굶주린 사람들이 밥을 빌어먹었으나 원안袁安은 문을 닫고 방 안에 태연히 누워 있었다는 고사를 원용한 것이다.
• 조각배로 벗 찾아오는 일 중국 진晉나라 때 왕자유王子猷가 큰 눈이 오는 날 대안도戴安道가 생각나서 조각배를 타고 그 집 문 앞까지 갔다가 되돌아왔던 고사를 원용한 것이다.
• 운각芸閣 서적의 인쇄 반포, 제사의 축문, 인장의 전각 등을 맡은 교서관校書館의 별칭.

해설　사국史局이란 예문관, 춘추관, 실록청 등 나라의 역사를 편찬하는 곳을 가리 킨다. 홍귀달은 만년에 『성종실록』 등 역사서 편찬의 임무를 맡았는데, 아마도 그때 이 시를 지은 것으로 보인다.

홍귀달 洪貴達, 1438~1504

안율보에게 寄安栗甫

귀밑머리는 시름 따라 몽땅 세고
빈속에 술이 겹나 햇차를 올리네.
머나먼 타향 산천 나그네 신세
복사꽃 피건만 고향집 아닐세.
백악은 우뚝하여 일월이 걸리고
남산은 아스라이 연하煙霞에 잠겼어라.
궁궐 그리며 속 태울 형을 생각노니
객지 생활 그 언제나 임기가 끝날까?

鬢髮緣愁成太瘦 肝腸病酒進新茶 山川路遠長爲客 桃李花開不在家
白岳嵯峨依日月 南山迢遞鎖煙霞 思兄戀闕傷懷抱 客路何時又見瓜

출전: 『허백정집』 권1

해설   안율보安栗甫는 안관후安寬厚라는 인물로 율보는 그의 자이다. 서울을 떠나 있는 안관후를 그리며 차를 마시며 지은 시이다.

홍귀달 洪貴達, 1438~1504

매창에 비친 달 梅牕素月

나지막한 울타리 말쑥한 잔디 위
매화나무 사창 너머에 꼿꼿하네.
맑은 향기는 바람에 실려 오고
고운 꽃 그림자 달빛 받아 비치네.
동각東閣의 고사高士*는 필력이 솟고
서호西湖의 처사處士*는 시마詩魔에 걸렸네.
물끄러미 한참을 말없이 바라보다가
때로 노동盧仝의 차 한 잔을 가져오라 하네.

短短籬根淺淺莎 亭亭玉立隔牕紗 淸香浮動因風送 瘦影娉婷映月斜

東閣高人生筆力 西湖處士坐詩魔 相看寂寞無言久 時喚盧仝一椀茶

출전: 『허백정집』 속집 권2

해설   「비해당사십팔영」匪懈堂四十八詠 중에서 첫 번째 시이다. 최항, 「매창에 비친 달」의 해설 참조(이 책 86쪽).

- **동각東閣의 고사高士**   중국 양梁나라의 하손何遜을 가리킨다. 최항의 시 「매창에 비친 달」의 주 '동각' 참조(이 책 85쪽).
- **서호西湖의 처사處士**   중국 북송 때의 임포林逋를 가리킨다. 최항의 시 「매창에 비친 달」의 주 '서호' 참조(이 책 85쪽).

홍귀달 洪貴達, 1438~1504

동관역에 묵으며 宿東關驛卽事

선비의 생활일랑 담박한 법인데

더구나 객지에서 떠도는 신세임에랴.

대자리 차니 얼음이 베개를 때리고

차가 맑으니 달빛이 병에 쏟아지네.

시상에 드는 건 뜰의 푸른 나무요

졸음을 비추는 건 벽에 걸린 호롱이라.

가만히 조회에 갈 날 생각해 보니

성군의 계단에 명엽蓂葉*이 지고 난 뒤겠지.[1]

儒酸淡生活 旅況復伶俜 簟冷氷敲枕 茶淸月瀉甁

入吟庭樹綠 照睡壁燈靑 默算趨朝日 堯階落盡蓂

[1] 객관에 드니 대자리와 양탄자가 너무 더러워 바꾸게 하여 삿자리를 깔았는데 아주 새것이었다. 이어서 차를 내왔는데, 진품 작설차였다. 마당에는 늙은 홰나무 두 그루가 있어서 그늘이 짙었다. 밤에 그곳에 등불을 걸게 하고 앉아서 앞으로의 일정을 계산해 보니 이달 그믐에는 북경에 당도할 것 같았다(入館 管鋪鋪甋汚甚 令改

• **명엽**蓂葉 요임금의 궁궐에 자랐다는 전설의 식물이다. 보름 전까지는 한 잎씩 돋고, 보름이 지나면 한 잎씩 져서 이를 기준으로 달력을 만들었다고 한다. 여기서는 12월이 끝나고 한 해가 지난 뒤에야 사신 임무를 마치고 조선으로 돌아갈 수 있을 것이라는 의미로 쓰였다.

之 乃鋪簟極新 仍進茶 眞雀舌也 庭有古槐兩株 陰厚 夜命張燈 坐計前途 月晦
當入京).

출전: 『허백정집』 속집 권4

해설   동관역은 중국의 조가장曹家莊과 산해관山海關 사이에 있던 역명이다. 홍귀달은 1481년 중국으로 사신을 갔는데, 이 시는 아마도 그때 지은 것으로 보인다.

성현 成俔, 1439~1504

제천정에서 달구경을 하다 濟川翫月

서풍에 비 그친 뒤 차 싹이 산뜻한데
달빛은 너울너울 가을 하늘에 흩어졌네.
정자 앞의 시인은 온몸이 서늘해져서
차 솥에 용단차를 약간 끓여 마시네.
굽어보니 긴 강물은 천 길 바닥까지 맑고
내 수염과 머리털은 공중에 흩날리누나.
강물을 임하고 달 마주해 잠 못 이루노라니
뱃노래 잦아들어 곡조를 마치지 못하네.

金風捲雨雲芽靜 玉桂婆娑散秋影 亭前騷客骨更淸 茶鐺小試龍團餠
俯瞰長江千丈徹 散我空中鬚與髮 臨流對月耿無眠 款乃聲殘不成曲

출전: 『허백당시집』虛白堂詩集 권1

해설 이 시는 「한도십영」漢都十詠 중 둘째 수이다. 제천정濟川亭은 서울 용산구 한남동에 있던 정자로, 중국에서 온 사신들이 노닐면서 시를 짓던 곳으로 유명하다.

성현 成俔, 1439~1504

살구꽃을 읊음 杏花小詠

차를 막 넣은 구리병은 비가 지나가는 듯한데*
손이 피곤하여* 턱 괴고 낮잠을 자다가
새 우는 소리에 놀라 낮 꿈을 깨 보니
살구꽃 그림자가 성긴 발에 가득하네.

銅甁如雨茗新添 手倦支頤到黑甜
啼鳥數聲驚午夢 杏花枝影滿疏簾

출전: 『허백당시집』 권4

해설 살구꽃 피고 새가 우는 봄날, 한가로이 차와 낮잠을 즐기는 모습을 담은 시이다.

- **차를~지나가는 듯한데** 차 달이는 솥이 설설 끓어서 마치 빗줄기가 지나가는 소리처럼 들린다는 말이다.
- **손이 피곤하여** 책을 보다가 피곤해서 책을 손에서 놓았다는 말이다.

성현 成俔, 1439~1504

인제헌에 차운하다 次麒蹄軒韻

산기슭에 자리한 작은 객관
쓸쓸하기 마치 절집 같구나.
능금은 막 열매를 맺고
작약은 벌써 꽃을 피웠네.
아아주鵝兒酒*는 사양을 하고
작설차만 부질없이 마시노라.
난간에 기대니 저녁 해가 지는데
시구詩句에 골몰해 모자가 기울어졌네.*

小館依林麓 蕭條似梵家 林禽初結子 芍藥已開花
不酌鵝兒酒 空斟雀舌茶 憑欄晴日晚 吟苦帽簷斜

출전: 『허백당시집』 권10

해설   인제헌이란 강원도 인제의 관아를 지칭하는 것이 아닌가 생각된다.

- **아아주**鵝兒酒   일명 아황주鵝黃酒. 거위 새끼처럼 담황빛이 나는 좋은 술이다.
- **시구**詩句**에~기울어졌네**   골똘히 시구를 생각하느라 고개를 기울여 모자가 기울었다는 말이다.

성현 成俔, 1439~1504

사탄을 건너 망일사에 쉬다 渡斜灘 憩望日寺

사탄斜灘에 물이 불어 썰물 더디 빠지기에
조각배로 기슭 따라 거친 언덕에 정박하네.
금부처 새긴 벼랑에 산사를 세웠고
검은 비단 잠긴 강에 옛 사당 있어라.
굽이진 길 고운 해바라기는 오색이 아름답고
온 숲의 살구 열매는 가지마다 주렁주렁.
마중 나온 산승이 반갑게 인사하며
차 마시라 권하더니 시를 또 청하네.

水漲斜灘潮退遲 扁舟循岸泊荒陂 金仙倚壁開禪刹 黑幣沈江有古祠
遶徑鮮葵堆五色 滿林團杏壓千枝 居僧來揖如相識 勸我斟茶又索詩

출전: 『허백당시집』 권13

해설 사탄斜灘은 만경강萬頃江의 옛 이름이다. 호남평야를 굽이쳐 군산에서 서해로 빠진다. 망일사望日寺는 바로 이 강 근처에 있는 사찰이다.

성현 成俔, 1439~1504

엄 스님의 벽송당기 嚴上人碧松堂記

스님은 호남 사람인데, 그 이름은 지엄智嚴이고 호는 자주慈舟이며 당호는 벽송碧松이다. 하루는 내 데릴사위인 최생의 소개로 집으로 찾아와서 나에게 글을 구했다. 내가 스님에게 말하기를, "대개 세상에는 온갖 사물들이 바글바글 가득 차 있는데, 그 많은 것들 가운데 하필이면 소나무(松)에서 이름을 취했습니까? 나는 이익과 명예에 골몰한 속세의 늙은이라, 비록 소나무를 좋아한다는 이름은 있으나 그에 대해 아는 것이라고는 찌꺼기에 불과할 뿐입니다. 어떻게 소나무의 지극한 취미를 담아서 스님을 위해 기문을 쓸 수 있겠습니까? 이야말로 대머리가 가발을 논하는 격입니다"라고 하였다.

그러자 스님이 말하였다. "그렇다면 한번 소나무에 빗대어 저의 도를 말해 보아도 괜찮을는지요? ……대지가 얼어붙을 때 한 칸 절을 지키며 탁자에 등불을 걸고 홀로 앉아 불경을 번역하다가, 새벽에 일어나 문을 열고 바라보니 청녀靑女*가 분분하게 보석 같은 눈을 날려 흩뿌립니다. 이때를 만나 한 움큼 샘물로 차를 끓이면 그 담박한 맛이 한이 없으니, 황홀하기가 마치 눈 덮인 산을 고행하다가 괴로움 속에서 낙토樂土를 만난 것과 같습니다."

• **청녀靑女** 서리와 눈을 주관한다는 여신을 말한다.

師 湖南人也 智嚴其名 慈舟其號 以碧松扁其堂 一日 因吾贅郎崔生 踵門求言於 余 余謂師曰 大抵林林總總 盈天地間者皆物也 物之類尙多 何獨取於松乎 余則 沮利名 老塵實者也 雖有慕松之名 而所知者糟粕耳 安能盡松之至味而我爲師記 之 不幾於禿者之論髢乎 師曰 然則請以松證吾之道可乎 …… 當大地凝冱之時 而 守一間蘭若 篝燈於榻 獨坐翫經 晨起推戶而視之 則靑女糢糊 騰六飛瓊而擺落 當此時 掬泉煮茗 其味澹泊而無厭 恍如雪山苦行 而苦中自有樂地也

출전:『허백당문집』虛白堂文集 권4

해설 엄 스님에게서 기문을 부탁받고 쓴 글이다. 그 내용은 대개 소나무의 덕을 칭송한 것이나, 눈이 날리는 새벽에 차를 마시는 즐거움을 "눈 덮인 산을 고행하다가 괴로움 속에서 낙토樂土를 만난 것과 같다"라고 하였다. 여기서는 생략된 말미의 기록을 보면, 이 글은 기미년(1499) 음력 8월 하순에 쓴 것임을 알 수 있다.

손조서 孫肇瑞, 미상

육우의 다천 陸羽茶泉

이끼 낀 그 우물 얼마나 깊던가
까마득한 천년 세월 남긴 노래 있네.
어여뻐라, 달빛은 고금이 없어
밤마다 산뜻하게 우물에 비치네.

苔甃鱗鱗幾仞深 寥寥千載有遺音
可憐蟾影無今古 夜夜分明入井心

출전: 『격재집』格齋集 권2

해설   제목을 '육우의 다천'이라고 한 것으로 보아, 차를 끓이는 데 애용했던 우물임을 알 수 있다.

유호인 俞好仁, 1445~1494

차를 읊다 詠茶

흰 고의 입고 맑은 창 아래 오비五沸* 소리 들으니
좋구나, 고요한 가운데 찻물 끓는 소리.
삼천 권 마른 창자*에 흠뻑 들이켜니
객지의 벼슬살이가 맑은 꿈속으로 빠져드네.

白袴晴牕五沸鳴 可憐閑味靜中聲
枯腸剩汲三千卷 遊宦從今入夢淸

출전: 『뇌계집』㵢谿集 권2

해설 짤막하지만 차의 삼매경이 잘 드러난 시이다.

- **오비五沸** 찻물이 끓는 다섯 가지 단계. 첫 번째 단계인 일비一沸는 게눈(蟹眼), 두 번째 단계인 이비二沸는 새우눈(鰕眼), 세 번째 단계인 삼비三沸는 물고기눈(魚眼), 네 번째 단계인 사비四沸는 용천연주涌泉連珠, 다섯 번째 단계인 오비五沸는 등파고랑騰波鼓浪이다.
- **삼천 권 마른 창자** 노동盧仝의 「다가」茶歌에 나오는 구절을 응용한 표현이다. 서거정의 시 「잠 스님이 작설차를 준 데 대하여 사례하다」의 주 '어찌~헤치랴' 참조(이 책 116쪽).

유호인 兪好仁, 1445~1494

정자사 淨慈寺

벼슬살이로 몇 년간 서울에서 지냈건만
어찌 알았으랴, 오늘 정자사에 올 줄을.
원숭이와 학은 아는 사람마냥 부르건만
구름 노을 속에 만나자는 약속 지키기 어렵네.
솔바람 소리에 차가 막 익을 제
뿌듯해라, 객은 시를 이루었네.
기이한 일일랑 호탕하게 거두어 버리고
안개비 속에 도롱이 입었으니 산야의 약속에 흡족해라.

數年簪笏客京師 豈料如今到淨慈 猿鶴招呼渾似識 雲霞應接浩難支
松濤沸耳茶初熟 黃色浮眉客就詩 跌宕只收奇事去 一蓑煙雨愜幽期

출전: 『뇌계집』 권6

해설   정자사淨慈寺는 개성 즉 송도에 있는 절이다. 유호인은 1476년 사가독서賜暇讀書를 받아 이듬해 4월 송도를 유람하고 『유송도록』遊松都錄을 지었다. 이 시는 아마도 그때 지은 것으로 보인다.

유호인 俞好仁, 1445~1494

매창에 비친 달 梅牕素月

미인의 「답사행」踏莎行* 노래는 없어도
온 창에 매화 달빛 드니 오사모烏紗帽 젖혀 쓰네.*
차가운 매화 송이에 시구가 막히고
비껴드는 달빛에 혼이 끊어지노라.
매화와 달의 정신은 참으로 고상한 품격이니
한 덩어리 가슴에 속된 욕념 사라지네.
때마침 솔바람 소리 들려오니
강남의 설유차雪乳茶*를 달여 마실밖에.

不用吳娃唱踏莎 一牕梅月岸烏紗 吟迷洒落瓊林冷 魂斷娑婆玉兔斜

兩照精神眞勝格 一團肝膽絶妖魔 是間端合松聲沸 聊試江南雪乳茶

출전: 『뇌계집』 권6

- **「답사행」**踏莎行 사곡詞曲의 이름.
- **오사모**烏紗帽 **젖혀 쓰네** 오사모는 올이 고운 비단으로 짠 모자로 선비가 쓴다. 이것을 젖혀 쓴다는 것은 반듯하게 쓰지 않고 뒤로 기울여 쓰는 것인데, 흥이 일거나 풍류가 도도한 심리 상태를 나타내는 표현이다.
- **설유차**雪乳茶 흰 거품이 이는 말차. 김시습의 시 「잠을 탐해서」의 주 '다유' 참조(이 책 175쪽).

해설　「비해당사십팔영」匪懈堂四十八詠 중에서 첫 번째 시에 차운한 시이다. 최항의 「매창에 비친 달」 해설 참조(이 책 86쪽).

채수 蔡壽, 1449~1515

매창에 비친 달 梅窓素月

옥 같은 자태가 한들한들 풀밭을 덮으니
그윽한 사람이 벗하여 오사모 젖혀 썼네.
바람 불자 얼음 같은 가지에서 향기가 먼저 나고
달빛 들자 차가운 창가에 그림자 반쯤 비꼈네.
다만 바라는 것은 항아姮娥*가 달 속에 머무르는 것이요
오직 근심스러운 일은 병예屛翳가 음마陰魔를 짓는 일이네.*
그대를 마주 보며 호탕하게 술 마시는 건 참으로 속되니
시를 읊고 떡차 끓여 마시는 것이 합당하겠네.

玉質盈盈覆淺莎 幽人相伴岸烏紗 風搖氷骨香先聞 月透寒窓影半斜
只願姮娥留素魄 惟愁屛翳作陰魔 對君豪飮眞鹽俗 端合哦詩煎餠茶

- **항아姮娥** 달 속에 산다는 선녀의 이름.
- **병예屛翳가 음마陰魔를 짓는 일이네** 병예는 바람 귀신의 이름이고, 음마는 불교에서 이르는 네 가지 마귀의 하나이다. 여기서는 바람이 구름을 몰아 달빛을 가리는 것을 의미한다.

출전: 『나재집』懶齋集 권2

해설   앞의 시와 마찬가지로 「비해당사십팔영」匪懈堂四十八詠 48수 중에서 첫 번째 시에 차운한 시이다. 매화가 핀 달밤에는 호탕하게 술을 마시기보다는 시를 읊고 차를 끓여 마시는 것이 더 어울린다고 하였다. 최항의 「매창에 비친 달」 해설 참조 (이 책 86쪽).

남효온 南孝溫, 1454~1492

눈 내리는 날 아이를 데리고 정중正中을 찾아가다
雪日 從兒訪正中

아이는 아비의 뜻 알아 옷과 신발 덥히고
벗은 친구의 마음을 알아 설차雪茶를 내어 오네.
한 곡조 맑은 거문고 별학조別鶴操* 소리를
하염없이 듣는 사이 서산으로 해 기우네.

兒知父意溫衣履 友識朋情供雪茶
一曲淸琴驚別鶴 留連聽鏑日西斜

출전: 『추강집』秋江集 권3

해설 정중正中은 『추강집』에 자주 등장하는 이정은李貞恩의 자이다. 유난히 거문고를 잘 탔는데, 그가 강개한 곡조를 타면 길 가는 사람도 울었다고 한다(『추강집』 권7 「사우명행록」師友名行錄 참조). 이 시는 그의 집을 방문하여 눈 녹인 물로 끓인 설차를 마시며, 거문고 소리를 듣는 풍경을 읊었다.

• **별학조別鶴操** 원래 중국 한나라 때 상릉商陵의 목자牧子가 지었다는 칠현금의 곡명이나, 여기서는 이별을 주제로 한 거문고 곡조를 가리킨다.

남효온 南孝溫, 1454~1492

은솥에 차를 끓이며 銀鐺煮茗

일찍이 세상에서 동서남북으로 내달렸으나
십 년 동안 마른 배엔 주린 솔개 우는구나.*
아이 불러 차 달일 제, 저문 강물 차갑더니
나의 폐병 낫게 하여 심화心火가 가라앉네.
온갖 생각 가지런해지고 마음이 밝아지니
날마다 안석에 기대어 눈과 귀를 수렴하네.
동쪽 성문 밖에서는 옳고 그름을 다투지만
시끄럽게 떠드는 소리 귀에는 들리지 않네.

曾向世間馳東西 十年枯腹飢鳶啼 呼童煮茗暮江寒 醫我渴肺心火低
百慮漸齊虛室明 日長烏几收視聽 東華門外競是非 呶呶聒耳不聞聲

출전: 『추강집』 권2

해설 앞에 나온 홍유손의 「은솥에 차를 끓이며」와 함께 「동고팔영」東皐八詠 중 여섯 번째로 실려 있는 시이다(이 책 169쪽 참조).

* **십 년 동안~우는구나** 굶주려서 뱃속에서 꾸룩꾸룩 솔개 울음 같은 소리가 난다는 말.

조위 曺偉, 1454~1503

점필재 선생의 시운을 받들어 화답하다
奉和佔畢齋金先生韻

북쪽에서 돌아오니 한식이 가까워져
아름다운 계절이 절반 넘어 지났네.
물 위론 뾰족뾰족 어린 모가 돋았고
빈 하늘엔 가랑비만 비껴 날리네.
맑은 창가에서 좋은 시구를 찾고
박주薄酒 마신 뒤엔 차를 끓이네.
비스듬히 누워 있자니 서산에 해가 지는데
손님들 흩어지자 석양에 까마귀 바라보네.

北歸寒食近 強半閱韶華 針水稚苗刻 垂空細雨斜
晴窓宜覓句 薄酒當煎茶 側臥倒西日 畢逋看暮鴉

출전: 『매계집』梅溪集 권1

해설 점필재는 김종직의 호이며 조위는 그의 문하생이다.

조위 曺偉, 1454~1503

동화사 — 낙안군 관운산에 있다 桐華寺 在樂安郡關雲山

아름다운 산 벼랑길 따라
숲 사이로 폭포 소리 요란하네.
땅이 평평해 단청 고운 산사 지으니
오래된 대웅전에 금부처가 늙었도다.
찻사발에는 꽃잎이 눈처럼 날리고
감실 등불에는 불꽃이 연기를 토하네.
속진에 묻혔던 꿈같은 십 년 세월이
하룻밤 묵고 나니 말끔히 사라졌네.

窈窕緣崖路 林間吼瀑泉 地平開紺宇 殿古老金仙

茗椀花翻雪 龕燈焰吐煙 塵埃十年夢 一宿便翛然

출전: 『매계집』 권1

해설   전체 2수 중에서 첫 번째 시이다. 동화사가 있었다는 낙안군은 전라남도 순천군과 보성군에 해당하는 곳으로, 차의 산지이다.

조위 曺偉, 1454~1503

관아에서 우연히 쓰다 郡齋偶書

어느새 한 해가 저물어 가고
쓸쓸한 바람에 날씨가 차네.
황당黃堂˚에선 화필花筆˚을 버려 두고
오궤烏几˚에선 용단차를 마시네.
버들가지 싹에는 봄기운이 아직 엷고
매화나무 끝에는 눈이 마르지 않았네.
내일 아침 관아에선 술이 잘 익어서
손님들 찾아와서 실컷 즐기리.

忽忽歲華晩 翛翛風日寒 黃堂閣花筆 烏几噉龍團
柳眼春猶淺 梅梢雪未乾 明朝官醸熟 客至足爲歡

출전: 『매계집』 권1

해설 지방 군수가 되어 관아에서 쓴 시이다. 조위는 1484년 8월에 함양 군수로 부임하였다.

- **황당**黃堂 본래 웅황雄黃의 염료를 칠한 태수의 청사를 뜻하는데, 보통 지방 장관을 가리키는 말로 쓰인다.
- **화필**花筆 걸출한 문학적 재능을 일컫는 말로, 보통 '생화필'生花筆이라고 한다. 이원의 시 「앞의 운자를 써서 춘정에게 드림」의 주 '붓끝에~꿈꾸었네' 참조(이 책 43쪽).
- **오궤**烏几 검은 염소가죽으로 겉을 댄 궤안几案이다. 궤안은 앉거나 누울 때 몸을 기대는 도구이다.

조위 曺偉, 1454~1503

눈을 읊다 — 왕안석의 운자를 쓰다 賦雪 用王荊公韻

하늘 자욱이 옥가루가 날리고
땅 가득히 은물결이 솟누나.
하늘 꽃을 교묘히 마름질하였으니
육각형 눈 모양 참으로 신기하네.
빛깔은 싸늘하여 바라보기 눈부시고
위세는 늠름하여 겹겹 옷을 뚫네.
아롱아롱 가지에 매달리고
훨훨 하염없이 언덕에 쌓이네.
나무꾼의 나뭇짐은 흠씬 젖고
낚시꾼의 부들삿갓 무거워지네.
한빛으로 달과 함께 희고
일만 구멍에 바람과 어울려 술렁이네.
원안袁安의 집 빗장은 꽉 닫히고˙
동곽東郭 선생의 발자국은 깊이 묻히네.˙
해 뜨자 도로 녹아 물이 되고
구름이 열리자 문득 쏟아지누나.
처마 밑에 놀던 참새들 근심하고
흙 속에 들었던 황충이는 무서워하네.
눈을 소금에 비유했던 사씨謝氏 딸의 재주˙
서간을 건네받은 사마상여司馬相如의 은총.˙

관아에서 이불 쓰고 누웠으니
한가함도 오히려 귀찮은 것
애오라지 도곡陶穀의 차*를 끓이고
멀리 이소李愬의 용맹*을 생각하네.
쓸쓸한 이곳에서 누구와 시를 읊으리.
빈 들보에 주린 쥐가 웅크렸을 뿐.

塡空玉屑飛 匝地銀濤湧 天花巧煎裁 六出實奇種
光寒眩眺望 威凜穿襲擁 玲瓏綴枝條 汗漫堆丘壟
山客樵擔濕 江翁蒻笠重 一色月同皎 萬竅風兼泂
牢閉袁安戶 深沒東郭踵 日出旋成澌 雲披俄抉壅
啄簷鳥雀愁 蟄壤蝗螟恐 詠鹽謝女才 授簡司馬寵

- **원안袁安의~꽉 닫히고** 홍귀달의 시「사국의 여러 동료들에게 보내다」의 주 '큰 눈 내려 누웠는데' 참조(이 책 209쪽).
- **동곽東郭 선생의~묻히네** 동곽 선생은 중국 한漢나라 때 사람으로, 그의 살림이 빈궁하여 바닥이 없는 신발을 신고 눈 위를 걸어 다니자 사람들이 모두 비웃었다는 고사를 원용한 것이다.
- **눈을~재주** 중국 진晉나라 사안謝安이 눈 오는 날에 집안 자녀들과 놀면서 "흰 눈이 분분하니 무엇과 같으냐"라고 하자, 그 조카가, "공중에 소금 흩는 것을 견줄 만하네"라고 대답한 고사를 가리킨다.
- **서간을~은총** 중국 한漢나라 때 양효왕梁孝王이 토원兎園에 노닐면서 사마상여에게 서간을 보내 자신을 위해서 눈에 대한 시를 짓도록 부탁한 고사를 가리킨다.
- **도곡陶穀의 차** 김수온의 시「궁실과 저택은 사대부가 거처하는 곳이니」의 주 '도곡이~달이게 하며' 참조(이 책 89쪽).
- **이소李愬의 용맹** 중국 당나라 장수 이소李愬가 눈 오는 밤에 군사를 거느리고 몰래 회서淮西에 들어가서 오원제吳元濟를 잡은 일을 말한다.

郡齋臥袖被 無事豈非冗 聊煎陶穀茶 緬懷李愬勇

寂寞伴誰吟 空樑飢鼠拱

출전: 『매계집』 권1

해설　눈과 관련된 여러 가지 고사들을 엮어서 지은 시로, 차와 관련해서는 도곡의 설차雪茶에 관한 일화가 유명하다. 『속동문선』 권3에도 수록되어 있다.

조위 曺偉, 1454~1503

홍주 제영 洪州題詠

한 사발 용단차를 마시고
꿈속에선 아직도 대궐을 생각하네.
지방관으로 몇 개월을 헛되이 보냈으니
한 그루 당체꽃*을 보지 못했네.

啜罷龍團一椀茶 夢回猶記紫宸衙
周南數月空留滯 不見棠梨一樹花

출전: 『매계집』 권1

해설　전체 2수 중 첫 번째 시이다. 제영題詠이란 시제를 정해 놓고 짓는 것인데, 시제 아래의 설명을 보면, 충청감사로 있던 시절(1494) 홍주洪州(충청남도 홍성군)를 주제로 지은 것임을 알 수 있다.

• **당체꽃**　감당나무 꽃을 말한다. 주나라 문왕의 아들 소백召伯이 감당나무 아래에서 정치를 하고 또는 쉬었기 때문에 흔히 지방관의 선정善政을 표현할 때 인용된다. 『시경』 소남 召南 「감당」甘棠에 "무성한 저 감당나무, 베지도 자르지도 말아라. 우리 소백이 쉬시던 곳이로다"(蔽芾甘棠 勿翦勿伐 召伯所茇)라는 구절이 있다.

조위 曺偉, 1454~1503

영명사로 스님을 찾아가서
永明尋僧

강 구름은 어둑어둑 먹칠을 한 것 같은데
눈꽃은 온 땅에 쌓여 무릎까지 빠지네.
나귀 타고 새벽에 장경문을 나서니
돌길 미끄러워 나귀가 자주 놀라네.
스님 계신 고찰을 찾아가니 여태 문이 잠겼는데
담장 너머 차 달이는 연기 하늘하늘 피어오르네.
스님 불러 담소하며 함께 토란 구워 먹느라
한참을 앉았으니 바람결에 풍경소리 들리네.

江雲黯黯如抹漆 雪花滿地深沒膝 騎驢曉出長慶門 石磴路滑驢頻叱
古寺居僧尙掩扃 隔墻冉冉茶煙靑 呼僧談笑共煨芋 坐久風來聞塔鈴

출전: 『매계집』 권3

해설 평양의 아름다운 경치 여덟 곳을 시로 읊은 「평양팔절」平壤八絶 중에서 세 번째 시이다. 영명사는 대동강 가의 절 이름이고, 장경문長慶門은 평양의 동쪽 성문이다.

조위 曺偉, 1454~1503

가섭암 迦葉庵

대나무 통 따라 샘물이 바위에서 나와
암자 앞에 쏟아지니 차갑고도 맑네.
산승이 손으로 떠 마시며 아침 허기 달래니
맑고도 달기가 강왕곡康王谷 샘물*보다 훨씬 낫네.
객이 오면 어린 중 불러 날마다 차를 끓이니
풍로 센 불에 설유雪乳*가 번지르르하네.
누가 세 사발을 노동*에게 부치고
다시 빼어난 맛을 육우*에게 자랑할까.
내 평생에 먼지 몇 말을 질리도록 마셔
폐는 시들고 입술은 말라 윤기가 없더니,
꽃 잔에 시원히 눈 같은 차를 기울이자
문득 오장육부가 모두 맑아짐을 깨닫네.

連筒泉水出嵒腹 來瀉庵前寒更渌 山僧掬飮慰朝飢 淸甘遠勝康王谷

- **강왕곡康王谷 샘물** 중국 강서성江西省 성자현星子縣 서쪽 강왕곡의 샘물. 육우陸羽가 이 물을 천하의 제일이라고 품평하였다.
- **설유雪乳** 김시습의 시 「잠을 탐해서」의 주 '다유' 참조(이 책 175쪽).
- **노동盧仝** 중국 당나라의 시인으로 차의 품평을 잘했으며 「다가」茶歌로 유명하다.
- **육우陸羽** 중국 당나라의 은사로 「다경」茶經 3편을 지었으며 다신茶神으로 일컬어진다.

客至呼僧烹日注 活火風爐鬧雪乳　誰持三椀寄盧仝 更將絶品誇陸羽

平生厭食幾斗塵 肺枯吻渴無由津　花甌快傾如卷雪 頓覺六用俱淸新

출전: 『매계집』 권3

해설　가섭암迦葉庵은 도처에 나오는 절 이름으로, 조위의 고향에서 가까운 충청남도 계룡산에 있던 절로 짐작된다. 아마도 그곳에 훌륭한 샘이 있었던 듯, 그 맛이 강왕곡의 샘물보다 낫다고 하였다. 『속동문선』 권5에도 수록되어 있다.

최부 崔溥, 1454~1504

중국의 차 접대

18일, 덕주德州를 지났습니다.
이날은 맑았으나 강한 바람에 모래가 날렸습니다. 해가 뜰 무렵 맹가구포孟家口鋪, 병하구포兵河口鋪, 마가포馬家鋪 등과 사녀수四女樹, 문영문文英門, 유피구포劉皮口鋪, 득의문得意門, 대부교大浮橋를 지나 안덕역安德驛에 도착하였습니다.
진훤陳萱이 신에게 묻기를,

"귀국 사람들은 손님을 접대해 대접할 때 차를 내놓습니까?"
라고 하였습니다. 신이 말하기를,

"술을 쓰고 차는 쓰지 않습니다."
라고 하니, 진훤이 말하기를,

"우리나라 사람들은 손님을 대접할 때 모두 차를 씁니다. 만약 인정이 두텁고 먼 곳에서 온 사람이 있으면, 더러 술을 사용하는 사람도 있습니다."
라고 하였습니다.

十八日 過德州 是日晴 大風揚沙 平明過孟家口兵河口馬家等鋪 四女樹文英門劉皮口鋪得意門大浮橋 至安德驛 陳萱問臣曰 貴國人對客酬酢 用茶否 臣曰 用酒不用茶 萱曰 我地人對客 皆用茶 若有情厚遠來人 則或有用酒者

출전: 『금남집』錦南集「표해록」漂海錄 권2

해설　『표해록』은 1487년 제주도에 부임했던 최부가 부친상을 당하여 육지로 향하던 중, 표류하여 중국을 거쳐 이듬해 6월에 조선으로 돌아오기까지의 기록이다. 이 글은 그중에서 1488년 3월 18일자 내용이다. 제목은 원래 없으나 옮긴이들이 편의를 위해 '중국의 차 접대'로 달았다.

성종 成宗, 1457~1494

매창에 비친 달 梅窓素月

푸른 풀밭 옆에 매화 한 그루가 있어
밤마다 창가에 있는 비단 병풍을 비춘다.
그윽한 향기는 맑고 맑아 봄이 일찍 온 듯
성긴 그림자는 한들한들 달빛이 비꼈네.
고야姑射˚의 정신은 수불水佛˚을 오게 하고
양귀비의 교태는 시마詩魔를 일으키네.
옥피리 소리 애절하게 높아진 곳에
시름에 찬 그 누가 설차雪茶를 마시는가?

一樹寒梅傍碧莎 小窓晴夜映屛紗

幽香淡淡春如早 疏影離離月欲斜

- **고야姑射**　『장자』「소요유」逍遙遊 편에 "고야산姑射山에 신인神人이 사는데, 살결은 빙설氷雪 같고, 이쁘기는 처녀處女와 같으며, 바람과 이슬만 마시고 산다" 하였다. 여기서는 매화를 비유한 것이다.
- **수불水佛**　물의 정수를 뜻한다. 물맛이 하도 좋아 불국토의 물맛과 같다는 의미이다. 아래 시마詩魔와 대를 맞추기 위한 표현이다.

姑射精神來水佛 太眞嬌態嗅詩魔

拈吹玉笛聲高處 愁斷何人啜雪茶

출전: 『탁영집』濯纓集 속집 권상

해설   이 시는 원래 뒤에 나오는 김일손의 『탁영집』에 수록된 것이나, 작자의 생몰년에 맞추어 앞에 배치하였다. 「비해당사십팔영」匪懈堂四十八詠 중의 첫 번째 시에 차운한 시이다. 최항의 시 「매창에 비친 달」의 해설 참조(이 책 86쪽).

이식 李湜, 1458~1488

즉사 卽事

본디 평원독우平原督郵를 싫어하지만
뉘 있어 청주종사靑州從事를 따를 건가.*
촌옹은 낮잠에 골아 떨어져 벌써 한낮이 되고
들꿩 소리 잦아진 뒤 산은 더욱 적막해라.
앉아서 찻물 끓는 물때를 보고
고요히 숲 속에서 물소리 듣네.
반쯤 닫힌 사립문에 찾는 이 하나 없으니
서울 친구들은 벌써 나를 잊은 게지.

• **본디~따를 건가** 본래 맛좋은 술을 좋아하지만, 함께 즐길 이가 없다는 뜻. 중국 진晉나라 때 환온桓溫에게 술맛을 잘 아는 주부主簿가 있었는데, 그는 좋은 술을 '청주종사' 靑州從事라 하고 시원찮은 술을 '평원독우'平原督郵라 하였다. 그 이유는 청주에 제군齊郡이 있고 평원平原에 격현鬲縣이 있어서인데, 좋은 술은 배꼽(臍) 아래까지 이르고 시원찮은 술은 가슴(膈) 위에 머무른다는 뜻에서였다. 제군의 제齊와 배꼽(臍), 격현의 격鬲과 가슴(膈)이 음과 모양이 같아서 한 말이다.

自厭平原有督郵 誰能從事喚靑州 村翁睡熟日將午 野鳥聲殘山更幽

坐見茶甌辰白浪 靜聞林澗散珠旒 華門半掩無人到 京洛親朋憶我不

출전: 『사우정집』四雨亭集 권상

해설   서울을 떠나 시골에 있으면서 지은 시로, 촌옹은 작자 자신을 의미한다. 홀로 술을 마시고 깨어나 차를 마시며 아무도 찾아오지 않는 적적함을 읊은 시이다.

이식 李湜, 1458~1488

밤에 앉아 우연히 지어 정중正中에게 부치다
夜坐偶題 寄正中

종이 장막에 오랑캐 모포는 봄처럼 따뜻한데
작은 집은 고즈넉하여 티끌 하나 일지 않네.
아이 불러 개울물 길어 햇차를 달이고
붓 적셔 시를 써서 벗에게 보내노라.
벽에 걸린 호롱은 말을 걸어오는 듯하고
창 너머 매화와 달과는 본디 서로 친하지.
언제나 소매를 나란히 하고 유람을 떠나
함께 취해 노래하며 두건을 젖혀 쓸거나.

紙帳蠻氈暖似春 小堂幽寂絶纖塵 呼兒汲澗烹新茗 染筆裁詩寄故人

半壁書燈如欲語 一窓梅月自相親 何當聯袂遊山去 共醉長歌岸葛巾

출전: 『사우정집』 권상

해설 정중正中은 남효온의 시 「눈 내리는 날 아이를 데리고 정중을 찾아가다」에 나왔던 이정은李貞恩의 자이다(이 책 228쪽의 해설 참조). 두 번째 구에서 "티끌 하나 일지 않네"는 찾아오는 이가 없다는 말이다.

이식 李湜, 1458~1488

금헌琴軒의 시에 차운하다 次琴軒韻

서책은 만 권이요
두세 집 초가 외로운 마을.
시의 음조는 옥구슬 구르는 듯 맑고
취한 글씨는 날뛰는 까마귀처럼 어지러워라.
들판의 날씨는 아침나절 어둡고
산빛은 저녁 어스름에 고와라.
나른히 졸고 난 뒤 할 일이 없어
때때로 옥천玉川의 차*를 달이노라.

書史十千卷 孤村三兩家 詞音淸戛玉 醉墨亂翻鴉

野色終朝暗 山光薄暮多 閑眠無箇事 時煮玉川茶

출전: 『사우정집』 권하

해설 금헌琴軒은 김종직의 시에 나온 김뉴金紐라는 인물이다.

• **옥천玉川의 차** 옥천玉川은 중국 당나라 노동盧仝의 호이다.

이식 李湜, 1458~1488

문연에게 1 寄文淵

외진 곳이라 찾는 이 없고
난간에 기대니 조망이 훌륭해라.
매미 소리는 나무마다 요란하고
산빛은 석양 무렵에 고와라.
계집종은 때로 약을 빚고
아이종은 앉아서 차를 달이네.
책을 베고 까무룩 잠이 들어
꿈속에 남가南柯 고을에 갔지.*

地僻人來少 凭欄眺望賒 蟬聲千樹鬧 山色夕陽多
小婢時丸藥 兒童坐煮茶 枕書聊入睡 魂夢到南柯

출전: 『사우정집』 권하

해설 문연文淵은 이원李援(?~1504)의 자로 이식과 친분이 두터웠던 인물이다.

* **꿈속에~갔지** 남가일몽南柯一夢의 고사를 빗댄 것이다. 중국 당나라 때 순우분淳于棼이란 사람이 느티나무 남쪽 가지 아래에서 잠이 들었다가 괴안국槐安國에 가서 온갖 부귀영화를 누리다가 깨어 보니 곧 꿈이더란 고사이다.

이식 李湜, 1458~1488
문연에게 2 寄文淵

온 방안 정갈하여 먼지 한 점 없는데
창 앞 매화 활짝 피어 천진을 드러내네.
가난하여 본래 양고주羊羔酒*일랑 없으니
눈 녹여 차 달이며 옛 사람 흉내내네.

一室蕭條絶點塵 窓梅開遍逞天眞

家貧本乏羊羔酒 雪水煎茶擬古人

출전: 『사우정집』 권하

해설 「영회팔절」詠懷八絶 중 하나로, 전체 8수 중에서 네 번째 시이다.

• **양고주**羊羔酒 고아주羔兒酒. 김수온의 시 「궁실과 저택은 사대부가 거처하는 곳이니」의 주 '도곡이~달이게 하며' 참조(이 책 89쪽).

김일손 金馹孫, 1464~1498

매창에 비친 달 梅窓素月

강기슭 손질하여 매화나무 옮겨 심었더니
달빛 드는 창 사이로 푸른빛이 비치네.
옥 같은 꽃 안개처럼 피니 향기가 은은하고
흰 치마처럼 바람에 춤추니 그림자 일렁이네.
고운 모습 잔에 비치니 청주淸酒인 듯하고
차갑게 시심詩心에 스며드니 잡념이 달아나네.
선경仙經을 다 읽고 꽃과 함께 잠자다가
마음 씻기 위해 다시 용차龍茶를 마신다.

曾移寒樹颸江莎 邀月窓間碧映紗 暖玉煙生香黯淡 素裳風舞影皾斜
姸窺杯面欺淸聖 冷透詩腸退劣魔 讀了仙經花共睡 洗心聊復試龍茶

출전: 『탁영집』濯纓集 속집 권상

해설 「비해당사십팔영」匪懈堂四十八詠 중 첫 번째 시에 차운한 시이다. 최항의 「매창에 비친 달」해설 참조(이 책 86쪽).

이주 李胄, 1468~1504

망해사 望海寺

바닷가에 산이 있어 허공에 솟은 지대
한 줄기 풍경 소리 천상까지 들리리라.
아침 해 붉디붉게 발해에서 솟아오르고
흰 구름 뭉게뭉게 의무려산醫巫閭山에서 피누나.
박쥐 우는 기운 탑은 천 년의 굴이요
거북 등의 낡은 비석엔 태고 시절 글씨 있네.
일곱 근 장삼 입은 스님*은 이야기 좋아하여
차 마시느라 이따금 나귀를 멈추노라.

• **일곱 근~스님** 불제자佛弟子의 업을 닦고 있는 스님을 의미한다. 어떤 스님이 "만법은 하나로 돌아가는데, 그 하나는 어디로 돌아가는 겁니까?"라고 묻자, 조주趙州 선사가, "내가 청주에 있을 적에 베 장삼 한 벌을 만들었더니, 그 무게가 일곱 근이더라"라고 한 화두話頭에서 온 말이다. 조주 선사는 중국 당나라 때의 유명한 선승이다.

山根鼇脊地凌虛 一磬飄聲近帝居 朝日噴紅跳渤澥 晴雲拖白出巫閭

蝠鳴側塔千年穴 龜負殘碑太古書 穿衲七斤僧話好 點茶聊復駐征驢

출전: 『망헌유고』忘軒遺稿

해설 망해사望海寺와 의무려산醫巫閭山은 중국 요녕성遼寧省에 있는 지명이다. 이주는 1495년 명나라로 사신을 갔는데, 이 시는 아마 그때 지은 것으로 보인다.

이주 李胄, 1468~1504

금골산 金骨山

하루는 동자에게 술 한 병을 들리고 쓸쓸히 서굴西窟로 가서 중 언옹彦顒과 지순知純을 끌고 곧장 상굴上窟에 당도하였다. 상굴은 불전佛殿과 재주齋廚를 합쳐 총 2칸인데, 여러 해 동안 비워 둔 데다 거주하는 중도 없어서 낙엽이 문을 메우고 먼지와 모래가 방에 가득하였다. 산바람이 부딪치고 바다 안개가 스며들어 후덥지근한 기운이 가득하니, 도저히 거처할 만한 곳이 아니었다. 그래서 먼지를 쓸어내고 벽을 바르고 나무를 베어다 불을 때고 문을 열어 공기를 통하게 하였다. 낮에 밥 한 사발을 먹고 아침저녁으로는 차 한 잔씩을 마시며, 닭의 울음소리에 새벽인 줄 알고 바다의 조류를 살펴 때를 짐작하며, 자고 싶을 때 자고, 쉬고 싶을 때 쉬며 마음 가는 대로 하였다. 그리고 다섯 가지 게偈를 지어 지순에게 매일 밤 4시에 나누어 외우게 하고, 누워서 들으니 그 또한 운치 있는 일이었다.

一日 佩童子一榼酒 踽踽然行投西窟 携衲子彦顒智純 直抵上窟 窟幷佛殿齋廚 總二間 空曠年多 無有居僧 落葉塡門 塵沙滿房 山風觸之 海霧侵之 霾陳瘴積 不可堪處 於是 掃塵沙塗牖壁 斬木爨竈 啓戶通氣 日中飯一盂 晨昏茶一椀 將鳴鷄以聽曉 察前潮而候時 寢息聽意 動作隨便 作五偈 令智純每夜分唱五更 臥而聽之 亦一奇勝也.

출전: 『망헌유고』

사진_ **금골산**

해설　금골산은 전라남도 진도군 군내면 둔전리에 있는 산으로 진도의 금강산이라 불리는 곳이다. 이주는 1498년 가을에 진도로 귀양 와서 4년이 지난 1502년(임술년) 음력 9월에 이 글을 지었다. 위의 글은 「금골산록」의 일부를 번역한 것으로, 앞에 나오는 구절을 보면 당시 나라에서는 왕세자를 책봉하고 대사면을 내렸으나 이주는 여기에 끼지 못하여 무척 낙담했음을 알 수 있다. 『속동문선』 권21에도 수록되어 있다.

정희량 鄭希良, 1469~1502

눈 온 뒤에 써서 매계 선생께 받들어 올리다
雪後錄奉梅溪先生

객창이라 유난히 가는 세월이 아깝나니
갈대꽃 쓸쓸하고 산엔 눈이 가득하네.
변방 밖엔 바람 거세어 새매의 깃 굳세고
진영 앞엔 구름이 일어 화살 소리 차갑네.
달밤이라 흥취를 타도 좋으련만
무슨 일로 시인은 홀로 문을 닫았는가?
옷 여미고 차 끓이매 맑은 맛이 긴 데다
하물며 술 마시고 홍안이 되었음에랴.[1]

客窓偏惜歲將殘 蘆荻蕭疏雪滿山 塞外風高鷹翅健 陣前雲起箭聲寒
不妨夜月相乘興 何事詩人獨閉關 擁褐煎茶淸味永 況論盃酒作春顔

[1] 보내 주신 편지에, "눈이 한 자나 쌓인 날 대문도 닫지 않은 채 원안袁安처럼 홀로 누워 맑은 흥취를 즐길 수 있었다"라고 하였다. 그래서 여섯 번째 구에서 이렇게 말한 것이다. 마지막 구의 뜻은 항 태위項太尉와 도 학사陶學士의 일을 은근히 차용한 것이다(來簡云 雪深若尺 門戶不閉 袁安獨臥 淸興可掬 故第六及之 末意

昧用項太尉陶學士事).

출전: 『허암유집』虛庵遺集 권1

해설   매계梅溪는 앞에 나온 조위曺偉의 호이다. 정희량은 1498년 무오사화에 연루되어 조위와 함께 의주로 유배되었는데, 이 시는 아마도 그때 지은 것으로 보인다. 참고로, 시의 전반부는 한치윤韓致奫의 『해동역사』海東繹史 등에도 소개되어 있는데, 제목이 '변경에서'(塞上)로 되어 있고, 몇 군데 글자의 출입이 있다.

- **원안袁安처럼 홀로 누워**   홍귀달의 시 「사국의 여러 동료들에게 보내다」의 주 '큰 눈 내려 누웠는데' 참조(이 책 209쪽).
- **항 태위項太尉와 도 학사陶學士**   도 학사는 도곡陶穀을 지칭하나, 항태위는 미상이다. 아마도 도곡의 고사에 나오는 당 태위黨太尉를 잘못 적은 것으로 생각된다. 김수온의 시 「궁실과 저택은 사대부가 거처하는 곳이니」의 주 '도곡이~달이게 하며' 참조(이 책 89쪽).

정희량 鄭希良, 1469~1502

밤에 앉아 차를 달이며 夜坐煎茶

밤이 얼마쯤 되었나, 눈이 오려 하는데
푸른 등불 낡은 집은 추워서 잠 안 오네.
이끼 낀 낡은 병을 상머리에 가져다가
푸른 바다 같은 차디찬 샘물 쏟아 넣고
화력을 조절하여 알맞게 불을 피우니
벽 위로 달빛 비치며 푸른 연기 피어나네.
솔바람이 우수수 빈 골짝에 울리는 듯
폭포수가 콸콸 긴 내로 떨어지는 듯
뇌성 번개 우르릉 쾅쾅 그치지 않더니
급히 가던 수레가 덜커덕 넘어지는 듯.
이윽고 구름이 걷히고 바람도 자니
물결이 일지 않고 맑고 잔잔하네.
바가지에 쏟아 놓으니 눈 같은 흰빛
간담이 휑하니 뚫리어 신선과도 통할 듯.
천천히 마시며 혼돈에 구멍을 뚫어 내고
홀로 신마神馬를 타고 선천 세계에 노니네.
지난날 자갈밭 같던 마음을 돌아보니
마귀 같은 속념俗念이 모두 망연해지고
마음의 근원이 활짝 트이어
만물을 초월하여 하늘 밖에 노니는 듯.

내 들으니, 상계上界의 진인眞人은 깨끗함을 좋아하여
이슬을 마시며 똥오줌도 안 누어
노을을 마시고 옥을 먹어 장생을 하며
골수를 씻고 털을 베어 평생 동안 童顔이라지.
나도 세상에서 이러하거늘
어찌 고목과 오래 살기를 다투리.
그대는 보지 못했는가, 노동盧仝이 배고프면 삼백 조각을 희롱한 것을.•
오천 언 『도덕경』도 부질없는 것.

夜如何其天欲雪　靑燈古屋寒無眠　手取床頭苔蘚腹　瀉下碧海冷冷泉
撥開文武火力均　壁月浮動生靑煙　松風颼颼響空谷　飛流激激鳴長川
雷驚電走怒未已　急輪轉越轅轘巓　須臾雲捲風復止　波濤不起淸而漣
大瓢一傾氷雪光　肝膽炯徹通神仙　徐徐鑿破混沌竅　獨御神馬遊象先
回看向來磅磄地　妖魔俗念俱茫然　但覺心源浩自運　揮斥物外逍遙天
漸窮佳境到妙處　拍手浪吟離騷篇　吾聞上界眞人好淸淨　噓吸沆瀣糞穢牷
餐霞服玉可延年　洗髓伐毛童顔鮮　我自世間看如此　豈與枯槁爭長年
君不見盧仝飢三百片　文字汗漫空五千

출전: 『허암유집』 권1

해설　『속동문선』 권5에도 수록된 것으로, 차를 마시며 번뇌를 씻는 모습을 호탕한 고시로 그려 내었다.

• **삼백 조각을 희롱한 것** 노동이 「다가」에서, "봉함을 뜯으매 완연히 간의의 얼굴 본 듯한데, 먼저 월단차 삼백 조각을 훑어보았네"(開緘宛見諫議面 首閱月團三百片)라고 한 구절을 원용한 표현이다.

정희량 鄭希良, 1469~1502

홀로 앉아 차를 끓이다―매계에게 드리다
獨坐煎茶 奉呈梅溪

해 긴 객관에서 졸음이 쏟아지더니
좋은 차 달여 마시매 눈이 활짝 뜨이네.
백 년 세속의 때를 씻어 버리려고
묘고야산藐姑射山에서 옥인玉人을 보고 왔도다.*

日長旅館閒生睡 煮啜瓊漿病眼開
抃洗百年塵土穢 姑山親見玉人來

출전: 『허암유집』 권1

해설 전체 4수 중 첫 번째 시이다.

• **묘고야산藐姑射山에서~보고 왔도다** 묘고야산은 『장자』「소요유」逍遙遊 편에 나오는 신선이 산다는 산 이름. 차 맛이 좋아 신선 세계에 노닐고 온 듯하다는 말이다.

정희량 鄭希良, 1469~1502

계문의 시 「상춘」傷春에 차운하다 次季文傷春韻

바닷가에서 봄을 만나니
마음 상하여 머리 밑 절로 세네.
시구는 오늘의 흥을 읊조리고
찻잎은 지난해 돋은 싹을 따노라.
세상일 참으로 알기 어렵고
내 삶은 본래 끝이 없도다.
봄바람은 그래도 공평해
유배객의 집에도 불어오누나.

海上逢佳節 傷心鬢自華 詩添今日興 茗折去年芽
世事眞難料 吾生本無涯 春風公道在 吹入逐臣家

출전: 『허암유집』 권3

해설 계문季文은 정희량과 절친했던 성중엄成重淹의 자이다. 정희량은 1500년 5월에 의주에서 김해로 이배移配되었는데, 이 시는 아마도 그때 지은 것이 아닌가 생각된다.

이목 李穆, 1471~1498

다부 茶賦

머리말

사람이 어떤 사물을 완상하거나 음미하며, 평생토록 즐겨 싫증내지 않는 것은 그 사물이 지닌 독특한 성질 때문이다. 예를 들어 이백李白이 달을, 유령劉伶이 술을 사랑한 것으로 말해 보자면 좋아하는 대상은 다르지만 지극히 즐긴다는 점은 한가지이다. 나는 차에 대해 전혀 몰랐다. 그러다가 육우陸羽의 『다경』을 읽은 뒤부터 차츰 그 특성을 알아, 마음에 매우 소중하게 여겼다. 옛날 중산대부 혜강嵇康은 거문고를 좋아하여 「금부」琴賦를 지었으며, 팽택령 도잠陶潛은 국화를 사랑하여 노래로 읊어, 은미한 것조차 오히려 더욱 드러내었다. 하물며 차의 공로는 가장 높은데도 아직 시가詩歌로 칭송한 이가 없어 마치 어진 사람을 내버려 두는 것처럼 하였으니, 또한 잘못된 일이 아니겠는가? 이에 차의 이름을 고증하고, 생산지를 밝히고, 품질을 가려 부賦를 짓는다.

　　어떤 사람이 "차를 세금으로 바치게 된 이후로는 도리어 민폐가 되었다. 그런데도 그대는 차를 노래하려 하는가?"라고 하였다. 나는 이렇게 대답했다. "그래, 민폐가 되기는 하지. 하지만 이것이 어찌 하늘이 만물을 낸 본뜻이겠는가? 사람 탓이지 차의 잘못이 아니다. 또 나는 차를 좋아하는 고질병이 있어서 이것까지 언급할 겨를이 없다." 노래는 다음과 같다.

凡人之於物 或玩焉或味焉 樂之終身而無厭者 其性矣乎 若李白之於月 劉伯倫之於酒 其所好雖殊 而樂之至則一也 余於茶 越乎其莫之知 自讀陸氏經 稍得其性 心甚珍之 昔中散樂琴而賦 彭澤愛菊而歌 其於微 尙加顯矣 況茶之功最高 而未有頌之者 若廢賢焉 不亦謬乎 於是考其名 驗其產 上下其品 爲之賦 或曰 茶自入稅 反爲人病 子欲云云乎 對曰 然 然是豈天生物之本意乎 人也非茶也 且余有疾 不暇及此云 其辭曰

품종

여기에 한 식물이 있어, 종류가 매우 많다오. 명茗이요, 천舛이며, 한葌이요, 파菠로다. 선장仙掌과 뇌명雷鳴, 오취烏觜와 작설雀舌이로다. 두금頭金과 납면蠟面도 있고, 용봉龍鳳과 소적김도 있도다. 산제山提와 승금勝金이요, 영초靈草와 박측薄側이로다. 선지仙芝와 난예嬾蘂도 좋고, 운경運慶과 복록福綠도 좋도다. 화영華英 내천來泉에, 영모翎毛 지합指合이로다. 청구淸口요, 독행獨行이며, 금명金茗이요, 옥진玉津이로다. 우전雨前과 우후雨後가 다르고, 선춘先春과 조춘早春이 다르도다. 진보進寶와 쌍계雙溪도 있고, 녹영綠英과 생황生黃도 있도다. 혹은 산차散茶요, 혹은 편차片茶로다. 어떤 것은 음차陰茶요, 어떤 것은 양차陽茶로다. 하늘과 땅의 정기를 머금고, 해와 달의 광채를 마시도다.

有物於此 厥類孔多 日茗日荈 日蕟日菠 仙掌雷鳴 鳥觜雀舌 頭金蠟面 龍鳳召的 山提勝金 靈草薄側 仙芝孋蕊 運慶福綠 華英來泉 翎毛指合 淸口獨行 金茗玉津 雨前雨後 先春早春 進寶雙溪 綠英生黃 或散或片 或陰或陽 含天地之粹氣 吸日月之休光

산지

잘되는 땅은 석교石橋와 세마洗馬, 태호太湖와 황매黃梅, 나원羅原과 마보麻步요, 무처嫠處와 온태溫台로다. 용계龍溪, 형협荊峽이요, 항소杭蘇, 명월明越이로다. 상성商城, 왕동王同도 있고, 흥광興廣, 강복江福도 있도다. 개순開順과 검남劍南에서도 나고, 신무信撫와 요홍饒洪에서도 나네. 균애筠哀, 창강昌康도 잘 자라고, 악악岳鄂, 산동山同도 잘 자라네. 담정潭鼎, 선흡宣歙도 유명하고, 아종鴉鐘, 몽곽蒙霍도 유명하지. 두터운 언덕에 뿌리를 내리고, 비와 이슬을 받아 가지를 뻗노라.

其壤則石橋洗馬 太湖黃梅 羅原麻步 嫠處溫台 龍溪荊峽 杭蘇明越 商城王同 興廣江福 開順劍南 信撫饒洪 筠哀昌康 岳鄂山同 潭鼎宣歙 鴉鐘蒙霍 蟠柢丘陵之厚 揚柯雨露之澤

풍광

자라는 곳을 보면, 울퉁불퉁 아찔하고, 험난하고 가파르네. 웅장하게 치솟았고, 줄줄이 길게 이어졌네. 시원히 깊어졌다가, 툭 하고 끊어지기도 하네. 그윽하게 그늘지기도 하고, 움푹 패어 들어가기도 하네. 위로는 무엇이 보이는가? 별들이 지척에 있다네. 아래로 무슨 소리 들리는가? 강과 바다 아우성치네. 신령스러운 새들 훨훨 날며, 기이한 짐승들 날쌔게 할퀴네. 기이한 꽃과 상서로운 풀들, 울긋불긋 옥구슬이어라. 옹기종기 탐스러운 것도 있고, 우락부락 거친 것도 있다네. 사냥개가 쩔쩔매고, 도깨비가 엉금엉금 다닌다네.

造其處則 崆峣巑岏 險巇屼嵂 崒嵂嵒嵲 嵣嵘崱屴 呀然或放 豁然或絶 崦然或隱 鞠然或窄 其上何所見 星斗咫尺 其下何所聞 江海吼突 靈禽兮翶颬 異獸兮拏攫 奇花瑞草 金碧珠璞 蓴蓴蘘蘘 磊磊落落 徒盧之所趑趄 魑魈之所逼側

채취

이때에 봄바람이 살랑 불어오면, 북두성이 벽성壁星*을 가리키네. 황하의 얼음이 풀리면, 해는 청륙青陸*으로 운행하네. 풀뿌리엔 심이 올랐으나 움은 아직 트지 않았고, 나무는 진액이 뿌리로 모였다가 가지

---

* **벽성**壁星 벽성은 북방 7수의 맨 마지막에 있는 별자리로, 북동쪽에 있다. 방위로는 인방寅方에 해당한다. 북두성 자루가 이곳을 가리킬 때가 음력 정월, 곧 맹춘孟春이다.

로 옮겨 가려 하네. 오직 저 차나무만이 만물에 앞서니, 이른 봄을 혼자 누리며 봄날을 독차지하네. 자색과 녹색, 청색과 황색. 이른 것과 늦은 것, 짧은 것과 긴 것. 뿌리를 박고 줄기를 뻗으며, 잎을 펼치고 그늘을 드리우네. 황금빛 차 싹이 이미 나오는가 싶더니, 벽옥빛 찻잎이 숲을 이루었도다. 무성하고 울창하며, 어여쁘고 곱도다. 동글동글 가지런하고 뭉실뭉실 잇닿아서, 구름이 일고 안개가 피는 듯, 참으로 천하의 장관이라네. 퉁소 불며 돌아오며, 이에 찻잎을 따노라. 따서 담고, 짊어져서 수레에 싣노라.

於是谷風乍起 北斗轉璧 氷解黃河 日躔靑陸 草有心而未萌 木歸根而欲遷 惟彼佳樹 百物之先 獨步早春 自專其天 紫者綠者 靑者黃者 早者晚者 短者長者 結根竦幹 布葉垂陰 黃金芽兮已吐 碧玉蘤兮成林 晻曖蓊蔚 阿那嬋媛 翼翼焉與與焉 若雲之作霧之興 而信天下之壯觀也 洞嘯歸來 薄言采采 擷之將之 負且載之

달이기

옥사발을 꺼내어 몸소 씻고, 돌 샘물 끓이며 바라보노라. 하얀 김이 주둥이로 솟는 건, 여름 구름이 시냇가 봉우리에 피는 모습. 흰 거품 비늘처럼 이는 건, 봄 강에 물결이 세찬 형상. 쐐애쐐애 끓는 물소리는, 대숲과 솔숲에 서리바람 부는 듯. 둥실둥실 풍겨오는 차 향기는,

• **청륙**靑陸 오행으로 보면, 청靑은 방위로는 동방이고, 계절로는 봄이다. 여기서는 해의 운행이 봄의 자리로 돌아왔다는 말이다.

적벽赤壁 위를 나르는 전함인 듯. 문득 웃으며 손수 따라 마시니, 두 눈이 번쩍 떠지네. 아! 몸을 가볍게 하는 차는 상품上品이 아니랴. 묵은 병을 씻어 주는 차는 중품中品이 아니랴. 시름을 달래 주는 차는 다음 품등이 아니랴. 이에 한 자루 표주박 손에 들고, 두 다리 걷어붙인 채, 백석白石을 삶는 일* 비루하게 여기고, 금단金丹을 단련하는 것에 견주어 보네.

搴玉甌而自濯 煎石泉而旁觀 白氣漲口 夏雲之生溪巒也 素濤鱗生 春江之壯波瀾也 煎聲颼颼 霜風之嘯篁柏也 香子泛泛 戰艦之飛赤壁也 俄自笑而自酌 亂雙眸之明滅 於以能輕身者 非上品耶 能掃痾者 非中品耶 能慰悶者 非次品耶 乃把一瓢 露雙脚 陋白石之煮 擬金丹之熟

마시기

첫 사발 마시고 나니 마른 창자에 눈을 부은 듯 촉촉이 젖고, 두 사발 마시고 나니 정신이 상쾌하여 신선이 된 듯. 세 사발에 병든 몸 깨어나고 두통이 나으니, 마음은 마치 공자가 부귀를 뜬구름 볼 때 같고, 맹자가 호연지기를 기를 때 같아라. 네 사발에 호기가 생기고 근심과 울분 사라지니, 기상은 마치 공자가 태산에 올라 천하를 작게 여길 때 같고, 맹자가 하늘과 세상에 부끄러움이 없는 때 같아라. 다섯 사발에

• **백석白石을 삶는 일** 백석생白石生이라는 신선이 흰 돌을 달여 양식을 삼았다는 일화를 말한다.

색욕도 달아나고 식탐도 사라지니, 몸은 마치 구름 치마에 깃털 옷을 입고 월궁에서 흰 난새를 타는 것 같도다. 여섯 사발에 가슴은 해와 달처럼 환하고 만상은 하늘과 땅처럼* 광활해라. 정신은 마치 소보巢父와 허유許由를 마부로 삼고 백이伯夷와 숙제叔齊를 종복으로 삼아* 천상에서 옥황상제를 알현하는 듯하네. 무슨 일인가? 일곱째 사발 반도 채 마시지 않아, 울연히 맑은 바람이 겨드랑이에서 일어나네. 천문天門을 바라보니 바로 앞이요, 봉래산은 멀어져 아스라하고나.

啜盡一椀 枯腸沃雪 啜盡二椀 爽魂欲仙 其三椀也 病骨醒頭風痊 心兮若魯叟抗志於浮雲 鄒老養氣於浩然 其四椀也 雄豪發憂忿空 氣兮若登太山而小天下 疑此俯仰之不能容 其五椀也 色魔驚遁 饕尸盲聾 身兮若雲裳而羽衣 鞭白鸞於蟾宮 其六椀也 方寸日月 萬類遽條 神兮若驅巢許而僕夷齊 揖上帝於玄虛 何七椀之未半 鬱淸風之生襟 望閶闔兮孔邇 隔蓬萊之蕭森

다섯 가지 공

이토록 맛이 지극히 뛰어나고 오묘하니, 공을 논하지 않을 수 없도다.

• **하늘과 땅처럼**　원문은 거저籧篨. 대나무를 엮어 만든 대자리이다. 여기서는 '천지'의 의미로 쓰였는데, 천지는 인간에게 덮고 까는 자리와 같기 때문이다.
• **소보巢父와~종복으로 삼아**　모두 청렴하고 개결한 인물이다. 소보와 허유는 요임금 시대의 인물로, 요임금이 이들에게 제위帝位를 물려주려 하자 산야로 숨어 귀를 씻었다. 백이와 숙제는 고죽군孤竹君의 두 아들인데, 백이는 아버지가 숙제에게 왕위를 물려줄 마음이 있음을 알고 양보하여 나라를 떠났고, 숙제 역시 자신이 받을 수 없다 하여 사양하고 떠났다.

서늘한 옥당에 밤 이슥토록 책상에 앉아, 만 권 서적을 독파하려고 잠시도 쉬지 않고 읽을 때, 동중서董仲舒처럼 입술이 문드러지고 한유韓愈처럼 이가 빠질 때,˚ 네가 아니면 누가 갈증을 풀어 주리. 이것이 첫 번째 공이다.

다음은 한漢나라 궁궐에서 부賦를 읽고 양 효왕梁孝王의 감옥에서 글을 올릴 때,˚ 깡마른 모습과 초췌한 안색, 창자가 하루에 아홉 번이나 뒤틀리고, 마치 가슴에 불이 붙은 듯할 때, 네가 아니면 누가 울울함을 풀어 주리. 이것이 두 번째 공이다.

다음은 한 통의 서찰을 천자가 반포하여 만국이 한마음이 되고, 사신이 명을 전하여 여러 제후들이 받드는 자리에서, 읍양揖讓의 예를 차리고 인사를 나눌 때, 네가 아니면 빈주賓主의 마음을 누가 화합하게 하랴. 이것이 세 번째 공이다.

다음은 천태산天台山의 은사와 청성산青城山의 도사가, 돌부리에서 기운을 내뿜고 소나무 뿌리로 정기를 단련하며, 단전 수련법을 수행하려 할 때나 배가 고파 쪼르륵 소리가 날 때, 네가 아니면 누가 삼

• **동중서董仲舒처럼~빠질 때** 한漢나라 동방삭東方朔의 「답객난」答客難에 "선현의 학술을 닦고 성인의 의리를 사모하여 시서와 백가의 말을 송독한 것이 이루 헤아릴 수 없이 많고, 여기에 또 후세에 전하기 위해 저술을 하느라 입술이 부르트고 이가 빠지도록 열중하고 있다"(修先生之術 慕聖人之義 諷誦詩書百家之言 不可勝記 著於竹帛 脣腐齒落 服膺而不可釋)라는 말을 응용한 표현이다. 동중서와 한유는 각각 한나라와 당나라를 대표하는 유학자이기 때문에 상징적으로 넣은 것이다.

• **한漢나라~올릴 때** 한나라 때에 부賦가 유행하여, 사마상여·매승·양웅 등 대가들이 대거 출현하였다. 서한西漢 양 효왕梁孝王 역시 부에 능한 사람을 좋아했는데, 그중 추양鄒陽이 제일 걸출했다. 뒤에 추양은 양승羊勝의 모함을 받아 옥중에 갇혔는데, 옥중에서 억울함을 상소하여 석방되었다. 『한서』漢書 「추양전」鄒陽傳

팽三彭의 고蠱*를 물리치리. 이것이 네 번째 공이다.

　다음은 금곡원金谷園에서 잔치를 마치고 토원兎園에서 돌아올 때,
* 숙취가 아직 깨지 않아 간과 폐가 찢어질 듯 아플 때, 네가 아니면
누가 첫새벽의 술병을 그치게 하랴.¹ 이것이 다섯 번째 공이다.

若斯之味 極長且妙 而論功之不可闕也 當其漉生玉堂 夜闌書榻 欲破萬卷 頃刻
不輟 董生唇腐 韓子齒豁 靡爾也 誰解其渴 其功一也 次則讀賦漢宮 上書梁獄
枯槁其形 憔悴其色 腸一日而九回 若火燎乎膈臆 靡爾也 誰敍其鬱 其功二也 次
則一札天頒 萬國同心 星使傳命 列侯承臨 揖讓之禮旣陳 寒暄之慰將訖 靡爾也
賓主之情誰協 其功三也 次則天台幽人 靑城羽客 石角噓氣 松根鍊精 囊中之法
欲試 腹內之雷乍鳴 靡爾也 三彭之蠱誰征 其功四也 次則金谷罷宴 兎園回轍 宿
醉未醒 肝肺若裂 靡爾也 五夜之醒誰輟 其功五也

¹ 당나라 사람들은 차를 두고 '술병을 그치게 하는 사또'라고 하였다(自註 唐人以茶
　爲輟醒使君).

• **삼팽三彭의 고蠱**　사람 몸속에 보이지 않게 숨어 있다는 상상의 세 마리의 벌레. 사람의
과실을 살피고 있다가, 경신일 밤에 사람이 자는 틈을 타 하늘로 올라가서 천제天帝에게
고자질한다고 한다. 여기서는 허기를 뜻하는 말로 쓰였다.
• **금곡원金谷園에서~돌아올 때**　금곡원은 진晉나라의 풍류 부호 석숭石崇이 밤낮으로 연회
를 열던 정원이고, 토원은 한나라 양 효왕이 문인들을 불러 잔치를 벌이던 별장이다.
• **유부俞附와 편작扁鵲**　모두 고대의 신의神醫이다.

여섯 가지 덕

그런 뒤에 나는 차에 여섯 가지 덕이 있음을 알았네. 사람을 장수하게 하니, 요임금과 순임금의 덕이 있도다. 사람의 병을 낫게 해 주니, 유부兪附와 편작扁鵲*의 덕이로다. 사람의 기를 맑게 해 주니, 백이伯夷와 양진楊震*의 덕이요, 사람의 마음을 편안하게 해 주니, 이로二老와 사호四皓*의 덕이로다. 신선으로 만들어 주니, 황제黃帝와 노자老子의 덕이요, 예의를 차리게 해 주니, 희공姬公과 중니仲尼*의 덕일세. 차는 바로 옥천자玉川子 노동盧仝이 칭송하고, 육우陸羽가 일찍이 즐겼던 것. 매성유梅聖兪는 차로 인생을 깨달았고, 조업曹鄴은 차로 망귀忘歸의 경지에 들었네. 한 조각 봄볕은 백낙천白樂天의 심기를 고요하게

- **백이伯夷와 양진楊震** 백이는 청렴하여 주나라의 벼슬을 거절하고 수양산에 살다가 주려 죽었다. 후한의 양진楊震은 옛 친구인 왕밀王密이 한밤중에 아무도 몰래 황금 10근을 싸 들고 와서 청탁을 하자, "하늘이 알고 귀신이 알고 내가 알고 자네가 안다"라면서 거절을 하였다.
- **이로二老와 사호四皓** 이로는 백이와 강태공이고, 사호는 한나라의 상산사호商山四皓인 동원공東園公, 하황공夏黃公, 기리계綺里季, 녹리선생甪里先生이다. 모두 덕이 높아 국가의 대로大老로 추앙받았다.
- **희공姬公과 중니仲尼** 희공은 주공을 말한다. 주 왕실의 성이 희씨이기 때문에 이렇게 표현한 것이다. 중니는 공자의 자이다.
- **오해五害** 차로 인한 다섯 가지 폐해. 세금의 부담과 관가의 농간, 시장의 독과점, 공물 대납과 이자놀이, 거간꾼의 농간과 임금, 차와 금은을 바꾸는 폐단 등이다. 여기에 대해서는 소철蘇轍이 「촉차의 다섯 가지 폐해를 논한 글」(論蜀茶五害狀)에서 상세히 논해 놓았다.
- **팔진八眞** 팔진미八眞味를 말한다. 흔히 곰의 발바닥·바다제비집·원숭이 골수·토끼의 간·잉어 꼬리·구운 올빼미·성성이 입술·표범의 발이라고 하는 설이 있는데, 실제라기보다는 진귀한 음식이라는 상징성이 강하다. 차는 이 여덟 음식보다 맛이 좋을 뿐 아니라 식사 후에 마시면 기름기를 제거해 주는 효과가 있다는 뜻으로 인용하였다.

했고, 십 년의 가을 달은 동파의 졸음을 물리쳤네. 오해五害˚를 쓸어 없애고, 팔진八眞˚을 능가하니, 이것은 대개 조물주가 은혜를 내린 것이고, 나와 옛사람이 함께 즐기는 것이로다. 의적儀狄˚이 만든 미치광이 약이 내장을 찢고 문드러지게 하여, 사람들로 하여금 덕을 손상시키고 생명을 재촉하는 것과 함께 똑같이 놓고 말할 수 있겠는가.

吾然後知茶之又有六德也 使人壽脩 有帝堯大舜之德焉 使人病已 有兪附扁鵲之德焉 使人氣淸 有伯夷楊震之德焉 使人心逸 有二老四皓之德焉 使人仙 有黃帝老子之德焉 使人禮 有姬公仲尼之德焉 斯乃玉川之所嘗贊 陸子之所嘗樂 聖兪以之 曺鄴以之忘歸 一寸春光 靜樂天之心機 十年秋月 却東坡之睡神 掃除五害 凌厲八眞 此造物者之蓋有幸 而吾與古人之所共適者也 豈可與儀狄之狂藥 裂腑爛腸 使天下之人德損而命促者 同日語哉

맺음말

기뻐 노래하노라. 내가 세상에 태어나 모진 풍파 겪었도다. 양생養生에 뜻을 둘진댄, 너를 버리고 무엇을 구하리. 나는 너를 지니고 마시며, 너는 나를 좇아 유람하니, 꽃 피는 아침, 달 뜨는 저녁에, 맘껏 즐겨 싫증 내지 않노라. 나의 마음이 놀라 이렇게 경계하네. 삶은 죽음의 근본이요, 죽음은 삶의 뿌리라네. 내면만 다스리면 바깥이 시드는 법, 혜강嵇康은 「양생론」養生論˚을 지었지만 위험을 무릅썼네. 이것이

˚ **의적儀狄** 우임금 시대의 인물로, 술을 처음 만들었다고 한다.

어찌 지수智水에 빈 배를 띄우고, 인산仁山에 아름다운 나무를 심는 것*만 하겠는가. 정신이 기운을 움직여 오묘한 경지에 들면, 즐거움이란 바라지 않아도 저절로 이르는 법. 이 또한 내 마음의 차茶이니, 하필 저 마시는 차茶에서만 구하리오.

喜而歌曰 我生世兮風波惡 如志乎養生 捨汝而何求 我携爾飮 爾從我遊 花朝月暮 樂且無斁 傍有天君 懼然戒曰 生者死之本 死者生之根 單治內而外彫 秫著論而蹈艱 曷若泛虛舟於智水 樹嘉穀於仁山 神動氣而入妙 樂不圖而自至 是亦吾心之茶 又何必求乎彼也

출전: 『이평사집』李評事集 권1

해설 이상 「다부」를 짓게 된 동기, 품종, 산지, 풍광, 채취, 달이기, 마시기, 다섯 가지 공과 여섯 가지 덕, 차에 대한 자신의 철학 등을 부賦로 읊은 것이다. 이 가운데 '품종'에서 명명茗·천유荈·한천蕼·파파菠는 차의 통칭 혹은 이칭들이며, 선장仙掌에서 생황生黃까지는 모두 중국의 명차들이다. 또 '산지'에서는 중국의 이름난 차 산지들을 나열하였다. 이에 대한 보다 자세한 설명은 류건집 주해, 『다부 주해』茶賦註解(이른 아침, 2009) 참조.

• 「**양생론**」養生論 중국 삼국시대 위나라 혜강이 지은 섭생장수에 대한 글. 이 글에서 "정신은 몸에 있어서 나라에 임금이 있는 것과 같으니, 정신이 안에서 시끄러우면 형상이 바깥에서 상한다"(精神之於形骸 猶國之有君也 神躁於中 而形喪於外)라고 하였다. 여기서는 내면의 정신적인 고요함도 중요하지만, 몸도 건강한 습관을 들여야 한다는 것이다. 즉 혜강처럼 술을 많이 마시지 말고, 대신 차를 많이 마셔야 한다는 의미이다.
• **지수智水에~심는 것** 물에 찻잔을 띄우고 산에 차나무를 심는다는 말이다. 지수智水와 인산仁山은 공자가 "지혜로운 자는 물을 좋아하고, 어진 자는 산을 좋아한다" 한 것을 근거로, 물과 산을 관용적으로 표현한 것이다.

홍언충 洪彦忠, 1473~1508

정인사 正因寺

푸른 숲에서 말 타고 가는 대로 맡겨 두니
흰 구름 머무는 곳 이곳이 정인사라.
노승은 세상사에 관심이 없고
이마 덮은 흰 눈썹 가지런하여라.

반생의 사업은 선비의 길 그르쳤고
벼슬길의 파란엔 행적이 불안했지.
오늘 차 달이는 산사의 선탑에
발 너머 가랑비 내릴 제, 부들 방석 위에서 조누나.

碧樹陰中信馬蹄 白雲低處是招提
老僧不識人間事 覆額霜眉已自齊

半生事業誤儒冠 宦海波瀾跡未安

今日煮茶禪榻畔 一簾微雨睡蒲團

출전:『우암고』寓菴稿 권1

해설   정인사正因寺는 지금의 경기도 고양시 덕양구 경릉敬陵 동쪽에 있던 절이다.

홍언충 洪彦忠, 1473~1508

화운하여 산은散隱에게 올리다 和奉散隱

동산 숲에 울긋불긋 안개가 생기니
적막한 들꽃이 두견화와 어우러졌네.
병이 깊어 술통은 오래도록 멀리하고
오직 찻사발로 봄잠을 씻누나.
눈 같은 배꽃과 안개 같은 버들
봄빛을 거두어 소쩍새에 보내네.
적막한 암자엔 오는 이 없어
새소리만 낮잠을 깨우는구나.

園林紅暗綠生煙 寂寞幽花伴杜鵑 多病鴟夷久疏斥 聊將茗椀洗春眠

梨花如雪柳如煙 收拾春光付怨鵑 寂寞寓菴人不到 鳥聲驚破午窓眠

출전: 『우암고』 권1

해설　산은散隱은 앞에 나온 정희량의 호이다.

김세필 金世弼, 1473~1533

경기 도사 황군에게 寄京畿都事黃君

추운 겨울 무엇이 늙은이 소일인가
재 속에 밤 구우니 숯불은 붉어라.
차 솥에 때때로 눈 녹인 물 끓으니
이 사이 풍취를 뉘와 함께할꼬.

寒天何物長衰翁 芋栗灰中火似紅
茶鼎有時煎雪水 此間風味與誰同

출전:『십청헌집』＋淸軒集 권2

해설 전체 7수 중에서 일곱 번째 시로, 겨울날 화로에 밤을 굽고 눈 녹인 물로 차를 끓여 마시는 정취를 읊은 것이다. 뒤에 나오는 이행李荇의 시를 보면, 김세필은 이행에게 작설차를 선물하기도 하였다.

박상 朴祥, 1474~1530

상림역장 집에 묵다 宿上林驛長家

뽕나무 아래 소나무 울타리 상림역장 댁
관직 생활에 다시 선산善山의 차를 마시네.
부서진 몇 칸의 객관엔 풍우가 들이치고
허물어진 낮은 담장은 갈대에 묻혔구나.
앞뒤의 역졸들 말 다스리기 서툴러
공사公私 간의 행객이 안개 속에 자누나.
주인옹과 담소하느라 한밤중이 되어
창밖 초가이엉 처마에 달빛이 휘영청.

桑下松籬上長家 官盤再飮善州茶 數間破館餘風雨 三板頹墻沒葦葭
前後驛司疏馬政 公私行客宿煙窩 主翁話此宵將半 窓外茅簷滿月華

출전: 『눌재집』訥齋集 속집 권2

해설 상림역上林驛은 경상북도 구미시 해평면에 있던 역의 이름이다. 그곳이 선산도호부善山都護府에 속하였으므로 '선산의 차'를 마신다고 하였다.

김극성 金克成, 1474~1540

소나무 난간 松欄

문을 나서서는 지팡이 짚고 구름을 헤치다가
문에 들어서는 차 달이며 달빛 난간 대하누나.
일찍이 자연에서 물외物外의 사귐* 약속했으니
인간 세상 벼슬이야 취할 것 없지.

出門扶杖倚雲間 入戶煎茶對月欄

物外煙霞曾有約 人間紅紫取無端

출전: 『우정집』憂亭集 권1

해설 달빛 비치는 소나무 난간에서 차를 마시며, 물외物外의 흥취를 읊은 시이다.

• **물외物外의 사귐** 외물의 구속을 벗어나 탈속한 경지의 교우를 의미한다.

조선 초기의 차 문화

김극성 金克成, 1474~1540

산곡山谷의 운을 쓰다 用山谷韻

약물도 듣지 않는 병을 앓느라
꽃 피는 계절에 몇 번이나 술 약속 어겼던가.
찻사발에 불 피우니 작은 거품이 생기고
비단 부채에 가을을 데려와 미풍을 일으키네.
늙은이 시 읊는 소리 낭랑하게 들리고
아이가 쓰는 글씨 기러기처럼 줄을 섰네.
재주와 명망이야 예부터 쓰기 어려운 것
인간 세상 구불구불 구절양장인 것을.

藥餌無徵病裏頭 芳時幾負入仙觴 茶甌帶火生輕浪 羅扇將秋引細風
老子吟詩聲落落 兒童書字雁行行 才名自古難爲用 人世羊知九曲腸

출전: 『우정집』 권3

해설   산곡山谷은 중국 송나라 때의 시인인 황정견黃庭堅의 호이다.

홍언필 洪彦弼, 1476~1549

봄눈 春雪

지난겨울 가물어
들판마다 흙먼지.
어젯밤 광풍이 치더니
오늘 아침 온통 눈 세상.
반짝반짝 천지는 하얗고
그득그득 도랑이 파묻혔네.
골기와는 닦은 듯 깨끗한데
동산 숲에 앉아 봄소식을 전해 듣네.
부슬부슬 흩날리다가 차분히 내리고
드문드문 날리다가 펑펑 내리네.
학이 춤추는 듯 나풀나풀 날리고
용이 날뛰는 듯 반짝반짝 빛나네.
구슬과 보배가 마구 섞인 듯
비단과 명주가 온통 깔린 듯.
우리 집 오늘부터 엄청난 부자이니
하늘의 조화는 신기하구나.

궁벽한 들판엔 매화꽃 터지고
나귀 등에선 시구가 쏟아지리.
세상이 온통 은세계이니
고상한 회포로 대난간에 기대노라.
금세 녹아 한기가 꺾이더니
뭉게뭉게 김이 서리네.
스님은 산에 들어 고요하고
산사는 귀신과 이웃하네.
얼음 계곡 갑자기 뚝 끊기고
나무꾼 오솔길 저녁 구름 끼었네.
잠에서 깨어 부들로 자리 만들고
불 지핀 뒤 삭정이로 장작 만드네.
찻사발엔 게눈이 생기고
지팡이에는 용주름이 잡혔구나.*
영광과 쇠퇴를 누가 알려나
한가함과 바쁨은 사람마다 다르다네.
결국 꿈이 되고 마니
세상은 조석으로 달라지네.
내가 다시 벼슬을 한다면
길이 무민부珷玟賦*를 부르리.

---

* **지팡이에는 용주름이 잡혔구나** 짚고 다니는 지팡이가 대나무 뿌리로 만든 지팡이이기 때문에 이렇게 비유하여 표현한 것이다.
* **무민부珷玟賦** 무민은 옥과 닮았지만 옥이 아닌 돌이다. 곧 '나 자신은 참 인재가 아니라 한낱 필부에 지나지 않는다'라는 뜻의 노래를 지어 벼슬을 사양하겠다는 의미이다.

어떠한가, 정쟁의 위험 없는 곳에서
한가롭게 지내는 백 년의 사람이.

去年冬不澤 九陌滿飛塵 昨夜風威急 今朝雪意新
晶熒天地白 瀰漫井渠堙 瓦壟看如拭 園林坐報春
霏微斜復整 歷亂慢還頻 鶴舞毬毱羽 龍拏眩晃鱗
瓊瑤紛錯列 綺縠謾橫陳 我室今焉富 天機運自神
窮郊梅綻白 驢背句初勻 世界渾銀海 高懷倚翠筠
消融寒氣挫 鬱靄暖煙彬 野衲棲山靜 巖巢與鬼隣
氷溪橫彴斷 樵徑夕雲屯 睡破蒲爲座 燒餘柹作薪
茶甌添蟹眼 錫杖拂龍嫩 榮悴知誰得 閒忙有異身
終然歸夢幻 世見隔昏晨 若我還驅使 長吟賦球珉
何言羿彀外 高臥百年人

출전: 『묵재집』默齋集 권3

해설   21운으로 된 장편 고시로, 봄눈 내리는 경치를 바라보며 태평한 심사를 읊은 시이다.

이행 李荇, 1478~1534

공석公碩 김세필이 작설차를 보내 주었기에
― 공석은 당시 호남 감사로 있었다
公碩金世弼 以雀舌茶見餉 公碩時爲湖南監司

평소에 술 좋아하여 몸을 자못 상했기에
근년 들어 결연히 술 끊고 잔을 엎었다오.
홀연히 호남서 보낸 감로차 잔을 잡으니
차 향기 봄빛 재촉해 지당池塘에 이르게 하네.*

봄 산의 작설雀舌*이 가장 잘 우나니
겉모습뿐인 용봉龍鳳*은 명성이 부질없어라.

• **차 향기~이르게 하네**　차 향기가 봄기운을 일게 할 정도로 좋음을 뜻한다. 중국 남북조시대 송나라 사영운謝靈運이 그의 아우 사혜련謝惠連을 보면 좋은 구절이 떠오르곤 하였는데, 한번은 종일토록 시상이 떠오르지 않더니 꿈에 혜련을 보고 "지당에 봄풀이 돋아난다"(池塘生春草)라는 구절을 얻었다 한다.
• **작설雀舌**　찻잎이 참새의 혀처럼 생겼다 하여 붙여진 이름으로, 여기서는 바로 참새의 혀에 비유하고 있다.
• **용봉龍鳳**　송나라 때 만들어진 최고급 품질의 차로, 둥근 떡처럼 생겼다 하여 용봉원다龍鳳圓茶라고도 한다.

눈병이 들어 어안魚眼과 해안蟹眼˚ 분간치 못하고
귀로 파리 나는 소리나 때때로 살핀다오.

작은 싹은 아직 기旗와 창槍이 분간 안 되는데˚
색과 맛과 향, 삼절을 참으로 이루었구나.
우스워라, 공 없이 녹 먹는 것 큰 재액이니
일생토록 나는 오직 술 취할 줄만 알았다오.

분분한 세상, 교제할 사람 없진 않지만
달콤하다 멀어짐이 담담하게 친함만 하랴.˚
억지로 술 가지고 차와 우열을 따졌으나
그러는 허암盧庵도 끝내 화광동진和光同塵은 못하였지.¹˚

˚ **어안魚眼과 해안蟹眼** 물고기의 눈과 게의 눈으로, 차를 끓일 때 이는 거품을 형용한 말이다. 차가 처음 끓을 때의 작은 거품을 해안이라 하고 점차 커진 거품을 어안이라 한다. 서거정의 시 「앞의 운을 사용하여」의 주 '게 눈' 참조(이 책 106쪽).
˚ **기旗와 창槍이 분간 안 되는데** 갓 움튼 차 싹을 가리키는 말로, 각각 창 모양의 새순과 깃발 모양의 잎을 가리킨다.
˚ **달콤하다~하랴** 『예기』「표기」表記에서, "군자가 사람을 접함은 물과 같고 소인이 사람을 접함은 단술과 같으니, 군자는 담담함으로써 이루고 소인은 달콤함으로써 무너뜨린다"라고 한 대목을 인용한 것이다.
˚ **억지로~못하였지** 원주에 나오는 설명처럼, 허암은 술을 '성인 중 화한 자'(聖之和者)란 평판을 받을 정도로 세상과 잘 화합한 유하혜에 비기고 화화의 경지를 추구하였다. 그러나 무오사화 때 모친상을 치르던 중 세상을 떠나 종적을 감추었으므로, 결국 화광동진和光同塵하지는 못하였다는 것이다. '화광동진'이란 『노자』에 나오는 말로, 세상과 화합하여 다른 체하지 않는다는 뜻이다.

가슴속 쌓인 불평을 시원스레 씻자면
일곱 사발 차*가 한 표주박 술보다 낫지.
어찌하면 그대와 이에 대해 이야기할꼬
청산에 길 있어 일찍부터 그댈 불렀다오.

문밖에 술 싣고 온 사람 어찌 필요하랴
풍로 위 눈 녹인 물에 정신이 깃들었어라.
청컨대 그대 다시 삼백 조각 차*를 보내 주오
남악의 찻잎 이른 봄 새로 싹을 틔웠으니.²

일창一槍*의 남은 기세 가슴속에서 싸우더니
수마睡魔를 물리치는 불세출의 공 거두누나.
상계上界에서 도리어 자리 왼쪽을 비워 두리니*
옥천玉川*은 혼연히 맑은 바람 타고 승천하고파라.

수마가 항복하니 시마詩魔가 찾아와
이불 두른 채 한밤에 칠언시를 읊노라.

- **일곱 사발 차** 서거정의 시 「잠 스님이 작설차를 준 데에 대하여 사례하다」의 주 '어찌~헤치랴' 참조(이 책 116쪽).
- **삼백 조각 차** 정희량의 시 「밤에 앉아 차를 달이며」의 주 '삼백 조각을 희롱한 것을' 참조(이 책 259쪽).
- **일창一槍** 원래 창 모양의 새순 한 잎을 일컫는 말이나, 여기서는 갓 움튼 차 싹을 의미한다.
- **상계上界에서~두리니** 수마를 물리쳤으므로 천상에서도 존경하여 모실 것이라는 뜻이다.
- **옥천玉川** 옥천은 「다가」茶歌를 지은 노동盧仝의 호이나, 여기서는 작자 자신을 뜻한다.

침상 아래 개미 떼 소리 또렷이 들리니
이 몸이 다시 꿈속에 빠짐은 면하였구나.*

국수를 배불리 먹고 진종일 낮잠 자니
멍청하기 썩은 나무라, 공견攻堅은 내 몰라라.*
한 사발 차 잠을 물리치니 마음이 물과 같아
다시금 주역 읽으며 성현을 마주 대하노라.

유령과 육우*는 서로 길이 다르고
「주덕송」과 『다경』은 본래 두 갈래이지.

- **침상~면하였구나** 남가일몽南柯一夢의 고사를 차용한 표현이다. 이식의 「문연에게 1」의 주 '꿈속에~갔지' 참조(이 책 248쪽).
- **멍청하기~몰라라** 『논어』에서 재여宰予가 낮잠을 자자 공자가 "썩은 나무는 조각할 수 없고 거름 흙으로 만든 담장은 흙손질할 수 없다"라고 하였다. 공견攻堅은 학문을 잘하는 것을 뜻하는 말로, 『예기』「학기」學記에 "학문을 잘하는 사람은 마치 목수가 견고한 나무를 다듬듯이 한다"(善問者如攻堅木) 한 데서 유래한다. 여기서는 낮잠에 푹 빠져 공부는 팽개치고 있다는 뜻이다.
- **유령과 육우** 유령劉伶은 중국 진晉나라 때 죽림칠현의 한 사람으로 술을 매우 좋아하여 술의 덕을 찬미한 「주덕송」酒德頌이란 글을 남겼다. 육우陸羽는 당나라 때 은사로 『다경』茶經이란 책을 남겼으며, 다신茶神으로 추앙되는 인물이다.
- **조만간에~있다면** 세상을 떠나 산속에 은거함을 뜻한다. 중국 당나라 때 시인 맹교孟郊는 「도월상인에게 주다」(贈道月上人)라는 시에, "차조 밥 먹고 송백을 삶고, 산속에 앉아 구름과 안개 맞이하네"(飯尤煮松柏 坐山邀雲霞)라고 하였다.
- **동조구董糟丘** 중국 당나라 이백李白은 「옛날 노닐던 일을 추억하며 초군의 원 참군에게 부치다」(憶舊遊寄譙郡元參軍)에서, "추억하노니 낙양의 동조구가 나를 위해 천진교天津橋 남쪽에 주루酒樓를 지었지"라고 하였다.

조선 초기의 차 문화

조만간에 솔뿌리를 삶을 수 있다면˙
세상에 어찌 동조구董糟丘˙가 필요하리오.

平生喜酒頗中傷 剛制年來爲覆觴
忽把湖南甘露椀 解催春色到池塘

春山雀舌最能鳴 龍鳳形骸浪得名
病眼未分魚蟹眼 耳邊時復候蠅聲

小芽猶未辨旗槍 三絶眞成色味香
堪笑無功眞大隘 一生唯解醉爲鄕

紛紛交際不無人 甘壞何如淡以親
强把麴生優劣此 虛庵終亦未同塵

胸中磊隗正須澆 七椀還如勝一瓢
安得與君商略此 靑山有路早招要

門外何須載酒人 風爐雪水亦精神
請君更致題三百 南嶽新芽破早春

一鎗餘烈戰胸中 收得降魔不世功
上界還應有虛左 玉川渾欲御淸風

眠魔降罷逆詩魔 擁被中宵七字哦
床下分明聞蟻鬪 免敎身世復南柯

湯餠便便盡日眠 頑然朽木謝攻堅
一甌碾罷心如水 更檢韋編對聖賢

劉伶陸羽不相謀 酒頌茶經自二流
早晚松根如可煮 世間何必董槽丘

[1] 정순부鄭淳夫가 의주義州로 귀양 가서 매계梅溪 조曺 선생과 시를 지어 차와 술의 우열을 따져 본 적이 있는데, 순부는 술이 낫다 하고 매계는 차가 낫다 하였다. 순부가 차를 백이伯夷에 비기고 술을 유하혜柳下惠에 비겨 자신을 화和에 기탁코자 하였으니, 대개 분격憤激한 바가 있어 그렇게 말한 것이다. 순부의 자호는 허암거사虛庵居士이다(鄭淳夫謫龍灣 與梅溪曺先生作詩 辨茶酒優劣 淳夫右酒 梅溪右茶 淳夫以茶比伯夷 酒比柳下惠 而欲自托於和 蓋有所激而發也 淳夫自號虛庵居士).

[2] 신라 사람이 당나라에서 차를 얻어서 지리산에 심었다 한다(新羅人 得茶子于唐 種智異山).

출전: 『용재집』容齋集 권1

해설   이 시는 7언 절구 10수 연작이다. 공석公碩은 김세필의 자로, 앞에 나온 인물이다.

이행 李荇, 1478~1534

새봄 新春

지난해 섣달엔 얼음이 아직 두껍더니
올해 섣달에는 새싹 이미 텄구나.
먼 물결은 바람을 머금어 물비늘 반짝이고
작은 새는 햇살을 맞아 재잘대며 우누나.
묵은 인연이 아직 남아 글을 지을 뿐
노경엔 봄 경치에도 그저 무심하여라.
맑은 날 처마 밑에 홀로 앉아 머리 긁고
질화로에 새로 불 피워 햇차를 끓이노라.

去年正月氷猶壯 正月今年草已芽 遠水含風鱗甲縮 小禽迎日語音誇

宿緣未盡唯文字 老境無心向物華 獨坐晴簷搔髮罷 土鑪新火試新茶

출전: 『용재집』 권3

해설   예년보다 일찍 봄이 와서 만물이 생동하고 있다. 찻잎 역시 다른 해보다 일찍 돋아, 맑은 봄날 질화로에 햇차를 달여 맛보고 있다.

이행 李荇, 1478~1534

자미子美에게 편지를 부치며
―아울러 종이와 돌솥을 준 데 사례하다
簡子美 兼謝楮生石鼎之惠

서쪽 교외에서 이별한 후 하루가 일 년 같아
편지를 받아 펼치니 곱절이나 망연해라.
흰 머리털은 한때에 올올이 늘어나고
맑은 달빛은 그대와 나를 곱게 비춘다.
좋은 종이는 못난 글씨로 버려 놓았지만
돌솥은 눈 녹인 물로 차를 끓일 만해라.
풍우 치는 밤 다정히 마주 앉아서
차 얘기 글 얘기로 잠들지 말아야지.

西郊別後日如年 尺素披來倍黯然 白髮一時添種種 淸光兩地照娟娟

藤膚枉被秋蛇汗 山骨還容雪水煎 准擬對床風雨夜 評茶論字不須眠

출전: 『용재집』 권3

해설 자미子美는 앞에 소개된 홍언필의 자이다. 홍언필과 이행은 절친한 벗이었을 뿐 아니라 조선 전기 문학과 문화를 주도했던 인물로, 『신증동국여지승람』 편찬 작업에 공동으로 참여하였다.

이행 李荇, 1478~1534

대숲에서 차 달이기 竹塢煎茶

홀로 적적함을 무엇으로 달랠까?
남쪽 비탈 대숲이 쓸쓸하여라.
건계建溪의 차*를 달여 맛을 보노니
이것이 없으면 속될 도리밖에.
산발하고 바람 부는 북창에 누웠으니
갈건으로 술 거를 필요 있으랴.*

何以慰幽獨 蕭蕭南塢竹
自試建溪茶 無此亦令俗
散髮北窓風 葛巾安用漉

출전: 『용재집』 권3

해설   대숲에서 차를 끓여 마시고, 북창 아래에서 바람을 쐬는 정취를 읊은 시이다.

- **건계建溪의 차**   건계는 중국 복건성福建省에 있는 골짜기로, 이곳에서 나는 차가 유명하여 건다建茶라고 불린다.
- **바람~있으랴**   중국 당나라 때 이백이 도연명의 고사를 차용하여 지은 「정율양에게 장난 삼아 보내다」(戲贈鄭溧陽)에서, "소금素琴에는 본래 줄이 없고 술 거를 땐 갈건을 사용하지. 맑은 바람 부는 북창 아래 누워 스스로 태곳적 사람이라 하네"(素琴本無絃 漉酒用葛巾 淸風北窓下 自謂羲皇人)라는 구절을 원용한 표현이다.

김안국 金安國, 1478~1543

사상使相의 시 「취승정야연」聚勝亭夜宴에 차운하여
次使相聚勝亭夜宴韻

깊은 밤 가벼운 추위 이는데
은촛대 사위고 흥이 식어 가네.
깊이 취하여 목이 타니
술 깨는 덴 용단차가 최고지.
보글보글 끓어올라 피리 소리 내더니
향긋한 차가 찻상에 막 차려졌네.
기억건대 이 놀이 참으로 난만했으니
북관에 봄빛이 하마 다시 한창인걸.

沈沈良夜動輕寒 銀燭銷殘興正闌 深醉定知成酒渴 解醒須待試龍團
繁音亂聒笙歌席 新味初陳苜蓿盤 記取玆遊眞爛熳 塞垣春色已重觀

출전:『모재집』慕齋集 권1

해설　사상使相은 중국 당나라 때 절도사를 지칭하던 말로, 관찰사의 별칭이나 누구인지는 미상이다. 취승정聚勝亭은 조선 성종 때 평안북도 의주義州 객관 동쪽에 세운 정자이다.

김안국 金安國, 1478~1543

봄날 春日卽事

복숭아 붉은 꽃 초가집 처마에 비치니
춘곤증에 은사는 낮잠에 빠졌네.
한낮 지나 깬 뒤에 할 일 없는데
찻사발에 물 졸았으니 더 부어야겠네.

小桃紅萼映茅簷 春懶幽人入黑甜
過午覺來無箇事 茶甌水減正須添

출전: 『모재집』 권4

해설   봄날 낮잠을 자고 일어나 차를 마시는 한적한 일상을 읊은 시이다.

김안국 金安國, 1478~1543

법륜사에서 새벽에 떠나며 宿法輪寺……

동트는 새벽빛 발걸음 재촉하는데
산봉에 달빛 머금어 그림자 오락가락.
웃으며 산승에게 게송 한 구절 주노니
작은 사발에 햇차 한잔 하시게나.

曉色將分已戒行 亂嶂銜月影縱橫

笑對山僧留一偈 小甌新茗且須傾

출전: 『모재집』 권5

원제   법륜사에서 묵고 새벽에 떠나려 할 때, 어떤 스님이 시를 청하기에 붓 가는 대로 써서 주다 宿法輪寺 侵曉將發 有僧乞詩 信筆書與

해설   김안국은 1519년 파직되어 경기도 이천과 서울을 오가며 생활하였는데, 이 시는 그 무렵 법륜사法輪寺에서 지은 것으로 추측된다.

김안국 金安國, 1478~1543
장흥사에서 노닐다가 遊長興寺欲還……

선방에서 차 마신 뒤 돌아가려는데
쏴아아 바람 불고 가랑비 날리네.
길손 잡으려는 산의 마음 뉘 알려나
시를 청하는 사미승이 알아챈 게지.

禪窓茶罷客將歸 颯颯淸風細雨霏
山意欲留誰得會 乞詩僧亦解山機

출전: 『모재집』 권7

원제　장흥사에 놀러 갔다 돌아오려 할 때 마침 비가 내렸다. 사미승 신인信仁이 또 종이를 들고 와서 길을 막고 시를 청하기에 장난삼아 써 주다 遊長興寺欲還適小雨 沙彌信仁 又持紙遮行索題 戱書

해설　장흥사長興寺는 경기도 여주군 금사면 장흥리에 있던 절로, 지금은 '약천암' 藥泉庵이라는 암자가 들어서 있다.

김안국 金安國, 1478~1543

장흥사 사미승 사운思雲에게 주다 贈長興寺沙彌思雲

비 온 뒤 활짝 핀 작약을 보러 오니
사미승이 달빛 속에 차를 달여 권하네.
화려한 비단 휘장 아래 양고주˙가
선방의 차에 비해 맛이 어떠하뇨?

芍藥來看雨後花 沙彌烹勸月中茶

羊羔華屋圍紅粉 較與禪房味孰多

출전: 『모재집』 권8

해설 앞의 시와 마찬가지로 장흥사에서 지은 것이다.

• **양고주**羊羔酒 고아주羔兒酒. 김수온의 시 「궁실과 저택은 사대부가 거처하는 곳」의 주 '도곡이~달이게 하며' 참조(이 책 89쪽).

김안로 金安老, 1481~1537

청학도인이 중추절에 써서 보내온 「유회」有懷에 화답하여 青鶴道人 寄仲秋有懷之什……

찻잎의 창槍은 졸음과 싸울 것도 없이[1]
꿈도 잠도 모두 다 번쩍 깨게 하누나.
황이黃耳가 편지 전해 오길 바라지만[2]
늘그막에 문장 재주 다해 버렸네.[3]•
얼음 골짝 부서진 집엔 추연鄒衍의 곡조• 어렵지만[4]
촌로의 오지사발은 옥잔보다 낫도다.[5]
멀리 기운 바라보고 누가 능히 검을 베었나
용천검기 쌍무지개로 북두성과 견우성을 찌르네.[6]•

• **늘그막에~다해 버렸네** 중국 남조南朝 때의 문장가 강엄江淹이 만년에 꿈속에서 장경양張景陽이라는 사람에게 비단을 돌려준 뒤부터 문장이 갑자기 퇴보하기 시작했다고 한 고사를 인용한 것이다.

• **추연鄒衍의 곡조** 추연은 춘추시대 연燕나라의 음양가이다. 연나라에는 한곡寒谷이란 골짜기가 있었는데, 이곳은 토지가 매우 비옥하지만 기후가 몹시 한랭하여 곡식이 자라지 못했다. 그런데 추연이 율관律管을 꺼내 곡을 불자 금세 봄기운이 감돌았다고 한다.

茶槍不必鬪魔降 夢送鄕園睡寄窓 黃耳書稀筒負陸 白頭才盡錦收江

破廬氷谷鄒難律 村老瓷甖玉謝缸 望氣何人能颷劍 龍泉斗牛貫虹雙

1 찻잎을 일창양기一槍兩旗*라고도 부른다(茶有一槍兩旗之號).
2 육기가 기르던 개의 이름이 황이黃耳인데, 편지를 써서 대통에 담아 목에 걸어 주면, 달려가서 육기의 집에 전달했다. 대통을 열어 편지를 다 보고, 답장을 써서 돌려보냈다(陸機犬名黃耳 爲書盛以竹筒 繫之犬頸 逯去致機家 開筒看畢 又作書付還).
3 강엄이 꿈에 장경양을 만났는데, 그가 말하기를 "전에 맡겨 둔 비단을 이제 돌려받을 수 있겠는가?"라고 하여, 품속에서 비단 몇 폭을 찾아서 주었다. 그때부터 강엄의 문장 재주가 몹시 고갈되었다(江淹夢張景陽曰 前以匹錦相寄 今可見還 探懷中得數尺與之 自是才思甚涸).
4 추위가 심하여 비록 추연의 곡조라 하더라도 골짜기의 얼음을 봄으로 돌릴 수는 없다(寒苦之甚 雖鄒子之律 不能回春於氷谷也).
5 두보의 시 「찻사발을 올리다」(進艇)에, "찻사발과 사탕즙을 있는 대로 가지고 나오니, 오지그릇이 옥항아리보다 못하지 않네"라는 구절이 있다(杜詩 茗椀蔗漿携所有 瓷甖無謝玉爲缸).
6 용천은 곧 내가 사는 마을 이름이다. 그래서 뇌환이 보검을 발굴한 고사를 쓴 것이다(龍泉卽寓居里名 故使雷煥掘劍事).

출전: 『희락당고』希樂堂稿 권3

• **용천검기~찌르네** 중국 춘추시대 오나라 때, 장화張華가 북두성과 견우성 사이에 보랏빛 기운이 감도는 것을 보고 점성가 뇌환雷煥에게 물었더니 뇌환이 보검의 빛이라고 하였다. 이에 뇌환을 보내어 전설적인 보검인 용천검龍泉劍과 태아검太阿劍을 찾았다. 이 고사를 인용하여 왕발王勃은 「등왕각서」滕王閣序에 "용천검의 검광이 견우성과 북두성의 자리를 쏘았다"(龍光射斗牛之墟)라 하였다.

• **일창양기**一槍兩旗 창 모양의 새순 하나에 깃발 모양의 잎이 두 개 나온 것을 말한다.

원제 청학도인이 중추절에 「유회」有懷의 시편을 여강의 백씨에게 부치고, 백씨는 김안국金安國과 신광한申光漢에게 화답할 것을 구했다. 김안국과 신광한은 모두 여강촌에 퇴거해 있었는데, 각각 5~6편을 화답하여, 방금 내게 부쳐 왔다. 청학도인이 지은 것은 나에게도 마음을 써 준 것이므로, 문득 그 운을 써서 청학도인의 뜻에 보답하고, 또 함께 화답한 백씨와 여러 군자들께 드린다. 시는 모두 7편이다 青鶴道人 寄仲秋有懷之什于驪江伯氏 伯氏求和于國卿漢之 國卿漢之 俱退居驪江村 各和五六篇 今以寄僕 青鶴之作 兼有致意於僕者 故輒用其韻 以復青鶴之意 又呈伯氏與諸君子之同和者 詩凡七

해설 전체 7수 중에서 일곱 번째 시이다. 청학도인青鶴道人은 이행李荇의 호이다. 원제에 나오는 백씨는 김안정金安鼎이며, 김안국의 자가 국경國卿이고, 신광한의 자가 한지漢之이다.

김안로 金安老, 1481~1537

매화시 차운 梅花詩次韻

광평廣平*이 이미 떠났고 포선逋仙*도 아니니
내 매화 읊고자 하나 말이 아니 되네.
호쾌하게 꾹꾹 소룡단小龍團을 눌러
시의 쓴맛을 황금 잔으로 시원히 씻어 내네.

廣平已去逋仙非 我縱欲賦難爲言

豪麤强壓小龍團 詩酸一洗黃金尊

출전: 『희락당고』 권4

해설   전체 4수 중에서 두 번째 시이다. 이 시는 김안로가 1524년 이후 경기도 풍덕, 교하 등지에 유배된 시기의 시를 모은 『인성록』忍性錄에 수록된 것이다.

- **광평廣平**   중국 당나라 때 재상인 송경宋璟의 봉호이다. 그가 지은 「광평부」廣平賦는 매화를 읊은 것으로 유명하다.
- **포선逋仙**   중국 송나라 때 은사인 임포林逋를 가리킨다. 그는 매화를 아주 좋아하여 "매화로 아내를 삼고 학鶴으로 자식을 삼았다"라는 말이 있다.

신광한 申光漢, 1484~1555

한가한 날의 우의寓意—다시 강江 자 운을 쓰다
閑中寓意 復用江韻

분분한 세상사 모두 내려 두고
홀로 한밤에 달빛 창을 대하네.
작은 노로 지난날 벼슬 바다에서 놀랐더니
조각배로 오늘 또 오강吳江에 떨어졌네.*
산인山人은 매년 햇차 조각 보내고
집사람은 언제나 술을 빚어 놓지.
본디 청광淸狂*은 사념이 없는 법인데
머리털은 무슨 일로 세어 버렸나.

• **조각배로~오강吳江에 떨어졌네** 벼슬을 그만두고 고향으로 돌아가는 길이라는 뜻이다. 중국 진晉나라 장한張翰이 낙양에서 동조연東曹掾이란 하급 벼슬을 하였다. 그러던 중 가을바람이 이는 것을 보고 고향인 오중吳中의 순채국과 농어회가 생각나, 곧바로 벼슬을 버리고 돌아갔던 데서 온 말이다.『진서』晉書「장한전」張翰傳

• **청광淸狂** 세속의 이목이나 예속에 구애되지 않고, 호탕하고 광달하게 살아가는 것을 말한다.

紛紛世故盡輪降 獨對中宵月下窓 小楫昔曾驚宦海 扁舟今日落吳江
山人每寄新茶片 室婦常藏久酒缸 自是淸狂無箇念 鬢毛何事白垂雙

출전: 『기재집』企齋集 권2

해설 벼슬에서 물러나 한가롭게 산승과 교유하며 차를 마시고 때로 술로 마음을 달래는 고향 생활의 정취를 읊었다.

신광한 申光漢, 1484~1555

김 사또가 숯을 보내 주신 데 사례하다
謝金使君惠炭

관아의 노비가 가을에 나무할 제
깊은 골짜기 노을이 붉게 탔지.
나에게 주어 화로의 숯으로 쓴다면
차라리 들판에서 찻물을 끓일 것을.
두보의 붉은 토란을 굽고*
소평邵平의 푸른 오이를 달이노라.*
다만 아쉬운 것은 단지에 좋은 술 없어서
술 항아리 아무 소용없어라.

官丁秋伐木 深谷矗紅霞 分作金爐燼 寧須野鼎茶
紫燒工部芋 靑煮邵平苽 只恨罇無綠 其如酒罐何

출전: 『기재집』 권3

해설 숯 대신 노을을 써서 차를 달이겠노라는 표현에서 작자의 애호와 정취가 묻어난다.

- **두보의~굽고** 두보가 사천성四川省 성도현成都縣에 살 때, 자칭 '금리 선생'이라 하며, "금리 선생이 오각건을 쓰고 동산에서 토란과 밤을 거두니, 아주 가난하지만 않구나"(錦里先生烏角巾 園收芋栗未全貧)라는 시를 지었는데, 이 구절을 응용한 표현이다.
- **소평邵平의~달이노라** 중국 한漢나라 때 소평이 진나라가 망하자 동릉후를 그만두고 장안성 동쪽에서 오이를 심고 생활한 일화를 응용한 것이다.

김정국 金正國, 1485~1541

경희 선사의 시축詩軸에 쓰다 書敬熹師軸

'구전문사'求田問舍*하는 나는 진등陳登*에게 부끄러운데
날마다 불러 한 방에 맞아주네.
차 한 잔 마신 뒤 낮잠이 달더니
꿈속에서 깨어 보니 산승이 있어라.

求田問舍愧陳登 惟日呼來一枕凭

啜罷清茶酣午睡 喚回殘夢有山僧

출전: 『사재집』思齋集 권2

해설 경희 선사(敬熹師)는 경희라는 법명의 스님인 듯하나, 자세한 것은 미상이다.

- **구전문사**求田問舍 원대한 뜻을 버리고 집안일만 경영하는 사람을 말한다. 중국 삼국시대 유비가 당시 국사國士로 명성을 얻었던 허사許汜가 찾아오자, "세상을 구할 뜻은 없이 시골에 내려가 집안일 돌볼 생각만 할 뿐"(求田問舍)이라고 조롱한 고사가 있다.
- **진등**陳登 중국 삼국시대 위魏나라 사람. 진등은 허사許汜가 찾아오자, 손님 대접도 하지 않고서 자기는 큰 침상에 누워서 자고 허사는 그 밑에서 자게 했다는 '원룡고와'元龍高臥의 고사가 있다. 진등의 자가 원룡元龍이다.

김정 金淨, 1486~1521

낮잠에서 깨어 睡後

푸른 산 그림자 아래 빈집은 썰렁한데
차 마시자 파란 연기 지붕 위에 걸렸어라.*
창 아래 베개 베고 종일토록 문 닫고 있으니
추운 날씨에 쏴아아 쏴아아 솔바람 소리만.

靑山影裏空堂冷 茶罷微煙屋外橫

欹枕一窓終日掩 天寒蕭颯萬松聲

출전: 『충암집』冲庵集 권1

해설   썰렁한 기운에 잠에서 깨어나 차를 마시며 지은 시이다.

• **파란 연기~걸렸어라**   차를 끓일 때 나온 연기가 기압차로 인해 하늘로 올라가지 못하고 처마 끝에 머물고 있는 모습.

김정 金淨, 1486~1521
벗의 시에 차운하다 次友人韻

소나무 뿌리 아래 샘물을 길어
창을 열고 설차雪茶를 달이네.
산중에 달빛 없어도
한밤에 매화가 곱구나.
천지에 붙어사는 몸
풍상에 수염이 세려 하네.
시 읊노라니 파루罷漏*가 울려
높은 나무 까마귀들이 놀라네.

自汲松根井 開窓煮雪茶 山中無月色 夜裏見梅花

天地身如寄 風霜鬢欲華 苦吟更漏盡 高樹數驚鴉

출전: 『충암집』 권1

해설 샘물을 길어다 달빛 아래 매화를 보며 차를 마시는 정경을 읊은 시이다.

• **파루罷漏** 조선 시대 통금 해제를 알리기 위해 치던 종. 밤 열 시에 쳐서 야간 통행금지를 알리고, 새벽 네 시경에 33번의 파루를 쳐서 통금을 해제하였다.

김정 金淨, 1486~1521

절구 絶句

깊은 골짝 겨울 소나무 밤새도록 울더니
꿈속에서 때때로 차 달이는 소리 들었네.
깨어 보니 바람벽엔 호롱불 꺼져 가는데
창밖엔 인적 없이 달만 절로 밝구나.

幽澗寒松竟夜鳴 夢中時作煮茶聲
覺來一壁燈光盡 窓外人空月自明

출전: 『충암집』 권1

해설   깊은 골짝에서 나는 솔바람 소리를 듣고, 찻물이 끓을 때 나는 소리를 연상한 것이다.

소세양 蘇世讓, 1486~1562

경술년 입춘 庚戌立春

새로 서재 한 칸을 지으니
삼동三冬에 서책들이 정돈되었네.
배우러 오는 사람마저 없어야 참 은자요
입 있어도 말 없어야 큰 한가로움이지.
물고기 눈, 게 눈 일어 차는 익어 가고
자고반* 사르자 향불 연기 피어오르네.
앉아서 바보처럼 새해를 맞았더니
기쁘게도 봄빛이 거리에 가득하네.

新搆藏書屋一間 三冬文史足盤桓 無人問字始眞隱 有口不言方大閑
魚蟹眼翻茶鼎熟 鷓鴣斑熱篆香殘 坐成癡鈍從年換 却喜春光滿閭闤

출전: 『양곡집』陽谷集 권1

해설 경술년은 1538년으로, 소세양의 나이 53세 되던 해이다.

• 자고반鷓鴣斑 자고새 가슴 털처럼 흰 반점이 박혀 있는 흑갈색의 향 이름.

소세양 蘇世讓, 1486~1562

자작 自酌

홀로 찻사발 기울이며 「이소경」*을 읊조리니
수염에 바람이 불어 하얗게 나부끼네.
남쪽으로 온 세월 그 얼마냐 묻지를 마오.
손수 심은 매화 나무에 새둥지 틀만 하다오.

自酌茶甌詠楚騷 天風吹鬢白蕭蕭
南來莫問年多少 手種庭梅欲勝巢

출전: 『양곡집』 권6

해설　관직에서 쫓겨나 남쪽 지방에서 지은 시인 듯하나 미상이다.

• 「이소경」離騷經　중국 초楚나라 회왕懷王 때 굴원屈原이 지은 부賦. 굴원이 간신의 모함을 받고 산야로 쫓겨나 지낼 때, 임금에 대한 그리움과 자신의 충정을 담아 읊은 것이다.

소세양 蘇世讓, 1486~1562
쌍봉의 시에 차운하다 次雙峯韻

싸락싸락 하늬바람 나뭇잎 떨어뜨리니
함구령 아니라도 누가 입을 열랴.
길손은 병 고치려 아침부터 약을 빚고
아이는 차 달이려 저녁이라 재를 뒤지네.
산새는 창 앞의 대나무에 앉아 지저귀고
강 구름은 가시덤불 울타리에 걸렸어라.
여생은 자연에서 한가롭게 지내리니
번잡한 세상에 다시 뜻 둘 일 없어라.

策策西風木葉摧 縱非緘口爲誰開 客求已疾朝丸藥 兒好煎茶夜撥灰
山鳥每依窓竹語 溪雲長入棘籬來 餘生便是婆娑地 不向繁雄首重回

출전: 『양곡집』 권9

해설   전체 2수 중에서 첫 번째 시로, 쌍봉雙峯은 소세양의 중형仲兄인 소세검蘇世儉의 호이다.

소세양 蘇世讓, 1486~1562

낮잠—청구자에게 午睡 寄淸臞子

소나무 걸상에 산비가 치고
대나무 화로에 차 연기 피네.
달콤하여라, 낮잠에 빠져
꿈속에 강남을 갔다네.

山雨鳴松榻 茶煙繞竹爐

愛閑成午睡 幽夢到江湖

출전: 『양곡집』 권10

해설 청구자淸臞子는 소세양과 절친했던 신분申濆이라는 인물이다.

심언광 沈彦光, 1487~1540

서쪽 교외에 쌓인 눈 西郊積雪

땅은 하얗고 하늘은 추운 저녁
서산을 하염없이 바라보고 바라보네.
숲은 드리워져 은빛 봉황 날개 되었고
소나무는 솟아 옥빛 용의 이빨 되었네.
성 위엔 달이 떠 대낮처럼 밝고
동산엔 꽃이 봄 먼저 피었구나.
부러워라, 도 학사가
눈 녹여 차 달이던 일이.

地白天寒暮 西山望更賖 林低銀鳳翼 松迸玉龍牙
不夜城頭月 先春苑裏花 方憐陶學士 氷雪煮淸茶

출전: 『어촌집』漁村集 권1

해설 「차공취정팔영운」次拱翠亭八詠韻 중에서 여섯 번째 시이다. 공취정拱翠亭은 황해도 수안군遂安郡에 있는 정자인데, '공취'라는 말은 푸른 산에 둘러싸였다는 뜻이다. 이곳에 팔영시八詠詩를 읊은 것이 있는데, 여기에 차운하여 여덟 수의 시를 지은 것이다. 마지막 연의 도 학사陶學士는 설차雪茶로 유명한 중국 송나라 때 도곡陶穀을 말한다. 김수온의 시 「궁실과 저택은 사대부가 거처하는 곳이니」의 주 '도곡이 ~달이게 하며' 참조(이 책 89쪽).

심언광 沈彦光, 1487~1540

박금천 薄金川

산자락에 어지럽게 흐르는 시내
건너갈 배와 노가 없다오.
뉘 집에서 저물녘 차를 달이는지
석양에 어떤 이 물 길어 가네.

川流亂山根 揭厲無舟楫

誰家晚烹茗 夕陽人自汲

출전: 『어촌집』 권4

해설 '박금천'은 평양부 북쪽 9리에 있는 내의 이름인데, 그 맛이 달고 시원하여 고려 시대부터 찻물로 애용되었다. 『한국의 차 문화 3』 56쪽 참조.

조선왕조실록 朝鮮王朝實錄
세종실록 지리지 世宗實錄地理志

조선왕조실록

태종 2년(1402) 2월 9일

각사各司 이전吏典*의 천전법遷轉法*을 세웠다. 사헌부에서 상소하였는데, 그 대략은 이러하다.

　　본국의 제도로 말하오면 내시內侍 다방茶房*·3도감三都監·3군三軍 출신자는 문반文班 7·8품과 권무權務를 제수하고, 각사의 이전 출신자는 서반西班 7·8품과 위정尉正을 제수한 까닭에 직질職秩이 어지럽지 아니하였습니다. 지금은 일사一司에 이전이 비록 5~6명이 되더라도, 소정의 달수가 찬 사람은 모두 문반의 7·8품에 임명합니다. 그래서 간혹 이전 출신으로서 본사本司 이원吏員의 윗자리에 있게 되어, 매우 불편합니다.

立各司吏典遷轉之法 司憲府疏略曰 本國之制 內侍茶房三都監 三軍出身者 除文班七八品與權務 各司吏典出身者 除西班七八品與尉正 故職秩不紊 今也一司吏典 雖五六人 其箇月滿者 皆拜文班七八品 或居出身本司吏員之上 甚爲未便

- **이전**吏典　중앙 부처에 소속된 이전. 흔히 '경아전'京衙前이라고 부른다.
- **천전법**遷轉法　관리들의 전근에 대한 규정.
- **다방**茶房　조정이나 궁중의 여러 행사에서 차를 준비하여 올리고 베푸는 일을 맡은 곳.

태종 2년(1402) 5월 20일

축맹헌·단목지 등이 명나라 연경燕京으로 돌아가니, 임금이 백관을 거느리고 서교西郊에서 전송하였다. 맹헌은 사람됨이 너그럽고 예의가 있어 태평관*에 머문 지 1년이 넘었어도 여색을 가까이하지 아니하였다. 서화에 조예가 있어 사람들이 종이를 가지고 가서 청하면 곧 응해 주었다. 또 시에도 능하여 사람들이 모두 사랑하고 공경하였다. 단목지는 글을 잘 쓴다고 스스로 자랑하였으나 사람들이 매우 싫어하였다. 그가 돌아감에 이르러 다만 석등잔石燈盞·인삼·작설차를 받았을 뿐이다.

祝孟獻端木智等還京師 上率百官餞于西郊 孟獻爲人寬厚有禮 館寓踰年 不近妓色 工於墨戲 人有携紙而求者 輒應之 又能詩 人皆愛敬 智以善書自矜 人頗惡之 及其還也 但受石燈盞人蔘雀舌而已

태종 15년(1415) 8월 4일

처음으로 이조에 대간臺諫*을 고공考功*하라고 명하였다. 임금이,

• **태평관** 중국 사신들이 머물던 숙소로, 지금의 서울시 중구 서소문동에 있었다.
• **대간臺諫** 관료를 감찰·탄핵하는 임무가 있는 대관臺官과 국왕에게 간언하는 임무가 있는 간관諫官을 합쳐 부르는 말.
• **고공考功** 관리의 공과功過와 근태 등을 일정한 기준에 따라 심사하여, 인사 이동 때 참고하게 하는 것.

"이조에서 대간을 고공하는 것이 『육전』六典에 실려 있다. 헌사憲司에서는 이제부터 다시茶時*를 없애고 매일 일을 다스리고, 간원諫院에서도 또한 매일 제좌齊坐*하라"고 하였다.

初命吏曹 考功臺諫 上曰 吏曹考功臺諫 載在六典 憲司自今除茶時 每日治事 諫院亦每日齊坐

태종 17년(1417) 5월 13일

호조에서 중국 연경으로 사신이 가지고 갈 포물布物의 수량을 상정하였는데, "정사와 부사는 각각 열다섯 필, 종사관은 열 필, 타각부打角夫*는 다섯 필씩으로 하고, 차·삼 이외의 기타 잡물은 모조리 금단하소서"라고 하니, 임금이 그대로 따랐다.

戶曹詳定赴京使臣布物 使副使各十五匹 從事官十匹 打角夫五匹 茶蔘外其餘雜物 一皆禁斷 從之

- **다시茶時** 사헌부의 벼슬아치가 본사本司에 모여 앉아 차를 마시면서 중요한 공무를 의논하던 일.
- **제좌諸坐** 관청에서 중대한 안건을 처리할 때 여러 관원이 모여 앉아 일을 의논하던 일.
- **타각부打角夫** 사신 일행의 물품 일체를 감수監守하는 직책.

태종 17년(1417) 7월 21일

해수海壽가 첨총제僉摠制 원민생元閔生과 통사通事 김시우金時遇를 보내어 암화분색暗花粉色 다종茶鍾 하나, 다병茶瓶 하나, 유문有紋 압청사鴨青紗 한 필, 유청라柳青羅 한 필을 가지고 와서 바쳤다. 또 분색粉色 다종茶鍾 하나, 남라藍羅 한 필, 유문有紋 녹사綠紗 한 필을 중궁中宮에게 바쳤다.

海壽遣僉摠制元閔生 通事金時遇 以暗花粉色茶鍾一 茶瓶一 有紋鴨青紗一匹 柳青羅一匹來獻 又以粉色茶鍾一 藍羅一匹 有紋綠紗一匹獻于中宮

해설 태종 대(1400~1418)의 기사로, 각각 다방茶房을 비롯한 중앙 아전들의 전근에 관한 규정, 명나라 사신에게 준 선물, 사헌부의 다시茶時에 관한 논의, 조선 사신이 명나라로 가지고 가는 물품, 명나라 사신 해수가 선물한 다종茶鍾과 다병茶瓶에 관한 기록이다.

세종 1년(1419) 1월 24일

유천劉泉은 비밀히 통사通使를 유인하여 말안장을 고쳐 꾸미고, 또 몰래 초피 갖옷과 차 달이는 기구와 흑사피黑斜皮를 요구하였다.

劉泉陰誘通事 改飾所持馬鞍 又陰求貂裘 煎茶器黑斜皮

세종 1년(1419) 2월 2일

임금이 지신사 원숙을 보내어 황엄, 유천에게 20승升 모시베 각각 열 필, 삼베 각각 열 필, 11승 모시베 각각 열 필, 삼베 각각 열 필, 옷 각각 한 벌, 인삼 각각 서른 가마, 만화침석滿花寢席 여섯 장, 차 각각 서 말, 두꺼운 종이 각각 육백 장, 석등잔石燈盞 각각 하나, 염주 각각 백 꿰미를 주었다. 따로 황엄에게 극세교직포極細交織布 세 필, 면주綿紬 두 필을 주니, 황엄은 매우 기뻐하였다.

上命知申事元肅 贈黃儼 劉泉十二升苧布各十匹 麻布各十匹 十一升苧布各十匹 麻布各十匹 衣各一襲 人蔘各三十勉 滿花寢席各六張 茶各三斗 厚紙各六百張 石燈盞各一 念珠各一百貫 別贈黃儼極細交織布三匹 綿紬二匹 儼甚喜

세종 1년(1419) 9월 14일

상왕이 이명덕을 보내어 황엄에게 12승升 저마포苧麻布 각각 열 필, 11승 마포 열 필, 섞어 짠 비단 두 필, 가는 명주 세 필, 고운 면포 세 필, 인삼 서른 근, 석등잔石燈盞 두 개, 두꺼운 종이 사백 장, 차 한 봉, 염주 한 봉지를 선사하고, 왕현에게는 12승 저마포 각각 세 필, 인삼 열 근, 석등잔 한 개, 차 한 봉, 염주 스무 줄을 선사하였다. 황엄을 따라온 두목頭目* 여덟 명에게는 10승 저포 각 한 필, 마포 각 한 필을 주고, 요리사 두 명에게는 따로 11승 저마포 각 한 필씩을 주었다.

上王遣李明德 贈黃儼十二升苧麻布各十匹 十一升麻布十匹 交綺二匹 細紬布三匹 細絲布三匹 人蔘三十斤 石燈盞二事 厚紙四百張 茶一封 念珠一裌 王賢十二升苧麻布各三匹 人蔘十斤 石燈盞一事 茶一封 念珠二十貫 黃儼所率頭目八人十升苧布各一匹 麻布各一匹 廚子二人別贈十一升苧麻布各一匹

세종 2년(1420) 4월 19일

원숙을 보내어 사신 조양에게 백세저포白細苧布 열 필과 흑세마포黑細麻布 서른 필, 인삼 서른 근, 옷 한 벌, 만화석 여섯 장, 잡채 화문석 여섯 장, 흑사피 목화 한 켤레, 차 두 말을 선사하고, 역절易節에게도 역시 같게 하였다.

* **두목**頭目 명나라 사신 일행 중에서 무역을 목적으로 따라온 북경 상인을 일컫는 말.

遣元肅 贈使臣趙亮白細苧布十匹 黑細麻布三十匹 人蔘三十斤 衣一襲 滿花席六張 雜彩花席六張 黑斜皮靴一對 茶二斗 易節亦如之

세종 2년(1420) 7월 19일

예조에서 계하기를, "대행 후덕 왕대비의 재를 올리는 물품은 초재初齋에서 삼재三齋에 이르기까지, 불전佛前 첫 줄에는 백미 일곱 그릇, 좌우준화左右樽花·전주목단專柱牧丹·밀잠蜜潛이요, ……지장전地藏前에는 백미 두 그릇, 밥 한 그릇, 차·과일·떡 각 한 반, 보시백저포 한 필, 작은 촛대 두 개요, ……칠재七齋는 불전 첫째 줄에는 백미 열다섯 그릇과 좌우준화요, 둘째 줄에는 다식방기茶食方機 열일곱이요, ……"라고 하여, 그대로 좇았다.

禮曹啓 大行厚德王大妃齋物品 自初齋至三齋 佛前第一行 白米七盆 左右樽花 專柱牧丹蜜潛 …… 地藏前 白米二盆 飯一盆 茶果餠各一盤 布施白苧一匹 小燭二丁 …… 七齋 佛前第一行 白米十五盆 左右樽花 第二行 茶食方機十七 …… 從之

세종 3년(1421) 10월 3일

태상왕太上王이 병조 판서 조말생을 보내어 사신에게 세마포細麻布 마흔 필, 세저포細苧布 스무 필, 인삼 서른 근, 차 두 말, 석등잔 두 개,

초구貂裘 한 벌을 주고, 따라온 두목 여덟 사람에게도 모두 저포苧布
와 마포麻布 각 한 필씩을 주었다.

太上王遣兵曹判書趙末生 贈使臣細麻布四十匹 細苧布二十匹 人蔘三十斤 茶二
斗 石燈盞二事 貂裘一領 頭目八人各贈苧麻布各一匹

세종 9년(1427) 10월 30일

우대언 허성許誠을 보내어 범영范榮과 유정劉幀에게 유둔油芚 각 스무
장과 작설차 등의 물건을 주었다.

遣右代言許誠 贈范劉油芚各二十 雀舌茶等物

세종 10년(1428) 4월 16일

지신사知申事 정흠지에게 명하여 두 사신에게 문안하게 하고, 각각 여
름 옷 한 벌, 화투靴套·저포 각 열 필, 마포 스무 필, 만화방석滿花方
席·만화침석滿花寢席 각 네 장, 석등잔 한 개, 인삼·잣 각 서른 근, 차
일곱 근을 주었다.

命知申事鄭欽之 問安于兩使臣 各贈夏衣一襲 靴套苧布十匹 麻布二十匹 滿花方

• 태상왕太上王   태종 이방원李芳遠(1367~1422)을 가리킨다.

席滿花寢席各四張 石燈盞一事 人蔘松子各三十斤 茶七斤

세종 10년(1428) 8월 10일

창성昌盛은 찻종반(茶鍾盤)을 요구하고, 두목 창순昌順·창귀昌貴는 궁전弓箭 두 벌, 면포綿布 열 필, 작은 자물쇠(小鑰) 여섯 개, 마장馬粧 두 벌을 요구하고, 윤봉尹鳳은 대쟁大錚 한 개, 수달 가죽 두 장을 요구하고, 이상李相은 백주白紬 세 필, 면자綿子 한 근 열 냥, 백면포白綿布 한 필, 우피화牛皮靴·흑사피화黑斜皮靴 각각 한 켤레, 유기鍮器 한 벌, 칼 세 자루, 유기로 만든 중쟁中錚과 유병鍮瓶 각각 한 개, 중자물쇠(中鑰) 세 개, 철전鐵箭 열여덟 개를 요구하고, 두목 창왕昌旺은 철전 네 개를 요구하였다. 이를 모두 주었다.

昌盛求茶鍾盤 頭目昌順昌貴 求弓箭二部 綿布十匹 小鑰六 馬粧二部 尹鳳求大錚一 水獺皮二張 李相求白紬三匹 綿子一斤十兩 白綿布一匹 牛皮靴黑斜皮靴各一 鍮行器一部 刀子三柄 鍮中錚鍮瓶各一 中鑰三 鐵箭十八 頭目昌旺求鐵箭四 皆與之

세종 11년(1429) 1월 24일

김만金滿이 우산·황밀黃蜜·솜·수달피·인삼·작설차·수유酥油·소주·잣술(栢子酒) 등을 요구하였다. 이를 주라고 명하였다.

조선 초기의 차 문화

金滿求雨傘 黃蜜餶子水獺皮人蔘雀舌茶酥油燒酒栢子酒 命與之

세종 11년(1429) 5월 2일

임금이 백관을 거느리고 모화루慕華樓*에 행차하여 칙서를 받고 근정전에 돌아와서 예를 의식대로 행하였다. 칙서에 이르기를, "지금 태감太監 창성昌盛과 윤봉尹鳳을 보내어 왕에게 백금白金과 채폐彩幣 등의 물품을 내리니, 도착되거든 받으시오. 백금 삼백 냥, 저사紵絲 서른 필, 나羅 열 필, 사紗 열 필, 채견彩絹 서른 필, 백자白磁 영양다종羚羊茶鍾 서른 개, 백자 파다병吧茶甁 열다섯 개이다" 하였다.

上率百官 幸慕華樓迎勅 還至勤政殿行禮如儀 勅曰 今遣太監昌盛尹鳳 賜王白金彩幣等物 至可領也 白金三百兩 紵絲三十匹 羅十匹 紗十匹 綵絹三十匹 白磁羚羊茶鍾三十介 白磁吧茶甁十五介

세종 11년(1429) 5월 15일

황태후에게 바치는 예물은 홍세저포紅細苧布·백세저포白細苧布·흑세마포黑細麻布 각각 스무 필, 만화석滿花席·잡채화석雜彩花席 각각 열

• 모화루慕華樓 중국 사신을 영접하던 곳으로, 1407년 서울의 서대문 밖 서북쪽에 세웠다. 뒤에 '모화관'으로 바꿨다.

장이고, 중궁中宮에 바치는 예물은 홍세저포·백세저포·흑세마포 각각 스무 필, 만화석·잡채화석 각각 열 장이다.

전문箋文에 이르기를, "위位가 황태자에 높으시니 진실로 민심에 합당합니다. 황제를 인도하여 은혜를 우리나라에까지 미치게 하셨습니다. 몸을 어루만짐에 감사함을 알겠으며, 뼈에 새겼으매 어찌 잊겠습니까. 삼가 생각하옵건대 신은 멀리 궁벽한 곳에 처하면서 창성한 때를 만나, 윤음을 내리게 하여 특별히 천부天府의 은銀을 내리셔서, 폐백이 많은데 또 다탕茶湯의 도구까지 주셨습니다……" 하였다.

進皇太后禮物 紅細苧布白細苧布黑細麻布各二十匹 滿花席雜彩花席各一十張 中宮禮物 紅細苧布黑白細苧布黑細麻布各二十匹 滿花席雜彩花席各一十張 箋曰 位尊貳極 允協輿情 恩導九重 覃施海徼 撫躬知感 銘骨何忘 伏念臣邈處荒陬 端逢盛際 綸音密勿 特頒天府之銀 彩幣紛披 且錫茶湯之具

세종 12년(1430) 12월 8일

경연에 나아가 강하다가 차를 전매하는 법(榷茶法)에 이르러 임금이 말하기를, "중국에서는 어찌하여 차를 그렇게 좋아하는데, 그 단속을 엄히 하는가. 우리나라에서는 대궐 안에서도 차를 쓰지 아니하니, 좋아하는 것이 서로 달라서 이러하였다" 하였다.

시강관 김빈金鑌이 아뢰기를, "중국 사람은 모두 기름진 고기를 먹으므로, 차를 마셔서 기름기가 빠져 내려가게 하려는 것이며, 또한 보통 손님을 접대할 때에도 반드시 차를 먼저 내고 나중에 술을 들이

옵니다" 하였다.

御經筵 講至搉茶法曰 中國何好茶 而嚴其禁乎 我國闕內 亦不用茶 好尙各異 亦如是也 侍講官金鑌曰 中國之人 皆食膏肉 故飮茶令下氣 且當對客 必先茶後酒

세종 13년(1431) 12월 11일

안숭선에게 명하여 창성에게 세마포 쉰 필, 석등잔 세 개, 채화석 여섯 장, 다종茶鍾 스무 개를 선물하고, 윤봉尹鳳과 장정안張定安에게도 각각 세마포 스물다섯 필, 석등잔 세 개, 채화석 여섯 장, 다종 스무 개를 선물하고, 동궁은 창성에게는 세마포 마흔 필을, 윤봉에게는 세마포 스무 필을, 장정안에게 세마포 열 필을 선물하였다.

命安崇善 回贈昌盛細麻布五十匹 石燈盞三事 彩花席六張 茶鍾二十 尹鳳張定安 各細麻布二十五匹 石燈盞三事 彩花席六張 茶鍾二十 東宮回贈昌盛細麻布四十匹 尹鳳二十匹 張定安十匹

세종 23년(1441) 9월 14일

시호를 내린 뒤에 전奠을 지내는 의식은 다음과 같다.
　　집사자가 축판祝版을 영좌靈座의 왼편에 올려놓고, 향로·향합과 초를 영좌 앞에 진설한다. 준尊을 문밖의 왼편에 설치하고, 세洗 둘을 동계東階의 동남쪽에 북향하여 설치하며¹ 여러 집사의 세洗도 또한 동남쪽에 북향하여 설치한다. …… 사의司儀가 상주를 인도하여 문을 나와 준소尊所에 나아가서 서향하여 서게 하면, 집사자가 차와 술을 따른다. 사의가 상주를 인도하여 영좌 앞에 나아가 북향하여 꿇어앉게 하면, 집사자가 차와 술을 올려서, 상주가 차를 올리고 세 번 술을 드린다. 사의가 찬하여 부복하였다가 일어나서 조금 물러나 꿇어앉게 하고, 축이 앞으로 나아가서 영좌의 왼쪽에 서향하여 꿇어앉아 축문을 읽는다.

賜諡後奠儀 執事者奠祝版於靈座之左 設香爐香合幷燭於靈座前 設尊於戶外之左 設洗二於東階東南 北向 諸執事洗又於東南 北向 …… 司儀引喪主詣靈座前 北向跪 執事者進茶酒 喪主酹茶三奠酒 司儀贊俯伏興小退跪 祝進靈座之左 西向跪讀祝文

¹ 관세盥洗는 동쪽, 잔세盞洗는 서쪽이며, 술잔 셋, 찻잔 하나를 둔다(盥洗在東 盞洗在西 有酒盞三 茶盞一).

세종 28년(1446) 7월 19일

주다의晝茶儀* : 정오가 되면, 능사陵司*가 향로·향합과 초를 영좌靈座

- **주다의晝茶儀** 임금이나 왕비의 혼전魂殿이나 산릉山陵에서 낮에 드리는 제사 의식.
- **능사陵司** 왕릉의 관리를 맡아보는 관리.

앞에 설치하고, 다음에 다병茶甁과 잔을 받들어 준소尊所의 문 밖에 두고 서향西向하여 부복하고 꿇어앉는다. 내시가 문 안에 들어가서 서향하여 부복하였다 일어나서, 영좌 앞에 나아가 부복하고 꿇어앉아 세 번 향을 올리고 조금 뒤로 물러가서 꿇어앉는다. 내수內竪가 빈 소반 한 개를 들고 섬돌 위에 나아가면, 능사가 전해 받들고 지게문에 들어와서 내시에게 준다. 내시가 전해 받들어 영좌 앞에 둔다. 내시가 쟁반에 두 가지 색의 떡과 각종 과실과 청밀淸蜜·한채漢菜 각기 한 그릇과 수저를 담아서 소반에 둔다. 능사가 잔에 차를 따라서 내시에게 주면, 내시가 전해 받들어 쟁반에 두고, 모두 문 밖에 나와서 부복하기를 한 식경만큼 한다. 내시가 도로 들어가서 부복하고 꿇어앉아 제수를 거둔다.

畫茶儀 午正時至 陵司設香爐香合幷燭於靈座前 次捧茶甁及鍾 置于尊所 戶外西向俯伏跪 內侍入戶內西向俯伏興 詣靈座前俯伏跪三上香 小退跪 內竪擧空案一就階上 陵司傳捧入戶 以授內侍 內侍傳捧 置于靈座前 內侍以槃盛兩色餠各色實菓淸蜜漢菜各一器筯楪 置于案 陵司以鍾酌茶 以授內侍 內侍傳捧 置于槃 俱出戶外俯伏 如一食頃 內侍還入 俯伏跪徹饌

해설   세종대(1418~1450)의 기사로, 명나라 사신 유천劉泉이 차 달이는 기구를 구한 일, 명나라 사신에게 차와 찻잔 등을 선물한 일, 왕대비의 재에 차를 올린 일, 명나라에서 찻잔, 다병, 차 도구 등을 선물한 일, 중국의 차 전매법에 대한 논의, 시호를 올리고 주다의 畫茶儀를 행할 때 차를 올린 일 등에 대해 기록한 것이다.

성종 5년(1474) 3월 14일

예조에 전교하기를, "봉선전奉先殿*의 크고 작은 제사에는 술을 사용하지 말고 차로 대신하게 하라" 하였다.

傳于禮曹曰 奉先殿大小祭 除用酒 以茶代之

성종 11년(1480) 8월 4일

경복궁에 거둥하여 두 사신에게 경회루 아래에서 잔치를 베풀었다. 두 사신이 말하기를, "우리들이 하직 인사를 하고자 하니, 청컨대 전하께서는 남면하여 예를 받으소서" 하니, 임금이 굳이 사양하다가 마지못하여 그대로 따랐다. 이어서 선물로 두 사신에게 각각 백저포白苧布 열 필, 흑마포黑麻布 열 필, 여우 가죽 마흔 장, 여섯 폭짜리 유둔油芚 두 장, 두 폭짜리 유둔 두 장, 작설차 두 말, 표범 가죽 두 장을 주었다. 두 사신이 머리를 조아리며 사례하였다.

幸景福宮 宴兩使於慶會樓下 兩使曰 吾等欲拜辭 請殿下南面受禮 上固讓 不得已從之 因贈人情物件 兩使處 各白苧布十匹 黑麻布十匹 狐皮四十張 六幅付油芚二張 二幅付油芚二張 雀舌茶二斗 豹皮二張 兩使叩頭而謝

• **봉선전奉先殿** 조선 예종 원년(1469)에 광릉光陵 남쪽에 있는 봉선사奉先寺(경기도 남양주시 진접읍) 동쪽에 세운 세조의 영전影殿.

성종 25년(1494) 5월 11일

유구국琉球國 중산부주中山府主 사승使僧 천장天章 등이 내빙하였는데, ······별지에 적힌 예물은 별폭別幅에는 목향묘木香苗 소통小桶 한 개, 야자묘椰子苗 두 그루, 등묘藤苗 소통小桶 한 개, 호초사당부소호胡椒砂糖付小壺 한 개, 호초胡椒 서른 근, 백단白檀 쉰 근, 정자丁子 스무 근, 등석藤席 대소大小 두 장, 광엽석桄葉席 두 장, 과자분菓子盆 열 개, 남만 유리南蠻琉璃 한 개, 청색 백쌍青色白雙 한 지地, 화문華紋 한 쌍一雙 염부染付 한 쌍 합合 일곱 개, 배옥 유리盃玉琉璃 한 개, 염부 한 쌍 백색白色 중유문中有紋 한 쌍 합 다섯 개, 만년 보수萬年寶數 백열다섯 과顆, 향香 한 본本 열네 근 길이 여덟 자, 청자수기青瓷噉器 한 개, 부 수다완付噉茶椀 한 개, 이상 열여섯 종種이었다.

琉球國中山府主使僧天章等來聘 ······ 別幅 木香苗小桶一箇 椰子苗二本 藤苗小桶一箇 胡椒砂糖付小壺一箇 胡椒三十斤 白檀五十斤 丁子二十斤 藤席大小二枚 桄葉席二枚 菓子盆十枚 南蠻琉璃一箇 青色白雙一地 華紋一雙 染付一雙合七箇 盃玉琉璃一箇 染付一雙 白色中有紋一雙合五箇 萬年寶數百十五顆 香一本十四斤長八尺 青瓷噉器一箇 付噉茶椀一箇 以上十六種

해설 성종대(1469~1494)의 기사로, 각각 봉선전의 제사에 차를 사용한 일, 중국에서 온 사신에게 작설차를 선물한 일, 유구국 사신에게 찻사발(茶椀)을 예물로 준 일을 기록하고 있다.

세종실록 지리지

경상도 / 경주부 / 밀양 도호부

토의土宜는 오곡五穀과 조(粟)이며, 토공土貢은 꿀·황랍黃蠟·칠漆·지초·작설차·석이石茸·녹포鹿脯·은구어銀口魚·가는 대(篠)·왕대(簜)·종이·여우가죽·삵가죽(狸皮)·수달피獺皮皮이며, 약재는 오미자·당귀·황기·맥문동·백복령·조휴皂休이고, 토산土産은 경석磬石[1]과 석철石鐵[2]이다. …… 엄광사嚴光寺.[3]

土宜五穀粟 土貢蜂蜜黃蠟漆芝草雀舌茶石茸鹿脯銀口魚篠簜紙狐皮狸皮水獺皮 藥材五味子當歸黃耆麥門冬白茯苓皂休 土産磬石 石鐵 …… 嚴光寺

[1] 부府 동쪽 만어사동萬魚寺洞에서 난다(産府東萬魚寺洞).
[2] 부 동쪽 송곡산松谷山에서 난다(産府東松谷山).
[3] 부 동쪽에 있다. 작설차가 난다(在府東 有雀舌茶).

경상도 / 경주부 / 울산군

토의는 벼·조·삼(麻)이며, 토공은 꿀·황랍·칠漆·종이·가는 대·왕대·여우가죽·삵가죽·노루가죽·어피魚皮·점찰피占察皮·지초·작설차·마른 죽순(乾竹笋)·표고버섯·오해조吾海曹·미역·세모細毛·김(海衣)·청각靑角·전포全鮑·건합乾蛤·홍어洪魚·흑백 바둑돌(黑白碁子)이

조선 초기의 차 문화

다. 약재는 방풍·오징어뼈(烏魚骨)·맥문동·천문동·염매鹽梅·오매烏梅다.

土宜稻粟麻土貢蜂蜜黃蠟漆紙篠蕩狐皮狸皮獐皮魚皮占察皮芝草雀舌茶乾竹笋薨荨吾海曹藿細毛海衣靑角全鮑乾蛤洪魚黑白碁子 藥材防風烏魚骨麥門冬天門冬鹽梅烏梅

경상도 / 진주목

토의는 오곡과 조·메밀·감·배·석류·뽕나무·삼(麻)·목면이요, 토공은 꿀·황랍·녹포鹿脯·문어·은구어·표고버섯·석이石茸·송이버섯·지초·작설차·자리·죽피방석竹皮方席·가는 대·왕대·칠·종이·돼지털·사슴가죽·노루가죽·여우가죽·수달피·산달피山獺皮이다. 약재는 천문동이다. 토산은 우무(牛毛)·세모細毛·청각·미역·해삼이다.

土宜五穀粟蕎麥柿梨石榴桑麻木綿 土貢蜂蜜黃蠟鹿脯文魚銀口魚薨膏石茸松茸芝草雀舌茶席竹皮方席篠簜漆紙猪毛鹿皮獐皮狐皮水獺皮山獺皮 藥材天門冬 土産牛毛細毛靑角藿海蔘

경상도 / 진주목 / 함양군

토의는 벼·조·콩·감이요, 토공은 꿀·황랍·석이石茸·칠·종이·녹포鹿脯·여우가죽·노루가죽이다. 약재는 연꽃술(蓮花蘂)·모란껍질·모향茅香이다. 토산은 은어·작설차·죽순·감이다.

土宜稻粟菽柿 土貢蜂蜜黃蠟石茸漆紙鹿脯狐皮獐皮 藥材蓮花蘂牧丹皮茅香 土產銀口魚雀舌茶竹笋柿

경상도 / 진주목 / 고성현

토의는 벼·조·콩·보리요, 토공은 꿀·황랍·표고버섯·송이버섯·작설차·모래무지·건합乾蛤·대구·문어·생포生鮑·도음어都音魚·미역·우무·세모細毛·어교魚膠·왕대·지초·종이·칠·사슴가죽·여우가죽·삵가죽·노루가죽·산달피이다. 약재는 맥문동·방풍이다. 토산은 녹반碌礬¹이다.

土宜稻粟菽麥 土貢蜂蜜黃蠟藁膏松茸雀舌茶沙魚乾蛤大口魚文魚生鮑都音魚藿牛毛細毛魚膠蕩芝草紙漆鹿皮狐皮狸皮獐皮山獺皮 藥材麥門冬防風 土產碌礬

¹ 현縣 남쪽 주악곶住岳串의 임해암산臨海岩山에서 나는데, 구워서 만든다. 품질이 좋다(産縣南住岳串 臨海岩山煮取 品好).

경상도 / 진주목 / 하동현

토의는 벼·기장·조·뽕나무·삼(麻)·목면이요, 토공은 꿀·황랍·표고버섯·감·건합乾蛤·칠·종이·왕대·사슴가죽·노루가죽·삵가죽이다. 약재는 천문동·방풍이다. 토산은 작설차·생포生鮑·은구어·문어·모래무지·홍어洪魚·우무·세모細毛·미역·주토朱土·대구어다.

土宜稻黍粟桑麻木綿　土貢蜂蜜黃蠟藁膏柿乾蛤漆紙簜鹿皮獐皮狸皮　藥材天門冬防風　土産雀舌茶生鮑銀口魚文魚沙魚洪魚牛毛細毛藿朱土大口魚

경상도 / 진주목 / 산음현

토의는 벼·기장·조·보리·뽕나무·삼(麻)·목면이요, 토공은 꿀·황랍·작설차·송이버섯·석이石茸·감·칠·왕대·녹포鹿脯·여우가죽이다. 약재는 당귀·백급·인삼·오미자다. 토산은 은구어·사철沙鐵[1]이다.

土宜稻黍粟麥桑麻木綿　土貢蜂蜜黃蠟雀舌茶松茸石茸柿漆簜鹿脯狐皮　藥材當歸白芨人蔘五味子　土産銀口魚沙鐵

[1] 현 북쪽 마연동馬淵洞 산에서 난다. 세공歲貢이 정철正鐵 7,794 근이다(産縣北 馬淵洞山 歲貢正鐵七千七百九十四斤).

경상도 / 진주목 / 진해현

토의는 벼·조·보리·석류이요. 토공은 꿀·황랍·칠·종이·사슴가죽·산달피·여우가죽·표고버섯·작설차·왕대(籩)·어교魚膠·문어·모래무지·생포生鮑·홍합·대구어·분곽粉藿·세모細毛다.

土宜稻粟麥石榴 土貢蜂蜜黃蠟漆紙鹿皮山獺皮狐皮蕈膏雀舌茶籩魚膠文魚沙魚生鮑紅蛤大口魚粉藿細毛

전라도 / 전주부 / 고부군

토의는 오곡과 삼·닥나무·왕골이다. 토공은 여우가죽·삵가죽·산달피·수달피·족제비털(黃毛)·대추·석류·말린 죽순·자리·칠漆이다. 약재는 작설차·천문동·흰띠(茅香)·맥문동이다.

土宜五穀麻楮莞 土貢狐狸山水獺皮黃毛棗石榴乾笋席漆 藥材雀舌茶天門冬茅香麥門冬

전라도 / 전주부 / 옥구현

토의는 오곡·뽕나무·삼·닥나무·왕골·밤·차이다. 토공은 여우가죽·삵가죽·산달피·족제비털(黃毛)·상어·자리(席)·모시다. 약재는 천문동·맥문동·방풍·오징어뼈·도아조기름(島阿鳥油)·대추다.

土宜五穀桑麻楮莞栗茶 土貢狐狸山獺皮黃毛沙魚席芋 藥材天門冬麥門冬防風烏
魚骨島阿鳥油棗

전라도 / 전주부 / 부안현

토의는 오곡과 삼·모시·닥나무이다. 토공은 여우가죽·삵가죽·수달
피·상어·고니(天鵝)·족제비털·차(茶)·자리(席)다. 약재는 맥문동·천
문동·복령·녹용·잉어쓸개(鯉膽)다. 토산은 왕대다.

土宜五穀麻苧楮 土貢狐狸水獺皮沙魚天鵝黃毛茶席 藥材麥門冬天門冬茯苓鹿茸
鯉膽 土産篔

전라도 / 전주부 / 정읍현

토의는 오곡과 뽕나무·삼·닥나무·왕골·목화다. 토공은 꿀·여우가
죽·삵가죽·산달피·족제비털·칠(漆)·자리·대추·감·죽순·차다.

土宜五穀桑麻楮莞木緜 土貢蜂蜜狐狸山獺皮黃毛漆席棗柿笋茶

전라도 / 나주목

토의는 오곡과 뽕나무·삼·왕골·닥나무·왕대이다. 토공은 표범가죽·삵가죽·여우가죽·산달피·수달피·족제비털·표범꼬리·등나무상자·목화·자리·작설차·생강·죽순·대추·감·배·석류·비자榧子다. 약재는 연밥(蓮子)·오매실烏梅實·염매실鹽梅實·맥문동·패랭이꽃이삭(瞿麥穗)·도아조기름(島阿鳥油)·잉어쓸개(鯉膽)·녹용鹿茸이다. 토산은 절어節魚·귤이다.

土宜五穀桑麻莞楮簜 土貢豹狸狐山水獺皮黃毛豹尾土藤箱子木緜席雀舌茶薑笋棗柿梨石榴榧子 藥材蓮子烏梅鹽梅實麥門冬瞿麥穗島阿鳥油鯉膽鹿茸 土産節魚橘

전라도 / 나주목 / 영암군

토의는 오곡과 삼·닥나무·감·밤·석류·왕골이다. 토공은 여우가죽·삵가죽·산달피·수달피·사슴뿔·족제비털·꿀·황랍·칠·숭어·전복·표고·분곽粉藿·석이·죽순·작설차·지초·비자·자리이다. 약재는 도아조기름·인삼·속돌(水泡石)이다. 토산은 귤·가는 대·김(甘苔)이다.

土宜五穀麻楮柿 栗石榴莞 土貢狐狸山水獺皮鹿角黃毛蜂蜜黃蠟漆水魚全鮑藿膏粉藿石茸笋雀舌茶芝草榧子席 藥材島阿鳥油人蔘水泡石 土産橘篠甘笞

전라도 / 나주목 / 영광군

토의는 오곡과 삼·닥나무·왕골·모시다. 토공은 범가죽·여우가죽·삵가죽·산달피·수달피·족제비털·상어·숭어·부레(魚膠)·석류·대추·비자·작설차·지초·오죽烏竹·자리·죽순·칠漆이다. 약재는 천문동·맥문동·녹용·도아조기름·오징어뼈·방풍·목단피다. 토산은 가는 대(篠)·왕대(簜)와 조기인데, 군의 서쪽 파시평波市坪[1]에서 난다.

土宜五穀麻楮莞苧 土貢虎狐狸山獺水獺皮黃毛沙魚水魚魚膠石榴棗榧子雀舌茶芝草烏竹席笋漆 藥材天門冬麥門冬鹿茸鳥阿鳥油烏魚骨防風牧丹皮 土産篠簜石首魚 産郡西波市坪

[1] 봄·여름 사이에 여러 곳의 어선이 모두 이곳에 모여 그물로 잡는데, 관청에서 그 세금을 받아서 국용國用에 이바지한다(春夏之交 諸處漁船 皆會于此 網取之 官收其稅 以資國用).

전라도 / 나주목 / 강진현

토의는 오곡과 귤·석류·뽕나무·닥나무·왕골이다. 토공은 여우가죽·삵가죽·족제비털·지초·작설차·전복·상곽常藿·표고·석이·비자·칠이다. 약재는 맥문동·인삼·녹용이다. 토산은 은어·왕대다.

土宜五穀橘石榴桑楮莞 土貢狐狸皮黃毛芝草雀舌茶全鮑常藿蔈膏石茸榧子漆 藥

材麥門冬人蔘鹿茸 土産銀口魚䔖

전라도 / 나주목 / 무장현

옛 속향屬鄕이 하나이니, 약수藥水요, 처處가 하나이니, 궁산弓山이요, 다소茶所가 두 곳이니, 용산龍山·재역梓亦이다. ……토의는 오곡과 목화·왕골이다. 토공土貢은 여우가죽·삵가죽·족제비털·상어·말린 숭어·부레·칠漆·도아조기름·자리·작설차다. 약재는 맥문동·난향蘭香·녹용이다. 토산은 조기·가는 대다.

古屬鄕一藥水 處一弓山 茶所二龍山梓亦 …… 土宜五穀木緜莞 土貢狐狸皮黃毛沙魚乾水魚魚膠漆島阿鳥油席雀舌茶 藥材麥門冬蘭香鹿茸 土産石首魚

전라도 / 나주목 / 함평현

토의는 오곡과 뽕나무·삼·목화·닥나무·모시이다. 토공은 여우가죽·삵가죽·족제비털·지초·작설차·죽순·자리·칠·상어·비자·석류다. 약재는 오징어뼈·녹용·자주연꽃(柴荷渠)·맥문동이다. 토산은 가는 대·왕대·사철沙鐵이다.

土宜五穀桑麻木緜楮苧 土貢狐狸皮黃毛芝草雀舌茶笋席漆沙魚榧子石榴 藥材烏魚骨鹿茸紫荷渠麥門冬 土産篠䔖沙鐵

조선 초기의 차 문화

전라도 / 나주목 / 남평현

토의는 오곡과 뽕나무·삼·닥나무·왕골이다. 토공은 여우가죽·수달가죽·족제비털·작설차·자리·석류·칠漆이다. 약재는 난향蘭香·천문동·맥문동·녹용·수자해좆씨(赤箭子)다.

土宜五穀桑麻楮莞 土貢狐水獺皮黃毛雀舌茶席石榴漆 藥材蘭香天門冬麥門冬鹿茸赤箭子

전라도 / 나주목 / 무안현

토의는 오곡과 뽕나무·삼·목화이다. 토공은 여우가죽·삵가죽·족제비털·상어·숭어·석류·비자·작설차·죽순·자리다. 약재는 하국(旋覆花)·오징어뼈·녹용·맥문동·천문동이다. 토산은 가는 대·왕대·김·굴·낙지다.

土宜五穀桑麻木緜 土貢狐狸皮黃毛沙魚水魚石榴榧子雀舌茶笋席 藥材旋覆花烏魚骨鹿茸麥門冬天門冬 土産篠蕩甘笞石花落地

전라도 / 나주목 / 고창현

토의는 오곡과 목화·왕골이다. 토공은 여우가죽·족제비털·칠·꿀·황랍·대추·석류·자리·죽순·작설차다. 약재는 맥문동이다.

土宜五穀木緜莞 土貢狐皮黃毛漆蜂蜜黃蠟棗石榴席笋雀舌茶 藥材麥門冬

전라도 / 나주목 / 홍덕현

토의는 오곡과 목화·왕골·밤이다. 토공은 여우가죽·삵가죽·족제비털·상어·자리·대껍질방석·작설차·석류·꿀·황랍·칠漆이다. 약재는 맥문동·천문동·녹각교鹿角膠·오징어뼈·잉어쓸개다.

土宜五穀木緜莞栗　土貢狐狸皮黃毛沙魚席竹皮方席雀舌茶石榴蜂蜜黃蠟漆　藥材麥門冬天門冬鹿角膠烏魚骨鯉膽

전라도 / 나주목 / 장성현

토의는 오곡과 뽕나무·삼·목화·모시이다.[1] 토공은 여우가죽·삵가죽·족제비털·칠漆·꿀·황랍·비자·작설차·죽순이다. 약재는 맥문동·자주연꽃(柴荷渠)·녹각교鹿角膠다.

土宜五穀桑麻木緜苧　土貢狐狸皮黃毛漆蜂蜜黃蠟榧子雀舌茶笋　藥材麥門冬紫荷渠鹿角膠

¹ 현의 모시가 다른 고을보다 특별히 잘된다(縣之宜苧 異乎他邑).

전라도 / 남원 도호부 / 순창군

토의는 오곡과 뽕나무·삼·목화·닥나무·왕골이다. 토공은 족제비털·칠漆·꿀·황랍·대추·감·배·석류·차·자리·모시·여우가죽·산달피다. 약재는 맥문동·천문동·말린 생강·복령茯苓이다. 토산은 심황深黃·왕대다.

土宜五穀桑麻木緜楮莞 土貢黃毛漆蜂蜜黃蠟棗柿梨石榴茶席苧狐山獺皮 藥材麥門冬天門冬乾薑茯苓 土産深黃簜

전라도 / 남원 도호부 / 구례현

토의는 오곡과 뽕나무·삼·목화·닥나무·왕골이다. 토공은 여우가죽·삵가죽·족제비털·칠·대추·꿀·황랍·표고·석이·감·석류·배·심황深黃·가뢰(班猫)·작설차·호도(唐楸子)다. 약재는 맥문동이다. 토산은 왕대·은어다.

土宜五穀桑麻木緜楮莞 土貢狐狸皮黃毛漆棗蜂蜜黃蠟藁膏石茸栭石榴梨深黃班猫雀舌茶唐楸子 藥材麥門冬 土産簜銀口魚

전라도 / 남원 도호부 / 광양현

토의는 오곡과 삼·목화·닥나무·왕골이다. 토공은 가뢰(斑猫)·족제비 털(黃毛)·칠·느타리·감·대추·배·석류·표고·자리·미역·석이·삵가죽·여우가죽·꿀·황랍이다. 약재는 흰매화(白梅)·녹용·말린 생강·맥문동·차요, 토산은 왕대·은어다.

土宜五穀麻木綿楮莞 土貢班猫黃毛漆眞茸柿棗梨石榴藁膏席薍石茸狸狐皮蜂蜜黃蠟 藥材白梅鹿茸乾薑麥門冬茶 土産簜銀口魚

전라도 / 장흥 도호부 長興都護府

향鄕이 여섯이니, 도내산徒內山·아서阿西·어산語山·유치有恥·안양安壤·갈밭(加乙田)이요, 다소茶所가 열셋이니 요량饒良·수태守太·칠백유七百乳·정산井山·가을평加乙坪·운고雲高·정화丁火·창거昌居·향여香餘·웅점熊岾·가좌加佐·거개居開·안칙곡安則谷이다. …… 토의는 오곡·삼·닥나무·밤·석류·목화이다. 토공은 족제비털·칠·꿀·말린 죽순·표고·배·유자柚子·전복·말린 홍합·붉은 큰새우·삵가죽·여우가죽·산달피·자리·차·석이·비자·대방석·상곽常藿·분곽粉藿이다. 약재는 천문동·녹용·흰매화(白梅)·맥문동·당귀·검산풀뿌리(續斷)·암눈비앗씨(荒蔚子)·원지·방풍·계소鷄蘇다. 토산은 은어·김·송이다.

部曲鄕六徒內山阿西語山有恥安壤加乙田 茶所十三饒良守太七百乳井山加乙坪

雲高丁火昌居香餘熊岾加佐居開安則谷 …… 土宜五穀麻楮栗石榴木緜 土貢黃毛漆蜂蜜乾笋蕈膏梨柚子全鮑乾紅蛤紅大蝦狸狐山獺皮席茶石茸榧子竹皮方席常藿粉藿 藥材天門冬鹿茸白梅麥門冬當歸續斷芫尉子遠志防風鷄蘇 土産銀口魚甘苔松茸

전라도 / 장흥 도호부 / 담양 도호부

토의는 오곡과 뽕나무·삼·닥나무·모시·목화이다. 토공은 여우가죽·삵가죽·산달피·칠·족제비털·차·배·감·석류·모과·대추·오죽烏竹·자리·꿀·황랍이다. 약재는 말린 생강·맥문동·매실·연밥이다. 토산은 가는 대·왕대다.

土宜五穀桑麻楮苧木緜 土貢狐狸山獺皮漆黃毛茶梨柿石榴木瓜棗烏竹席蜂蜜黃蠟 藥材乾薑麥門冬梅實蓮子 土産篠簜

전라도 / 장흥 도호부 / 순천 도호부

토의는 오곡·뽕나무·삼·밤·닥나무·왕골이다. 토공은 범가죽·삵가죽·여우가죽·산달피·족제비털·칠·감·귤·석류·배·매화·분곽粉藿·꿀·황랍·대추·지초·죽순·상어·전복·홍합·붉은 큰새우·차·표고·목화·오죽·대방석이다. 약재는 흰매화(鹽梅)·녹용·천문동·맥문동·난향蘭香·오징어뼈·심황深黃·속돌(水泡石)·백복령·인삼이다. 토산은 은어·조기·가는 대·왕대다.

土宜五穀桑麻栗楮莞 土貢虎狸狐山獺皮黃毛漆柹橘石榴梨梅粉藿蜂蜜黃蠟棗芝草笋沙魚全鮑紅蛤紅大蝦茶蕈膏鯋花烏竹竹皮方席 藥材鹽梅鹿茸天門冬麥門冬蘭香烏魚骨深黃水泡石白茯苓人蔘 土産銀口魚石首魚篠簜

전라도 / 장흥 도호부 / 무진군

토의는 오곡·뽕나무·삼·목화·닥나무·왕골이다. 토공은 표범가죽·여우가죽·삵가죽·산달피·족제비털·칠漆·등나무상자·대추·감·배·석류·모과·차茶·표고·꿀·황랍·자리·왕대다. 약재는 천문동·맥문동·연꽃술(蓮花蘂)·말린 생강·패랭이꽃이삭(瞿麥穗)·흰매화열매(鹽梅實)·복령·목단피다.

土宜五穀桑麻木縣楮莞 土貢豹狐狸山獺皮黃毛漆土籘箱子棗柹梨石榴木瓜茶蕈膏蜂蜜黃蠟席簜 藥材天門冬麥門冬蓮花蘂乾薑瞿麥穗鹽梅實茯苓牧丹皮

전라도 / 장흥 도호부 / 보성군

토의는 오곡·뽕나무·삼·모시·닥나무·왕골이다. 토공은 여우가죽·삵가죽·족제비털·칠漆·꿀·황랍·죽순·표고·붉은 큰새우·오죽烏竹·상어·자리·비자·석이·석류·바다대(海竹)다. 약재는 맥문동·천문동·녹각상鹿角霜·가위톱(白斂)·차·매실·속돌(水泡石)·오징어뼈·말린 생강이다. 토산은 가는 대·왕대다.

土宜五穀桑麻苧楮莞 土貢狐狸皮黃毛漆蜂蜜黃蠟笋蕨膏紅大蝦烏竹常藿席榧子石茸石榴海竹 藥材麥門冬天門冬鹿角霜白斂茶梅水泡石烏魚骨乾薑 土産篠簜

전라도 / 장흥 도호부 / 낙안군

토의는 오곡·뽕나무·삼·닥나무·왕골·목화이다. 토공은 족제비털·칠漆·꿀·황랍·심황잎(鬱金葉)·표고·붉은 큰새우·여우가죽·삵가죽·차·석이·석류·유자·분곽粉藿·가사리·자리·홍합·매화다. 약재는 천문동·맥문동·녹용·생지황·속돌(水泡石)·말린 생강이다. 토산은 가는 대·왕대다.

土宜五穀桑麻楮莞木綿 土貢黃毛漆蜂蜜黃蠟鬱金葉蕨膏紅大蝦狐狸皮茶石茸石榴柚子粉藿加士里席紅蛤梅 藥材天門冬麥門冬鹿茸生地黃水泡石乾薑 土産篠簜

전라도 / 장흥 도호부 / 고흥현

토의는 오곡·뽕나무·삼·목화·석류·배·감·밤이다. 토공은 여우가죽·삵가죽·족제비털·칠漆·꿀·황랍·표고·붉은 큰새우·자리·석이·분곽粉藿·비자·귤·차다. 약재는 녹용·가뢰(斑猫)·속돌(水泡石)·오징어뼈·맥문동이다. 토산은 가는 대다.

土宜五穀桑麻木緜石榴梨柿栗 土貢狐狸皮黃毛漆蜂蜜黃蠟藁膏紅大蝦席石茸粉
藿梔子橘茶 藥材 鹿茸班猫水泡石烏魚骨麥門冬 土産篠

전라도 / 장흥 도호부 / 동복현

옛 다소茶所가 한 곳이 있으니 와촌瓦村인데, 지금은 와지다공리瓦旨茶貢里라고 한다. …… 토의는 오곡·뽕나무·삼·목화·닥나무다. 토공은 족제비털·칠漆·꿀·황랍·자리·차茶·표고·석이·인삼이다. 약재는 백부자·녹용·고슴도치가죽·나팔꽃씨(牽牛子)·결명자·당귀·수뤼나물(葳靈仙)·바곳(草烏頭)·바디나물뿌리(前胡)·애기풀(遠志)·두릅(獨活)·족도리풀(細辛)이다. 토산은 가는 대·송이·은어다.

古茶所一 瓦村 今稱瓦旨茶貢里 …… 土宜五穀桑麻木緜楮 土貢黃毛漆蜂蜜黃蠟
席茶藁膏石茸人蔘藥材白附子鹿茸蝟皮牽牛子決明子當歸葳靈仙草烏頭前胡遠志
獨活細辛 土産蕩松茸銀口魚

전라도 / 장흥 도호부 / 진원현

토의는 오곡·뽕나무·삼·목화·모시다. 토공은 삵가죽·족제비털·칠漆·죽순·가뢰(斑猫)·자리·차·석류·비자다. 약재는 난향蘭香·맥문동·산골(自然銅)이다. 토산은 가는 대다.

土宜五穀桑麻木綿苧　土貢狸山獺皮黃毛漆笋斑猫席茶石榴榧子藥材蘭香麥門冬自然銅 土産蕩

해설　이상은 『세종실록 지리지』 중에서 차와 관련하여 조선 각 지역의 토산품을 열거한 기록이다. 그 내용을 보면, 경상도의 밀양, 울산, 진주, 함양, 고성, 하동, 산음, 진해, 전라도 고부, 옥구, 부안, 정읍, 나주, 영암, 영광, 강진, 무장, 함평, 남평, 무안, 고창, 흥덕, 장성, 순창, 구례, 광양, 장흥, 담양, 순천, 무진, 보성, 낙안, 고흥, 동복, 진훤 등이 모두 차의 산지로 나열되고 있다. 이 중에서 특히 나주목 무장현의 용산龍山과 재역梓亦 두 곳, 장흥도호부의 요량饒良·수태守太·칠백유七百乳·정산井山·가을평加乙坪·운고雲高·정화丁火·창거昌居·향여香餘·웅점熊岾·가좌加佐·거개居開·안칙곡安則谷 등 열세 곳, 동복현의 와지다공리瓦旨茶貢里 한 곳(지금의 화순군 북면 다곡리로 추정)에 다소茶所가 있다고 하였다. 다소는 향소부곡鄕所部曲의 하나로 나라에 차를 만들어 공납하던 곳인데, 이 사실을 보면 전라도 지역의 매우 광범위한 영역에서 차가 생산되었음을 알 수 있다.

부록

- 인명 사전
- 서명 사전
- 찾아보기

인명 사전

가도賈島 중국 당나라 때 시인으로, 자는 낭선浪仙. 일찍이 중이 되었으나 시재詩才가 한유韓愈에게 알려진 뒤 환속하여 장강長江의 주부가 되었다. 한유와의 고사에서 퇴고推敲라는 말이 생겨났다.

강엄江淹 중국 양梁나라 때 문장가로, 자는 문통文通. 예릉후醴陵侯에 봉해졌다. 젊어서부터 문명文名이 있어 강랑江郞으로 불렸고, 특히 사부辭賦에 뛰어난 성취를 이루어 포조鮑照와 병칭된다. 만년에 꿈속에서 장경양張景陽을 만나 비단을 돌려준 뒤부터 문장이 갑자기 퇴보하기 시작했다는 고사가 전한다. 저서로『제사십지』齊史十志 등이 있다.

관중管仲 중국 춘추시대 제齊나라의 재상. 이름은 이오夷吾, 시호는 경중敬仲. 환공桓公을 도와 패자霸者로 만드는 데 큰 공을 세웠다. 친구 포숙아鮑叔牙와의 우정은 관포지교管鮑之交로 잘 알려져 있다. 저서로『관자』管子가 있다.

굴원屈原 중국 전국시대 초楚나라의 충신이자 시인. 자는 원元, 이름은 평平. 초나라 회왕懷王을 충심으로 섬겼지만 결국 쫓겨나 멱라수汨羅水에 투신하였다. 중국 최고의 낭만주의 시인으로 꼽히며 초사楚辭라는 문체를 창안하였다. 대표 작품으로「어부사」漁父辭,「이소」離騷,「구가」九歌 등이 있다.

권근權近 1352년(공민왕 1)~1409년(태종 9). 여말선초의 문신·학자. 본관은 안동, 자는 가원可遠, 호는 양촌陽村. 1368년(공민왕 17) 성균시에 합격하여 찬성사贊成事에 올랐고 길창군吉昌君에 봉해졌다. 성리학 연구에 매진하여 조선 유학의 기틀을 마련하였다. 편서로『동국사략』東國史略, 저서로『양촌집』·『오경천 견록』五經淺見錄 등이 있다. 시호는 문충文忠.

권우權遇   1363년(공민왕 12)~1419년(세종 1). 여말선초의 문신·학자. 본관은 안동, 자는 중려仲慮, 호는 매헌梅軒. 권근의 아우. 1385년 문과에 급제하여 예문관 제학藝文館提學을 지냈다. 두 번이나 시관試官이 되어 정인지鄭麟趾 등 명사 백여 명을 선발하였다. 저서로『매헌선생집』이 있다.

김극성金克成   1474년(성종 5)~1540년(중종 35). 본관은 광산光山, 자는 성지成之, 호는 우정憂亭. 1498년(연산군 4) 문과에 장원급제하였다. 중종반정에 참여하였으며 우의정에까지 올랐다. 저서로『우정집』이 있다. 시호는 충정忠貞.

김뉴金紐   1436년(세종 18)~1490년(성종 21). 본관은 안동, 자는 자고子固, 호는 금헌琴軒·취헌翠軒. 1464년(세조 10) 문과에 급제하여 이조참판에 올랐다. 글씨와 그림, 거문고에 뛰어나 삼절三絶로 불렸다.

김세필金世弼   1473년(성종 4)~1533년(중종 28). 본관은 경주, 자는 공석公碩, 호는 십청헌十淸軒. 1495년(연산군 1) 문과에 급제하여 대사헌·이조참판 등을 지냈다. 기묘사화 때 조광조趙光祖 사사賜死의 부당함을 간언했다가 유배되었다. 저서로『십청헌집』이 있다. 시호는 문간文簡.

김수온金守溫   1410년(태종 10)~1481년(성종 12). 본관은 영동永同, 자는 문량文良, 호는 괴애乖崖·식우拭疣. 1441년(세종 23) 문과에 급제하여 보국숭록대부輔國崇祿大夫에 올랐으며, 영산부원군永山府院君에 봉해졌다. 시문에 뛰어나 문명이 명나라에까지 알려졌다. 편서로『치평요람』治平要覽·『의방유취』醫方類聚, 저서로『식우집』이 있다. 시호는 문평文平.

김숭로金崇老   생몰년 미상. 자는 기백耆伯. 자세한 이력은 알 수 없으나 서거정徐居正이 시를 지어 지기知己라 읊었고 관직에 천거하기도 했던 것으로 보아 교유가 깊었던 듯하다. 충청찰방忠淸察訪·함열현감咸悅縣監 등을 지냈다.

김시습金時習   1435년(세종 17)~1493년(성종 24). 본관은 강릉江陵, 자는 열경悅卿, 호는 매월당梅月堂·동봉東峰, 법호는 설잠雪岑. 5세에 신동神童이라는 소문이 세종에게까지 알려졌다. 생육신의 한 사람으로, 단종이 폐위되자 승려가 되어 전국을 유랑하였다. 『금오신화』金鰲新話는 최초의 한문소설로 알려져 있다. 저서로 『매월당집』이 있다. 시호는 청간淸簡.

김안국金安國   1478년(성종 9)~1543년(중종 38). 본관은 의성義城, 자는 국경國卿, 호는 모재慕齋. 1503년(연산군 9) 문과에 급제하여 병조판서·대제학을 지냈다. 김굉필金宏弼의 문인이며, 기묘명현己卯名賢의 한 사람이다. 인종仁宗의 묘정에 배향되었으며 여주驪州의 기천서원沂川書院 등에 제향되었다. 저서로 『모재집』·『모재가훈』慕齋家訓 등이 있다.

김안로金安老   1481년(성종 12)~1537년(중종 32). 본관은 연안延安, 자는 이숙頤叔, 호는 희락당希樂堂·용천龍泉. 1506년(중종 1) 문과에 장원급제하여 좌의정에까지 올랐다. 사림파 축출을 위해 많은 옥사를 일으켰다. 1537년 중종의 계비인 문정왕후文定王后의 폐위를 기도하다가 발각되어 사사되었다. 허항許沆·채무택蔡無擇과 함께 정유삼흉丁酉三凶으로 일컬어진다. 저서로 『용천담적기』龍泉談寂記가 있다.

김안정金安鼎   1476년(성종 7)~1533년(중종 28). 본관은 연안, 자는 진경震卿. 김안로의 형. 1509년(중종 4) 문과에 급제하여 도승지·이조참판을 지냈다. 성품이 순수하고 신중하며 행동에 교만하거나 꾸밈이 없었고 과묵하였다고 한다.

김일손金馹孫   1464년(세조 10)~1498년(연산군 4). 본관은 김해, 자는 계운季雲, 호는 탁영濯纓. 1486년(성종 17) 문과에 급제하여 헌납·이조정랑 등을 지냈다. 사관으로 있을 때 스승 김종직金宗直의「조의제문」弔義帝文을 사초史草에 올렸다가 무오사화戊午士禍가 일어나 능지처참을 당했다. 중종반정으로 복관되었다. 저서로『탁영집』이 있다. 시호는 문민文愍.

김정金淨   1486년(성종 17)~1521년(중종 16). 본관은 경주, 자는 원충元冲, 호는 충암冲菴. 1507년(중종 2) 문과에 장원급제하여 형조판서를 지냈다. 기묘사화 때 제주도에 유배되었으며, 신사무옥辛巳誣獄에 연루되어 사사되었다. 1545년(인종 1) 복관되었고, 인조 때 영의정에 추증되었다. 조광조趙光祖와 함께 사림파의 대표적 존재였으며, 시문과 그림에도 능했다. 저서로『충암집』이 있다. 시호는 문간文簡.

김정국金正國   1485년(성종 16)~1541년(중종 36). 본관은 의성, 자는 국필國弼, 호는 사재思齋. 김안국의 아우이며 김굉필의 문인이다. 1509년(중종 4) 문과에 장원급제하여 이조정랑 등을 지냈으며, 기묘사화로 삭탈관직되자 고양高陽에 은거하였다. 1537년(중종 32) 복직되어 형조참판 등을 지냈다. 저서로『사재집』・『성리대전절요』性理大全節要・『사재척언』思齋摭言 등이 있다. 시호는 문목文穆.

김종직金宗直   1431년(세종 13)~1492년(성종 23). 본관은 선산善山, 자는 계온季昷, 호는 점필재佔畢齋. 1459년(세조 5) 문과에 급제하여 병조참판 등을 지냈다. 정몽주鄭夢周・길재吉再의 학통을 이은 부친 김숙자金叔滋로부터 학문을 전수받았고, 도학道學의 정맥을 잇는 중추적 구실을 하였다. 무오사화 때「조의제문」이 문제가 되어 부관참시 되었다가, 중종반정으로 신원되었다. 저서로『점필재집』・『청구풍아』靑丘風雅 등이 있다. 시호는 문충文忠.

나암 유공懶庵游公   여말선초의 승려. 양촌陽村 권근權近의「오대산서대수정암중창기」五臺山西臺水精菴重創記에 의하면, 원래 세족世族이었으나 불가에 귀의하여 양가도승록대사兩街都僧錄大師가 되었다고 한다. 또 권근은 그를 위해「송나암상인유금강산시서」送懶庵上人遊金剛山詩序를 짓기도 하였다.

남효온南孝溫   1454년(단종 2)~1492년(성종 23). 본관은 의령宜寧. 자는 백공伯恭, 호는 추강秋江. 1480년(성종 11) 생원시에 급제한 이후 과거를 포기하였다. 김종직의 문인이자 생육신의 한 사람으로, 갑자사화 때 부관참시 당하였다. 작품으로 「육신전」六臣傳이 있으며, 저서로 『추강집』・『추강냉화』秋江冷話 등이 있다. 시호는 문정文貞.

노공魯公   노魯나라 양공陽公으로, 『회남자』淮南子에 한韓나라와 전쟁을 치르다가 해가 저물어가자 해를 향하여 창을 휘둘러 해를 90리 뒤로 물러나게 했다는 고사가 전한다.

노동盧仝   중국 당나라 제원濟源 사람으로, 옥천자玉川子라 자호했다. 차의 품평을 잘했으며, 차를 예찬한 「다가」茶歌가 유명하다.

노자老子   중국 춘추시대의 철학자. 도가道家의 시조로 성은 이李, 이름은 이耳, 자는 백양伯陽 또는 담耼. 저서로 『노자도덕경』老子道德經이 있다.

뇌환雷煥   중국 동진東晉 때 사람으로, 자는 공장孔章. 점성술에 뛰어났다. 풍성현령豐城縣令을 지낼 때 오래된 감옥의 땅속에서 용천龍泉과 태아太阿 두 보검을 발견한 것으로 유명하다.

단목지端木智   중국 명나라 때 사람. 자공子貢의 후예로 이름은 효사孝思. 병부주사兵部主事를 지냈으며, 1402년(태종 2) 1월 조선에 사신으로 와서 성석린成石璘・변계량卞季良 등과 시를 수창하였다.

당 태위黨太尉   중국 송나라 때의 장군. 자는 보보, 태위는 관직이다. 평생 문묵文墨을 가까이하지 않았고 문자도 몰랐지만, 용맹함으로 명성을 드날렸으며 눈에서 섬광이 나와 멀리서 보면 신선 같았다고 한다.

대규戴逵　중국 동진 때의 미술가이자 음악가. 자는 안도安道. 명유名儒인 범선范宣에게 수학하여 재능을 인정받았지만 평생 벼슬하지 않았다. 칠현금七絃 琴의 명수였고, 인물화와 산수화에도 뛰어났다. 왕휘지王徽之가 눈 오는 밤 그를 찾았다가 문 앞에서 돌아갔다는 고사가 유명하다. 저서로 『대규집』이 있었으나 현존하지 않는다.

도곡陶穀　중국 송나라 때 신평新平 사람으로, 자는 수실秀實, 자호는 녹문선생鹿門先生. 예부·형부·호부상서를 역임하였고, 경사經史에 널리 통했다고 한다. 당 태위黨太尉 집의 기녀를 얻어 차를 마시며 자신의 풍류를 자랑하려다가 기녀에게 망신당했다는 고사가 전한다.

도잠陶潛　중국 동진 때의 시인으로, 자는 연명淵明, 호는 오류선생五柳先生. 팽택령彭澤令이 되었다가 「귀거래사歸去來辭」를 남기고 귀향하였다. 자연의 아름다움을 노래한 시가 많으며, 저서로 『도연명집』이 있다.

동곽선생東郭先生　중국 한나라 때 제齊 땅 사람으로, 살림이 빈궁하여 바닥이 없는 신발을 신고 눈 위를 걸어 다니자 사람들이 모두 비웃었다는 고사가 있다. 『사기』史記 「골계열전」滑稽列傳에 그 내용이 전한다.

동중서董仲舒　중국 한나라 때의 대표적 유학자. 한나라 초기에 제자백가의 설을 물리치고 유교의 독립적인 사상 기반을 마련하여 무제武帝에게 신임을 받았다. 『한서』漢書에 열전이 전한다. 저서로 『춘추번로』春秋繁露가 있다.

두보杜甫　중국 당나라 때의 시인으로, 자는 자미子美. 두릉杜陵에 살면서 두릉포의杜陵布衣라 자호했다. 검교공부원외랑檢校工部員外郎을 지냈다. 이백과 함께 이두李杜로 병칭되며, 시성詩聖으로 일컬어진다. 저서로 『두공부집』杜工部集이 있다.

마원馬援　　중국 후한 때의 장군. 광무제光武帝 때 복파장군伏波將軍에 임명되었다. 티베트와 베트남까지 정벌하여 중국의 지배권을 확고히 하였고, 중앙아시아의 흉노족을 제압하는 데 힘썼다. 노익장老益壯의 고사를 남긴 것으로 유명하다.

매요신梅堯臣　　중국 북송 때의 시인으로, 자는 성유聖兪. 소순흠蘇舜欽과 함께 시로 유명하여 소매蘇梅로 병칭되었으며, 구양수歐陽修가 그의 시집에 서문을 써 주었다. 저서로 『매성유집』이 있다.

명곡明谷 **스님**　　조선 초기의 승려로 영천永川의 환귀사還歸寺에 기거하였다. 영천으로 유배되었던 유방선柳方善과 교유가 있었으며, 백련암을 지어 거처를 옮기자 유방선이 「백련암기」白蓮菴記를 지어 주었다.

박상朴祥　　1474년(성종 5)~1530년(중종 25). 본관은 충주忠州, 자는 창세昌世, 호는 눌재訥齋. 1501년(연산군 7) 문과에 급제하였고, 1515년(중종 6) 중종반정으로 폐위된 단경왕후端敬王后 신씨愼氏의 복위를 주장하다가 유배당했다. 시에 뛰어나 이행李荇과 함께 이름을 떨쳤다. 저서로 『눌재집』이 있다.

박휘겸朴撝謙　　생몰년 미상. 본관은 밀양密陽, 호는 밀산어수密山漁叟. 무과에 급제하여 세조世祖 때 낭장郎將을 지냈으며, 북방을 정벌한 공을 세웠으나 말하지 않은 채 물러나 천안天安의 구룡산九龍山에 은거하였다. 시「노장행」老將行이 『국조시산』國祖詩刪에 실려 있다.

방덕공龐德公　　중국 후한 때의 은사隱士로, 자는 자어子魚. 제갈량諸葛亮과 교유가 깊었다. 형주자사荊州刺史 유표劉表가 몇 차례 벼슬을 권했으나 응하지 않았고, 녹문산鹿門山에서 약초를 캐며 살았다.

백거이白居易　　중국 당나라 때의 시인. 자는 낙천樂天, 호는 향산거사香山居士, 시호는 문文. 시에 뛰어났으며 당 현종玄宗과 양귀비楊貴妃의 사랑을 노래한 장편 시「장한가」長恨歌가 널리 알려졌다. 저서로『백씨장경집』白氏長慶集이 있다.

백아伯牙 중국 춘추시대 진晉나라 사람. 거문고의 명수로 금선琴仙이라 일컬어졌다. 자신의 음악을 알아주던 종자기鍾子期가 죽자 더 이상 거문고를 연주하지 않았다는 백아절현伯牙絶絃과 지음知音의 고사로 유명하다.

백이伯夷 은말주초殷末周初의 전설적인 성인聖人.『사기』에 의하면 고죽군孤竹君의 아들로 아우 숙제叔齊와 함께 무왕武王이 은나라의 주紂임금을 정벌하는 것을 말리다 실패하여 수양산首陽山에 들어가 고사리를 캐먹고 지내다 굶어 죽었다고 한다.

변계량卞季良 1369년(공민왕 18)~1430년(세종 12). 여말선초의 문신. 본관은 밀양, 자는 거경巨卿, 호는 춘정春亭. 1392년(태조 1) 조선 건국에 공헌하였고, 집현전 대제학에 이르렀다.『태조실록』과『고려사』의 편찬에 참여하였으며, 거창居昌의 병암서원屛巖書院에 제향되었다. 저서로『춘정집』이 있다. 시호는 문숙文肅.

변중량卞仲良 1345년(충목왕 1)~1398년(태조 7). 여말선초의 문신. 본관은 밀양, 호는 춘당春堂. 변계량의 형. 정몽주의 문인으로 고려 말 문과에 급제하였고, 조선에 들어와 우부승지右副承旨 등을 지냈다. 제1차 왕자의 난에 정도전의 일파로 몰려 참살되었다. 저서로『춘당유고』가 있다.

사마상여司馬相如 중국 한나라 때의 문인으로, 자는 장경長卿.「자허부」子虛賦와「상림부」桑林賦는 후대 부賦 문학에 많은 영향을 끼쳤다. 아내 탁문군卓文君과의 사랑 이야기도 유명하다. 저서로『사마장경집』이 있다.

사안謝安 중국 동진 때의 문인으로 절강성浙江省 소흥紹興 사람. 자는 안석安石. 젊어서부터 청담淸談으로 이름을 얻었다. 처음 벼슬하여 겨우 한 달 만에 사직하고 동산東山에 은거하면서 왕희지王羲之와 교유하였고, 집안의 자제들을 가르치는 데 힘을 다하였다. 훗날 재상宰相을 역임하였다.

사혜련謝惠連　　중국 남조南朝 송宋나라의 문학가. 10세에 시를 지어 족형 족형族兄인 사령운謝靈運의 칭찬을 받았다. 이백李伯은 「춘야연도리원서」春夜宴桃李園序에서 자신의 형제들을 사혜련처럼 빼어나다고 비유하였다. 작품으로 「설부」雪賦가 유명하다.

생공生公　　중국 진晉나라 말기의 고승인 축도생竺道生의 존칭. 전설에 따르면 생공이 소주蘇州의 호구사虎丘寺에서 바위들을 제자로 삼아 『열반경』涅槃經을 강의하였고, 지극히 오묘한 경지에 이르자 바위들이 모두 고개를 끄덕였다고 한다.

서거정徐居正　　1420년(세종 2)~1488년(성종 19). 본관은 달성達城, 자는 강중剛中, 호는 사가정四佳亭. 1444년(세종 26)년 문과에 급제하여 대제학·한성부판윤漢城府判尹 등을 지냈으며, 26년간 문형文衡을 맡았을 만큼 문명이 높았다. 저서로 『사가집』·『동문선』東文選·『동인시화』東人詩話·『태평한화골계전』太平閑話滑稽傳·『필원잡기』筆苑雜記 등이 있다. 시호는 문충文忠.

석숭石崇　　중국 진晉나라 때의 부호富豪. 자는 계륜季倫. 형주자사荊州刺史를 지냈고, 항해와 무역으로 거부가 되었다. 금곡원金谷園이라는 별장을 짓고 녹주綠珠라는 기생과 향락을 즐겼는데, 녹주를 요구하는 세도가 손수孫秀의 청을 거절하였다가 몰락하였다.

성간成侃　　1427년(세종 9)~1456년(세조 2). 본관은 창녕昌寧, 자는 화중和仲, 호는 진일재眞逸齋. 1453년(단종 1) 문과에 급제하였고, 정언正言에 임명되었으나 부임하기 전에 병으로 죽었다. 경사經史는 물론 문장·기예技藝·음률音律·복서卜筮 등에 밝았다. 작품으로 「용부전」傭夫傳이 있고, 저서로 『진일재집』이 있다.

성종成宗　　1457년(세조 3)~1494년(성종 25). 조선 제9대 왕. 재위 기간은 1469~1494년. 이름은 혈娎. 비妃는 영의정 한명회韓明澮의 딸 공혜왕후恭惠王后, 계비繼妃는 우의정 윤호尹壕의 딸 정현왕후貞顯王后이다. 1479년 윤씨를 폐하고 1482년에 사사하였는데, 이는 뒤에 갑자사화의 원인이 되었다. 『경국대전』經國大典을 반포하고 관수관급제官收官給制라는 전세田稅를 실시하였으며, 사림파를 등용하여 도학정치道學政治를 실현하고자 했다. 시호는 강정康靖.

성중엄成重淹　　1474년(성종 5)~1504년(연산군 10). 본관은 창녕, 자는 계문季文, 호는 청호晴湖. 1494년(성종 25) 문과에 급제하였고 『성종실록』 편찬에 참여하였다. 무오사화 때 인산麟山에 유배되었고, 1504년(연산군 10) 갑자사화 때 원배遠配된 뒤 능지처참을 당하였다.

성현成俔　　1439년(세종 21)~1504년(연산군 10). 본관은 창녕, 자는 경숙磬叔, 호는 용재慵齋·부휴자浮休子·허백당虛白堂. 1462년(세조 8) 문과에 급제하여 예조판서·대제학을 지냈다. 죽은 뒤 수개월 만에 갑자사화가 일어나 부관참시되었으나, 뒤에 신원되었다. 저서로 『허백당집』·『용재총화』慵齋叢話·『부휴자담론』浮休子談論 등이 있다. 시호는 문재文載.

소보巢父　　중국 고대의 고사高士. 산의 나무 위에서 살았기 때문에 생긴 이름이다. 요堯임금이 허유許由에게 정치를 맡기려 하자 허유가 더러운 소리를 들었다고 하여 영천수穎川水에 가서 귀를 씻었고, 이 이야기를 들은 소보는 소에게 그 물을 먹이지 않았다는 고사가 전한다.

소세검蘇世儉　　1483년(성종 14)~1573년(선조 6). 본관은 진주晉州, 자는 약이約而, 호는 쌍봉雙峰. 소세양蘇世讓의 형. 1513년(중종 8) 생원시에 합격하여 여러 관직을 역임하였고, 91세의 나이로 졸하였다. 저서로 『쌍봉일고』雙峰逸稿가 있다.

소세양蘇世讓　1486년(성종 17)~1562년(명종 17). 본관은 진주, 자는 언겸彦謙, 호는 양곡陽谷. 1509년(중종 4) 문과에 급제하여 이조판서·좌찬성 등을 지냈다. 1545년(인종 1) 윤임尹任 일파의 탄핵으로 사직하였다가 을사사화로 윤임 등이 몰락하자 좌찬성을 지냈다. 율시律詩에 뛰어났고, 송설체松雪體를 잘 썼다. 저서로 『양곡집』이 있다. 시호는 문정文靖.

소식蘇軾　중국 북송 때의 문인으로, 자는 자첨子瞻, 호는 동파東坡. 당송팔대가唐宋八大家의 한 사람이며, 서화에도 능했다. 부친 소순蘇洵, 아우 소철蘇轍과 함께 삼소三蘇로 일컬어진다. 저서로 『소동파전집』이 있다.

소평邵平　중국 진秦나라의 제후. 몰락한 귀족 출신으로 한漢나라의 승상인 소하蕭何와 친교가 깊었지만, 진나라가 망하자 동릉후東陵侯를 그만두고 청문靑門 밖에서 오이를 재배하며 살았다고 한다.

손조서孫肇瑞　생몰년 미상. 본관은 안동, 자는 인보引甫, 호는 면재勉齋·격재格齋. 김종직과 친교가 있었고, 김굉필·정여창鄭汝昌 등이 그의 제자이다. 1435년(세종 17) 진사시에 합격하여 병조정랑兵曹正郎을 지냈다. 1456년(세조 2) 단종 복위가 실패하자 벼슬을 버리고 은둔하였다. 저서로 『격재집』이 있다.

송경宋璟　중국 당나라 때 재상. 자는 광평廣平. 문장에 뛰어났고 측천무후則天武后에게 신임을 받았다. 예종 복위 후에 폐단을 혁파하고 인재를 등용하는 과정에서 태평공주太平公主의 미움을 받아 초주자사楚州刺史로 좌천되었다. 개원開元 4년(716)에 요숭姚崇을 이어 재상이 되었으며 요숭과 함께 뛰어난 재상으로 일컬어진다. 시호는 문정文貞.

수미壽眉　생몰년 미상. 조선 초기의 승려. 전남 영암군 도갑사道岬寺에 기거하였고, 선종판사禪宗判事가 되었다. 『예종실록』 즉위년(1468) 9월 21일 조에 "광연루廣延樓 부용각芙蓉閣에 거처하면서 법석法席을 열었다"는 기록이 있다.

숙제叔齊   은말주초殷末周初의 전설적인 성인聖人. 『사기』에 의하면 고죽군孤竹君의 아들로 형 백이伯夷와 함께 무왕武王이 은나라의 주紂임금을 정벌하는 것을 말리다 실패하여 수양산首陽山에 들어가 고사리를 캐먹고 지내다 굶어 죽었다고 한다.

순舜**임금**   중국의 삼황오제三皇五帝 가운데 오제의 마지막 군주. 성은 우虞, 이름은 중화重華. 요堯와 함께 성군聖君의 대명사로 일컬어지며 '요순'으로 병칭된다.

승찬僧璨   중국 선종禪宗의 제3조. 제2조 혜가慧可로부터 도를 전수받았다. 사후 150년이 지나 당나라 현종玄宗이 감지선사鑑智禪師라는 시호와 각적覺寂이라는 탑호塔號를 올렸다. 그가 지은 「신심명」信心銘이 유명한데, 도를 깨달은 후의 즐거움을 말하였다.

신광한申光漢   1484년(성종 15)~1555년(명종 10). 본관은 고령, 자는 한지漢之, 호는 기재企齋. 신숙주의 손자. 1510년(중종 5) 문과에 급제하여, 이조판서 등을 지냈다. 을사사화 때 소윤小尹에 가담하여 추성위사홍제보익공신推誠衛社弘濟保翼功臣 3등에 책록되고, 영성군靈城君에 봉해졌다. 저서로 『기재집』이 있다. 시호는 문간文簡.

신분申濆   생몰년 미상. 호는 청구자淸臞子. 양곡 소세양과 교유하였다. 『중종실록』 26년(1531) 3월 28일 조에 의원醫員으로 이름이 등장하고, 1539년 소세양이 접반사接伴使가 되었을 때 역시 의원으로 동행하였다는 기록이 있다.

신숙주申叔舟   1417년(태종 17)~1475년(성종 6). 본관은 고령, 자는 범옹泛翁, 호는 보한재保閑齋. 1439년(세종 21) 문과에 급제하여, 영의정에까지 올랐다. 세종의 훈민정음 창제를 보좌하였고, 계유정난癸酉靖難 때 수충협책정난공신輸忠協策靖難功臣 2등에 책록되었다. 문장에 뛰어났고 송설체를 잘 썼다. 저서로

『보한재집』·『해동제국기』海東諸國記가 있다. 시호는 문충文忠.

심언광沈彦光   1487년(성종 18)~1540년(중종 35). 본관은 삼척三陟, 자는 사형士炯, 호는 어촌漁村. 1513년(중종 8) 문과에 급제하여, 이조판서 등을 지냈다. 김안로의 등용을 도왔다가 뒤에 대립하였고, 인종 즉위 후 대윤大尹 일파가 집권하자 삭탈관직 당하였다. 이후 복관되었으며, 시詩·서書·화畵에 능하였다. 시호는 문공文恭.

안견安堅   생몰년 미상. 본관은 지곡池谷, 자는 가도可度, 호는 현동자玄洞子·주경朱耕. 세종 때부터 문종·단종·세조 때까지 화원畵員으로 활동하며, 정4품 호군護軍에 올랐다. 안평대군安平大君을 섬기며 고화古畵를 섭렵함으로써 자신의 화풍을 이룩하는 토대로 삼았다. 산수화에 가장 뛰어났고, 작품으로 「몽유도원도」夢遊桃源圖·「사시팔경도」四時八景圖 등이 현존한다.

안관후安寬厚   1417년~미상. 본관은 순흥, 자는 율보栗甫. 1447년(세종 29) 문과에 급제하여 첨지중추부사僉知中樞府事에 이르렀다. 성현成俔의 『용재총화』慵齋叢話에 술을 마시고 홍윤성洪允成에게 무례를 범했던 일화가 전한다.

안숭선安崇善   1392년(태조 1)~1452년(문종 2). 본관은 순흥順興, 자는 중지仲止, 호는 옹재雍齋. 1420년(세종 2) 문과에 장원급제하여 좌참찬左參贊에 이르렀다. 1433년(세종 15) 파저강婆豬江의 야인을 정벌할 때 세종의 정책을 적극 추진하여 신임을 얻었다. 『고려사』 수찬에 참여하였다. 안축安軸의 『근재집』에 부록으로 그의 유고가 전한다. 시호는 문숙文肅.

양귀비楊貴妃   중국 당나라 현종의 귀비. 처음에는 현종 아들의 비였다가 현종의 비가 되었다. 사촌 오빠 양국충楊國忠도 등용되어 재상에까지 올랐다. 돌궐족 출신의 장군 안녹산安祿山이 양귀비의 총애를 받아 권세를 누리다가 난리를 일으키자, 피난 가던 중 마외馬嵬에서 자살하였다.

양성지梁誠之　　1415년(태종 15)~1482년(성종 13). 본관은 남원南原, 자는 순부純夫, 호는 눌재訥齋·송파松坡. 1441년(세종 23) 문과에 급제하여 홍문관 대제학을 지냈다. 뛰어난 학문과 식견이 있었는데 세조는 그를 해동海東의 제갈량諸葛亮이라고까지 하였다. 저서로 『눌재집』이 있다. 시호는 문양文襄.

양웅揚雄　　중국 전한 때의 정치가이자 철학가로, 자는 자운子雲. 어려서부터 학문을 좋아하였고 담론보다는 사색을 즐겼다. 문학에서는 부賦에 뛰어났다. 40세 이후 벼슬에 나갔고, 왕망王莽의 신하가 되어 비난을 받기도 하였다. 저서로 『태현경』太玄經·『법언』法言 등이 있다.

양진楊震　　중국 후한 때의 학자로, 자는 백기伯起. 박학과 청렴으로 이름이 높았으며, 관서공자關西孔子로 불렸다. 동래태수東萊太守로 부임하던 도중 창읍昌邑에 이르렀을 때, 예전에 자신이 천거했던 왕밀王密이 찾아와 뇌물로 황금을 바치자, "하늘이 알고 귀신이 알고 내가 알고 자네가 아는데 어찌 아는 자가 없다고 말하는가?"라고 한 것으로 유명하다.

엄嚴 스님　　이름은 지엄智嚴, 호는 자주慈舟, 당호는 벽송碧松. 허백당虛白堂 성현成俔과 교유가 있었다.

오효영吳孝永　　생몰년 미상. 자는 은군隱君. 『세조실록』 1년(1455) 12월 27일 조의 계유정난癸酉靖難 3등 공신 녹훈 명단에 이름이 확인되며, 당시 벼슬은 현감이었다. 서거정과 교유하였던 것으로 보인다.

왕안석王安石　　중국 송나라 때 학자·정치가. 자는 개보介甫, 호는 반산半山, 시호는 문文. 신종神宗 때 신법新法을 만들어 정치 개혁을 단행했다. 저서로 『임천집』臨川集·『당백가시선』唐百家詩選 등이 있다.

왕현王賢　　중국 명나라 때의 대신으로 자는 유선惟善. 1411년 과거에 합격하였고, 예부시랑禮部侍郎 설선薛瑄이 그의 제자이다. 1419년(세종 1) 조선에 사신으로 온 기록이 있다. 향년은 83세.

왕희지王羲之　　중국 진晉나라 때의 서예가로 서성書聖으로 일컬어진다. 자는 일소逸少. 우군장군右軍將軍을 지냈으므로 왕우군王右軍으로도 불린다. 오늘날 그의 진적眞跡은 전해지지 않으나 〈난정서〉蘭亭序·〈십칠첩〉十七帖·〈집왕성교서〉集王聖敎序 등의 탁본이 전하며, 특히 〈난정서〉는 행서의 본보기가 되었다.

요堯임금　　중국의 삼황오제三皇五帝 가운데 오제의 네 번째 군주. 이름은 방훈放勳. 자신이 왕위를 물려준 순舜과 함께 성군聖君의 대명사로 일컬어지며 '요순'으로 병칭된다.

원민생元閔生　　?~1435년(세종 17). 본관은 원주原州. 중국어 역관譯官으로 총 21회 중국을 왕래하였고, 명나라 사신 황엄黃儼과 교분이 두터워 외교 활동에 기여한 공로가 컸다. 인순부윤仁順府尹 등을 역임하였고 자헌資憲의 품계를 받았다. 시호는 양후襄厚.

원숙元肅　　?~1425년(세종 7). 본관은 원주. 1401년(태종 1) 문과에 급제하였고, 1419년(세종 1) 지신사知申事가 되어 신문고申聞鼓가 남용되는 폐단을 지적하며 철폐를 주장하였다. 1424년 뇌물수수의 혐의로 파직되었다가, 이듬해 인수부윤仁壽府尹에 복직되었다.

원안袁安　　중국 후한後漢 때 정치가. 자는 소공邵公. 자신을 포함하여 4대에 걸쳐 삼공三公을 지냈다. 벼슬하기 전 어느 날 낙양洛陽에 폭설이 내리자 사람들은 모두 눈을 치우고 밖으로 나와 걸식하였지만, 그는 차라리 굶어 죽겠다면서 집에 누워 있었다는 고사가 전한다.

유령劉伶　　중국 서진西晉 때 사람으로, 자는 백륜伯倫. 죽림칠현竹林七賢

의 한 사람. 노장 사상에 심취하여 전통적인 예법을 멸시하였다. 술을 좋아하여 길을 갈 때면 항상 하인에게 삽을 들고 따르게 하며 자신이 죽으면 그 자리에 묻으라고 하였다. 작품으로 「주덕송」酒德頌이 있다.

유무劉武   중국 전한 때의 왕족. 경제景帝의 아우이며 두태후竇太后 소생이다. 양왕梁王에 봉해졌고 시호가 효孝이므로 양 효왕梁孝王으로 불린다. 어느 해 세모歲暮에 주연을 베풀고 사마상여司馬相如 등 시인 묵객을 초청하였는데, 눈이 쏟아지자 사마상여에게 자신을 위해 부賦를 지어서 기념토록 했다는 고사가 전한다.

유방선柳方善   1388년(우왕 14)~1443년(세종 25). 본관은 서산瑞山, 자는 자계子繼, 호는 태재泰齋. 1409년(태종 9) 민무구閔無咎의 옥사에 연좌되어 청주로 유배되었다. 1415년에 풀려나 원주에서 지내던 중 참소를 받고 다시 영천에 유배되었고, 1427년(세종 9)에 풀려났다. 원주에서 생활하는 동안 서거정徐居正·한명회韓明澮·권람權覽 등 문하생을 길러냈으며, 시학詩學에 뛰어났다. 저서로 『태재집』이 있다.

유부兪附   중국 황제黃帝 때 전설상의 명의名醫로 편작扁鵲과 함께 병칭된다.

유하혜柳下惠   중국 춘추시대 노魯나라 사람. 성은 전展, 이름은 획獲, 자는 금禽. 유하는 식읍食邑이고 혜는 시호이다. 노나라의 대부를 지냈고 나중에 은둔하여 일민逸民이 되었다. 화성和聖으로 불린다.

유호인兪好仁   1445년(세종 27)~1494년(성종 25). 본관은 고령, 자는 극기克己, 호는 뇌계㵢溪. 1474년(성종 5)에 문과에 급제하였고, 합천군수陜川郡守로 재직 중 병사하였다. 김종직의 문인이며 문장으로 명망이 높았다. 저서로 『뇌계집』이 있다.

육기陸機　　중국 서진西晉 때의 문학가. 자는 사형士衡. 오吳나라 출신으로 태학太學의 장長에 임명되었으며, 서진의 고위 관직에 올랐지만 후에 황제를 폐하고 수도를 점령하려던 정치 음모에 연루되어 처형되었다. 그의 작품 「문부」文賦는 탁월한 관찰력과 정확성으로 문장 구성의 원칙을 정의한 뛰어난 문학비평서이다.

육우陸羽　　중국 당나라 때 경릉竟陵 사람. 자는 홍점鴻漸, 호는 경릉자竟陵子, 아호는 상저옹桑苧翁·동강자東岡子·동원선생東園先生 등이다. 평소에 차를 좋아해 다신茶神으로 받들어졌다. 저서로 『다경』茶經, 『고저산기』顧渚山記, 『남북인물지』南北人物志 등이 있다.

윤자영尹子濚　　1420년~?. 본관은 무송茂松, 자는 담수淡叟, 호는 방헌厖軒. 1451년(문종 1) 문과에 급제하여 진주목사에 이르렀다. 1455년 좌익원종공신佐翼原從功臣 2등에 책록되었으며, 『세종실록』과 『문종실록』 편찬에 참여하였다.

이래李來　　1362년(공민왕 11)~1416년(태종 16). 여말선초의 문신. 본관은 경주, 자는 낙보樂甫. 이존오李存吾의 아들이며, 우현보禹玄寶의 문인이다. 1383년(우왕 9) 문과에 급제하였고, 조선 건국 후 방간芳幹의 난을 평정하는 데 공을 세워 추충좌명공신推忠佐命功臣 2등에 책록되었으며 계림군鷄林君에 봉해졌다. 태종太宗 묘정에 배향되었다. 시호는 경절景節.

이명덕李明德　　1373년(공민왕 22)~1444년(세종 26). 여말선초의 문신. 본관은 공주公州, 자는 신지新之, 호는 사봉沙峰. 1396년(태조 5) 문과에 급제하여 판중추원사判中樞院事에 올랐다. 1438년(세종 20) 정조사正朝使로 명나라에 다녀왔다. 시호는 공숙恭肅.

이목李穆　　1471년(성종 2)~1498년(연산군 4). 본관은 전주, 자는 중옹仲雍, 호는 한재寒齋. 1495년(연산군 1) 문과에 장원급제하였다. 무오사화에 연루되어 참형을 당했고 갑자사화 때 부관참시 되었다가, 1507년(중종 2)에 복관되었다. 작

품「다부」茶賦에서 차와 관련된 여러 내용을 읊었다. 저서로 『이평사집』李評事集
이 있다. 시호는 정간貞簡.

이백李白   중국 당나라 때의 시인. 자는 태백太白, 호는 청련거사靑蓮居士.
두보와 함께 중국 최고의 시인으로 꼽히며, 시선詩仙으로 불린다. 저서로 『이태백
시집』이 있다.

이소李愬   중국 당나라 때의 장군. 자는 원직元直. 816년 절도사節度使로 오
원제吳元濟의 반란을 진압하고 그를 사로잡아 양국공凉國公에 봉해졌다. 지형을
살피고 전쟁의 시기를 택하는 데 뛰어났다고 한다.

이숙함李淑瑊   생몰년 미상. 본관은 연안, 자는 차공次公, 호는 몽암夢菴·양
원楊原. 1454년(단종 2) 문과에 급제하여 이조참의를 지냈다. 1485년(성종 16)『동
국통감』東國通鑑 편찬에 참여하였다. 시호는 문장文莊.

이승소李承召   1422년(세종 4)~1484년(성종 15). 본관은 양성陽城, 자는 윤
보胤保, 호는 삼탄三灘. 1447년(세종 29) 문과에 장원급제하였다. 세조가 즉위하자
원종공신 2등에 책록되었고, 1471년(성종 2)에는 순성좌리공신純誠佐理功臣 4등
에 책록되고 양성군陽城君에 봉해졌다. 다방면의 학술에 통달하였고 특히 문장에
뛰어났다. 저서로 『삼탄집』이 있다. 시호는 문간文簡.

이식李湜   1458년(세조 4)~1488년(성종 19). 본관은 전주, 자는 낭옹浪翁,
호는 사우정四雨亭. 세종의 손자이며, 부림군富林君에 봉해졌다. 시에 뛰어났는
데 특히「차달성상석한도십영」次達城相石漢都十詠은 조선 초기 서울의 모습을 잘
보여준다. 저서로 『사우정집』이 있다.

이원李原   1368년(공민왕 17)~1429년(세종 11). 여말선초의 문신. 본관은 고
성固城, 자는 차산次山, 호는 용헌容軒. 1385년(우왕 11) 문과에 급제하였다. 1411

년(태종 11) 철성부원군鐵城府院君에 봉해졌으며 좌의정까지 올랐다. 말년에 지나친 위세를 부리다 유배지에서 죽었다. 저서로 『용헌집』・『철성연방집』鐵城聯芳集이 있다. 시호는 양헌襄憲.

이원李援   ?~1504(연산군 12). 자는 문연文淵, 종실 우산군牛山君 종種의 아들이자 무풍부정茂豐副正 총摠의 형이다. 1504년 갑자사화 때 남해의 절도로 유배되어 사사되었고, 그 해 중종반정으로 신원되어 용성군龍城君에 봉해졌다. 시호는 정민貞愍.

이윤伊尹   중국 은殷나라 초기의 재상. 이伊는 이름, 윤은 관명. 노예의 신분으로 태어나 탕湯임금에게 발탁되어 은나라를 건국하는 데 큰 공을 세웠고, 탕임금 사후 복병卜丙・중임仲壬・태갑太甲 등 세 왕을 섬기며 은나라의 기초를 다졌다.

이정은李貞恩   생몰년 미상. 본관은 전주, 자는 정중正中, 호는 월호月湖・설창雪窓. 태종의 아들인 익녕군益寧君 치袳의 아들. 수천부정秀川副正에 봉해졌다. 김굉필・남효온 등의 사림파 학자들과 교유했지만, 사림파의 정치적 역량이 커지자 교유를 끊어 사화 때 화를 면하였다. 음률音律에 일가를 이루었다고 한다.

이주李胄   1468년(세조 14)~1504년(연산군 10). 본관은 고성固城, 자는 주지胄之, 호는 망헌忘軒. 1488년(성종 19) 문과에 급제하여 정언을 지냈다. 무오사화 때 김종직의 문인으로 몰려 진도珍島에 유배되었고, 갑자사화 때 김굉필 등과 함께 사사되었다. 저서로 『망헌유고』가 있다.

이직李稷   1362년(공민왕 11)~1431년(세종 13). 본관은 성주星州, 자는 우정虞庭, 호는 형재亨齋. 1377년(우왕 3) 문과에 급제하였다. 조선 건국에 공을 세워 개국공신 3등에 책록되고 성산군星山君에 봉해졌으며, 영의정까지 올랐다. 저서로 『형재집』이 있다. 시호는 문경文景.

이진李璡   중국 당나라 현종 때의 종실 인물로, 예종睿宗의 손자이자 숙종肅宗의 조카. 여양왕汝陽王에 봉해졌으며, 두보·이백과 절친하였다. 술고래로 유명하여 양왕겸국부상서醸王兼麴部尚書라는 별호를 얻기까지 하였다. 두보는「음중팔선가」飮中八仙歌에서 "여양은 서 말을 마시고야 천자께 조회하였네"라고 노래하였다.

이행李荇   1478년(성종 9)~1534년(중종 29). 본관은 덕수德水, 자는 택지擇之, 호는 용재容齋. 1495년(연산군 1) 문과에 급제하여 좌의정에까지 올랐다. 김안로의 전횡을 논박하다가 유배지에서 죽었다. 『동국여지승람』의 신증新增을 맡았으며, 시에 뛰어나 해동강서파海東江西派로 불린다. 중종 묘정에 배향되었다. 저서로『용재집』이 있다. 시호는 문헌文獻.

인蘭 스님   일본의 승려. 이름은 수인秀藺. 1468년(세조 14)에 조선에 와서 세조의 명을 받들고 일본으로 돌아갔다. 1470년 세조에게 복명하기 위해 다시 조선에 왔으나, 이미 세조는 승하하고 성종이 즉위해 있었다. 다시 일본으로 돌아갈 때 김종직과 서거정이 송서送序를 지어 주었다.

일암 전 장로一菴專長老   생몰년 미상. 조선 초기의 승려.『용재총화』에 그의 인물됨이 소개되어 있는데, 술과 바둑을 좋아하였으며 신숙주申叔舟·성삼문成三問·이석형李石亨 등과 두루 사귀었다고 한다. 서거정과 몹시 친했으며, 그림에도 뛰어났다.

임원준任元濬   1423년(세종 5)~1500년(연산군 6). 본관은 풍천豊川, 자는 자심子深, 호는 사우당四友堂. 1456년(세조 2) 문과에 급제하여 예조판서를 지냈다. 1471년(성종 2) 좌리공신佐理功臣 3등이 되고 서하군西河君에 봉해졌다. 문장뿐만 아니라 풍수·의복醫卜에도 능통하였다. 그러나 성품이 교활하였고, 아들 사홍士洪 역시 간사하여, 대임大任·소임小任으로 불렸다. 시호는 호문胡文.

임포林逋　　중국 북송 때의 현사. 자는 군복君復, 호는 서호처사西湖處士. 인종이 화정선생和靖先生이라는 시호를 내렸다. 서호의 고산孤山에 은거하여 20년 동안 속세에 발을 들여놓지 않았다. 글씨와 시에 능하였는데 특히 매화시가 유명하다. 장가를 들지 않아 처자 없이 매화를 심고 학을 기르며 즐겼기 때문에 매처학자梅妻鶴子로 불렸다.

자단自端 **스님**　　유구琉球의 승려. 신숙주申叔舟의 「차유구국사동자단시」次琉球國使東自端詩의 서문에 의하면, 원래 일본의 선승으로 유구를 방문하였다가 유구 국왕의 요청으로 1467년(세조 13) 조선에 내빙來聘하였고, 1471년(성종 2) 다시 조선을 방문하였다고 한다.

잠岑 스님　　조선 초기의 승려. 서거정과 교유가 있었다. 경주慶州 남산南山의 정사精舍에서 기거하였다고 한다.

장경양張景陽　　중국 서진西晉 때의 문학가. 이름은 협協. 하간내사河間內史를 지냈고, 그의 형 장재張載, 아우 장항張亢과 함께 삼장三張으로 일컬어진다. 남조南朝 때의 문장가 강엄江淹이 만년에 꿈속에서 장경양을 만나 비단 폭을 돌려준 뒤부터 문장이 갑자기 퇴보하기 시작했다는 고사가 전한다.

장자莊子　　중국 전국시대의 철학가. 이름은 주周. 유교의 인위적인 예교禮教를 부정하고 자연으로 돌아가자는 자연 철학을 제창하였다. 저서로 『장자』가 있다.

장형張衡　　중국 후한 때 사람으로, 자는 평자平子. 상서尙書를 지냈고, 문학·수학·지리·철학 등 다방면에 능통했다. 문학에서는 「귀전부」歸田賦가 유명하며, 천문학·기계 기술·지진학地震學 등에 불멸의 공적을 세워 후대에 과성科聖으로 불린다.

정건鄭虔　중국 당나라 때 사람으로 자는 약재若齋. 시인이자 화가로 명성을 얻었으며, 천문·지리·병법·의약 등에도 능통하였다. 두보는 그를 광문선생廣文先生이라 부르며 "형양滎陽의 유자儒者 중에 으뜸이다"라고 칭찬하였다.

정극인丁克仁　1401년(태종 1)~1481년(성종 12). 본관은 영성靈城, 자는 가택可宅, 호는 불우헌不憂軒. 1453년(단종 1) 문과에 급제하였고, 종학박사宗學博士 등을 지냈다. 최초의 가사 작품으로 알려진 「상춘곡」賞春曲을 비롯하여 단가短歌인 「불우헌가」, 한림별곡체翰林別曲體인 「불우곡」 등을 지어 한국시가사에 공헌하였다.

정총鄭摠　1358년(공민왕 7)~1397년(태조 6). 여말선초의 문신. 본관은 청주, 자는 만석曼碩, 호는 복재復齋. 1376년(우왕 2) 문과에 장원급제하여 정당문학政堂文學을 지냈다. 1395년 이성계의 고명誥命 및 인신印信을 줄 것을 청하러 명나라에 갔다가 표문表文이 불손하다 하여 명나라에서 유배 도중 죽었다. 저서로 『복재유고』가 있다. 시호는 문민文愍.

정흠지鄭欽之　1378년(우왕 4)~1439년(세종 21). 본관은 동래東萊, 자는 요좌堯佐. 1411년(태종 11) 문과에 급제하여 형조판서를 지냈다. 독서를 좋아하였고 특히 『사기』와 『한서』漢書를 잘 외웠다고 한다. 천문에도 밝아 세종의 명으로 역법曆法을 연구하기도 하였다. 시호는 문경文景.

정희량鄭希良　1469년(예종 1)~? 본관은 해주海州, 자는 순부淳夫, 호는 허암虛庵. 1495년(연산군 1) 문과에 급제하여 사가독서賜暇讀書 하였고, 선무랑宣務郎 등을 지냈다. 김종직의 문인으로, 무오사화 때 의주義州에 유배되었다가 1500년 5월 김해로 이배되었다. 음양학陰陽學에도 밝았다.

조말생趙末生　1370년(공민왕 19)~1447년(세종 29). 본관은 양주楊州, 자는 근초謹初, 호는 사곡社谷·화산華山. 1401년(태종 1) 문과에 장원급제하였다.

1442년 숭록대부崇祿大夫가 되었고, 영중추원사領中樞院事를 지냈다. 시호는 문강文剛.

조박趙璞   1356년(공민왕 5)~1408년(태종 8). 여말선초의 문신. 본관은 평양平壤, 자는 안석安石, 호는 우정雨亭. 1382년(우왕 8) 문과에 급제하였다. 조선 개국에 참여하여 개국공신 1등이 되고 평원군平原君에 봉해졌으며, 태종을 옹립한 공로로 좌명공신佐命功臣 3등에 책록되었다. 1409년 생전에 불교를 신봉하였다는 탄핵을 받아 공신녹권이 추탈되었다. 시호는 문평文平.

조업曹鄴   중국 당나라 때의 시인. 자는 업지鄴之. 태상박사太常博士와 양주자사洋州刺史를 지냈다. 저서로 『조사부집』曹祠部集·『예문지』藝文志·『경서제해』經書題解가 있다.

조위曹偉   1454년(단종 2)~1503년(연산군 9). 본관은 창녕, 자는 태허太虛, 호는 매계梅溪. 1474년(성종 5) 문과에 급제하여 동지중추부사를 지냈다. 무오사화 때 김종직의 시고詩稿를 수찬한 장본인이라 하여 의주에 유배되었다가 순천으로 옮겨진 뒤 그곳에서 죽었다. 저서로 『매계집』·『매계총화』梅溪叢話가 있다. 시호는 문장文莊.

조주趙州   중국 당나라 때의 승려. 속성은 학郝, 이름은 종심從諗. 임제종臨濟宗 남천보원南泉普願의 법제자로, 조주趙州의 관음원에 있었으므로 '조주'라 부른다.

종요鍾繇   중국 삼국시대 위魏나라의 서예가. 자는 원상元常. 예서隸書와 해서楷書에 뛰어나 왕희지王羲之와 함께 종왕鍾王으로 병칭되었으며, 진晉나라 무제武帝는 서학박사書學博士를 설치하고 종요를 모범으로 삼을 것을 명하였다. 저서로 『서법십이의』書法十二意가 있다.

주공周公　　주周나라 문왕文王의 아들이자 무왕武王의 동생. 성은 희姬, 이름은 단旦. 무왕을 도와 은殷나라를 멸하였고, 주나라의 기초를 튼튼히 하였다. 예악禮樂 제도를 정비하였으며, 『주례』周禮를 지었다고 알려져 있다. 성왕成王이 어린 나이에 왕위에 오르자 강보襁褓에 업고 대신 정치를 한 것으로 유명하다.

진등陳登　　중국 삼국시대 위魏나라 사람. 자는 원룡元龍. 25세에 효렴孝廉으로 천거되어 벼슬을 시작하였고 전농교위典農校尉를 지냈다. 많은 서적을 박람하여 문예文藝가 있었으며 문무를 겸비하여 명사名士로 불렸는데, 39세의 젊은 나이로 죽었다.

채수蔡壽　　1449년(세종 31)~1515년(중종 10). 본관은 인천仁川, 자는 기지耆之, 호는 나재懶齋. 1469년(세조 15) 문과에 장원급제하였고, 중종반정에 참여하여 분의정국공신奮義靖國功臣 4등에 책록되고 인천군仁川君에 봉해졌다. 1511년(중종 6) 「설공찬전」薛公贊傳이라는 패관소설을 지었는데 사림의 비난을 받아 불태워졌다. 저서로 『나재집』이 있다. 시호는 양정襄靖.

최부崔溥　　1454년(단종 2)~1504년(연산군 10). 본관은 탐진耽津, 자는 연연淵淵, 호는 금남錦南. 1482년(성종 13) 문과에 급제하였다. 1488년 추쇄경차관推刷敬差官으로 제주에 있다가 부친상을 당해 고향으로 오는 도중 풍랑을 만나 표류하다가 명나라를 거쳐 조선으로 돌아왔고, 『금남표해록』錦南漂海錄을 지었다. 무오사화 때 함경도 단천으로 유배되어 6년을 지내다가 갑자사화 때 처형되었다. 그의 표류기는 일본에서도 번역되어 '당토행정기' 唐土行程記라는 제목으로 1769년(영조 45) 간행되었다.

최숙정崔淑精　　1435년(세종 17)~1480년(성종 11). 본관은 양천陽川, 자는 국화國華, 호는 소요재逍遙齋. 1462년(세조 8) 문과에 급제하여 통정대부에 올랐다. 『세조실록』과 『예종실록』의 편수, 『삼국사절요』의 편찬에 참여하였다. 저서로 『소요재집』이 있다.

최항崔恒　　1409년(태종 9)~1474년(성종 5). 본관은 삭녕朔寧, 자는 정부貞父, 호는 태허정太虛亭. 1434년(세종 16) 문과에 장원급제하여 세조조에 영의정에 까지 올랐다. 18년 동안 집현전 관원으로 있으면서 유교적인 의례·제도를 마련하기 위한 고제古制 연구와 각종 편찬 사업에 주도적인 역할을 하였다. 저서로『태허정집』·『관음현상기』觀音現相記가 있다. 시호는 문정文靖.

추연鄒衍　　중국 전국시대 연燕나라의 음양가陰陽家. 제齊나라 출신으로, 오덕종시설五德終始說과 대구주설大九州說이 유명하다. 담천연談天衍으로 불렸으며, 맹자孟子와 동시대 사람이다.

축맹헌祝孟獻　　중국 명나라 때 덕흥德興 사람. 남태복시 소경南太僕寺少卿을 지냈다. 1401년(태종 1) 조선에 사신으로 와서 1402년에 돌아갔다. 시와 그림을 잘하였으며, 새나 짐승의 그림을 잘 그려 사람들에게 준 작품이 많았다고 한다.

편작扁鵲　　중국 주周나라 때의 명의로『사기』에 전기가 실려 있다. 성은 진秦, 이름은 월인越人. 편작이라는 이름은 조趙나라에 갔을 때 지어진 것이라고 한다.『사기』의 기록에 그의 생존 연대가 수백 년에 걸쳐 있다는 점에 비추어 가상 인물로 생각된다. 후세에는 명의의 대명사로 불린다.

포숙아鮑叔牙　　중국 춘추시대 제齊나라의 정치가. 친구 관중管仲을 제나라 환공桓公에게 추천하여 환공을 패자로 만들었다. 관중과의 남다른 우정은 관포지교管鮑之交로 잘 알려져 있다.

필탁畢卓　　중국 동진東晉 때 사람으로, 자는 무세茂世. 죽림칠현竹林七賢의 한 사람. 이부랑吏部郎을 지냈다. 술과 게를 매우 좋아하여 "한 손엔 집게 발 안주, 한 손엔 술 한 잔, 이만하면 일생을 보낼 만하지 않나"라고 말했던 '지오파주'持螯把酒의 고사가 전한다.

하손何遜　중국 남조南朝 양梁나라의 시인. 자는 중언仲言. 약관의 나이에 수재秀才로 천거되었고 상서수부랑尙書水部郞을 지냈다. 음갱陰鏗과 시명詩名을 나란히 하여 음하陰何로 병칭된다. 경물시를 잘 지었고 글자 조탁에 뛰어났으며, 두보에게 인정을 받았다고 한다.

하연河演　1376년(우왕 2)~1453년(단종 1). 본관은 진주, 자는 연량淵亮, 호는 경재敬齋. 1396년(태조 5) 문과에 급제하여 영의정에까지 올랐다. 의정부에 있었던 20여 년간 문안에 사알私謁을 들이지 않았고 법을 잘 지켜 승평수문昇平守文의 재상으로 일컬어졌다. 문종文宗의 묘정에 배향되었다. 편서로『경상도지리지』,『진양연고』晉陽聯藁가 있다. 시호는 문효文孝.

하지장賀知章　중국 당나라 때 산음山陰 사람으로, 자는 계진季眞. 음주를 좋아하였고 시문에 뛰어났으며, 초서·예서에도 능했다. 진사에 급제하여 집현원학사集賢院學士와 태자빈객을 지냈다. 늘그막에 자호를 사명광객四明狂客이라 하고 전리田里로 돌아가 자기 집을 천추관千秋觀이라 했다.

한경기韓景琦　1472년(성종 3)~1529년(중종 24). 본관은 청주, 자는 치규稚圭, 호는 향설당香雪堂. 한명회韓明澮의 손자. 음보蔭補로 돈녕부 봉사敦寧府奉事에 등용되었다. 한명회의 행적을 수치로 여겨 한직에만 머물렀다. 남효온·홍유손 등과 교유하였다. 저서로『향설당시집』이 있다.

한유韓愈　중국 당나라 때의 문인. 창려昌黎 사람으로, 자는 퇴지退之. 당송팔대가의 한 사람이며 고문古文 운동을 주도하였다. 벼슬은 이부시랑吏部侍郞에 이르렀다. 저서로『창려선생집』이 있다.

허성許誠　1382년(우왕 8)~1441년(세종 23). 본관은 하양河陽, 자는 맹명孟明. 1402년(태종 2) 문과에 급제하여 예문관 대제학을 지냈다. 성격이 강직하고 불의를 참지 못했으며, 총명함으로 왕의 총애를 받았다고 한다. 시호는 공간恭簡.

허유許由　　중국 고대 전설상의 인물. 자는 무중武仲. 요堯임금이 왕위를 물려주려 한다는 말을 듣고 자신의 귀가 더러워졌다고 영수潁水 물에 귀를 씻고 기산箕山에 들어가서 숨어 살았다고 한다.

혜가慧可　　중국 선종禪宗의 제2대조. 속성은 희姬, 이름은 신광神光. 향산香山의 보정寶靜에게 출가, 영목사永穆寺에서 구족계를 받았다. 40세에 소림사小林寺에서 보리달마를 만난 일화는 유명하다. 552년 제자 승찬僧璨에게 법을 전하고 업도鄴都로 나가 34년 동안 설법했다. 당나라 덕종은 대조선사大祖禪師라는 시호를 하사했다.

혜강嵇康　　중국 삼국시대 위魏나라 사람으로, 자는 숙야叔夜. 죽림칠현竹林七賢의 한 사람. 노장老莊을 매우 좋아했으며, 벼슬은 중산대부中散大夫를 지냈다. 저서로『혜중산집』嵇中散集이 있다.

홍귀달洪貴達　　1438년(세종 20)~1504년(연산군 10). 본관은 부계缶溪, 자는 겸선兼善, 호는 허백당虛白堂. 1460년(세조 6) 문과에 급제하고, 이조판서 등을 지냈다.『속국조보감』續國朝寶鑑·『역대명감』歷代名鑑을 편찬하였다. 1504년 손녀를 궁중에 들이라는 왕명을 거역하여 장형杖刑을 받고 경원으로 유배 도중 살해되었다. 저서로『허백정집』虛白亭集이 있다. 시호는 문광文匡.

홍언충洪彦忠　　1473년(성종 4)~1508년(중종 3). 본관은 부계, 자는 직경直頃, 호는 우암寓菴. 홍귀달의 아들. 1495년(연산군 1) 문과에 급제하여 홍문관 수찬 등을 지냈다. 갑자사화에 연루되어 유배되었고, 중종반정 이후 풀려났다. 문장뿐만 아니라 글씨에도 뛰어났다. 저서로『자만사』自挽辭가 있다.

홍언필洪彦弼　　1476년(성종 7)~1549년(명종 4). 본관은 남양南陽, 자는 자미子美, 호는 묵재默齋. 1504년(연산군 10) 문과에 급제하였고, 영의정에까지 올랐다. 1545년(인종 1) 을사사화에 가담하여 추성위사홍제보익공신推誠衛社弘濟保翼

功臣 1등에 책록되고, 익성부원군益城府院君에 봉해졌다. 인종의 묘정에 배향되었다. 시호는 문희文僖.

홍유손洪裕孫   1452년(문종 2)~1529년(중종 24). 본관은 남양, 자는 여경餘慶, 호는 소총篠叢. 아전 출신으로 문장에 능해, 남양부사였던 채수蔡壽가 향리의 역역을 면하게 해 주었다. 세조의 왕위 찬탈 후 세속의 영화를 버리고 술과 시로 세월을 보냈다. 무오사화 때 제주에 유배되고 노예가 되었다가, 1506년 중종반정으로 풀려났다. 저서로 『소총유고』가 있다.

홍응洪應   1428년(세종 10)~1492년(성종 23). 본관은 남양, 자는 응지應之, 호는 휴휴당休休堂. 1451년(문종 1) 문과에 장원급제하여 좌의정에까지 올랐다. 1468년(세조 14) 남이南怡의 옥사를 다스린 공으로 익대공신翊戴功臣 3등에 책록되었고, 1471년(성종 2) 좌리공신佐理功臣 3등에 올라 익성부원군益城府院君에 봉해졌다. 성종의 묘정에 배향되었다. 시호는 충정忠貞.

홍일동洪逸童   ?~1464년(세조 10). 본관은 남양, 자는 일휴日休, 호는 마천麻川. 1442년(세종 24) 문과에 급제하여 호조참판 등을 지냈다. 1455년(세조 1) 원종공신 2등에 책록되었다. 1463년(세조 9) 명승지를 유람시키라는 세조의 명을 받아 선위사宣慰使의 직함을 띠고 유람하던 중 홍주洪州에서 과음하여 죽었다. 저서로 『마천집』이 있다.

황정견黃庭堅   중국 송나라 때 시인. 자는 노직魯直, 호는 부옹涪翁·산곡도인山谷道人. 진사에 급제, 지태평주知太平州 등을 역임했다. 사시私諡는 문절선생文節先生이다. 시에 뛰어나서 세상에서 소식蘇軾과 더불어 소황蘇黃이라 불렸고, 행서·초서를 잘 썼으며 해서는 일가를 이루었다. 저서로 『산곡내외집』山谷內外集 등이 있다.

황제黃帝   중국 고대의 전설상의 제왕. 성은 공손公孫, 이름은 헌원軒轅. 중국 문명의 시조로 받들어진다. 복희씨伏羲氏, 신농씨神農氏와 함께 삼황三皇으로 불리며, 처음으로 곡물 재배를 가르치고 문자·음악·도량형 등을 정하였다고 한다.

서명 사전

격재집格齋集　　조선 전기 문인 손조서孫肇瑞의 문집. 1책으로 본집 2권, 부록 2권으로 구성되어 있다. 아들 손윤한孫胤漢이 1479년 간행한 초간본은 병란을 겪으며 유실되었다. 그 뒤 후손 손상룡孫相龍 등이 다시 편집하여 김굉金㙆의 서문을 받아 1831년 간행하였다.

경재집敬齋集　　조선 전기 문인 하연河演의 문집. 3책으로 본집 2권, 부록 3권 및 유묵遺墨으로 구성되어 있다. 5세손 하혼河渾이 시문 약간 편을 모아 『진양연고』晉陽聯稿에 편입하여 1609년 처음 간행하였고, 1826년 후손 하성대河大成 등이 흩어진 시문을 모아 합천陜川에서 활자본으로 간행하였다.

금남집錦南集　　조선 전기 문인 최부崔溥의 문집. 5책으로 본집 2권, 『표해록』漂海錄 3권으로 구성되어 있다. 본집은 외손 유희춘柳希春이 1571년 전라도 관찰사로 재직하면서 간행하였다. 저자가 제주에서 표류하여 중국에 다녀온 전말을 기록한 『표해록』은 1488년 왕명으로 초고본이 완성된 후 승문원承文院에 소장되었다가 명종 연간에 간행되었다. 본집은 임진왜란을 거치면서 유실되었는데, 1676년 외6대손 나두춘羅斗春이 나주목사羅州牧使 이희년李喜年의 도움을 받아 본집과 『표해록』을 합편하여 간행하였다.

기재집企齋集　　조선 전기 문인 신광한申光漢의 문집. 24권 10책. 서발序跋 등이 없어 편찬 연대와 간행자 및 간행 경위를 알 수 없다. 자형字形이나 판각板刻 형태로 미루어 원집原集 12권과 별집別集 7권이 먼저 간행되고 뒤에 부록 2권과 문집 3권이 추각追刻, 합부合附된 것으로 보인다.

나재집懶齋集　　조선 전기 문인 채수蔡壽의 문집. 2권 1책. 초간본은 현손玄孫 채유린蔡有隣이 1568년 칠원현감漆原縣監 재임 시 간행하였으나 현재 전하지 않는다. 중간본은 채지윤蔡之沇이 무안현감務安縣監으로 있는 동안 초간본에 시문, 연보年譜, 세론世論 등을 덧붙이고 송시열宋時烈의 발문을 받아 간행하였다.

뇌계집㵢谿集　　조선 전기 문인 유호인兪好仁의 문집. 7권 2책. 저자 생전인 1490년 시고詩藁를 자편自編하여 성종에게 진헌하였다는 기록이 『성종실록』에 보이며, 1496년 성현成俔이 쓴 「뇌계시집서」㵢溪詩集序로 보아 이때를 전후하여 간행된 것으로 보인다. 그 후 아들 유환兪瑍이 1530년경 함양咸陽에서 목판으로 간행하였다.

눌재집訥齋集　　조선 전기 문인 박상朴祥의 문집. 총 6책으로 본집 7권, 속집 4권, 별집 1권, 부록 2권으로 구성되어 있다. 동생 박우朴祐가 7권으로 산정한 것을 1547년 문인 임억령林億齡이 금산錦山에서 간행한 것이 초간본이며, 이후 몇 차례의 수정을 거쳐 1843년 광주목사 조철영趙徹永이 다시 간행하였다.

능엄경楞嚴經　　한국 불교의 기본 경전의 하나. 원래의 명칭은 '대불정여래밀인수증요의제보살만행수능엄경'大佛頂如來密因修證了義諸菩薩萬行首楞嚴經이다. 총 10권. 중국에서 찬술한 위경僞經이라는 설이 지배적인데, '소화엄경'小華嚴經이라 불리면서 널리 독송되어 한국 불교 사상 형성에 큰 영향을 끼쳤다. 1492년 세조世祖가 간경도감刊經都監에서 언해본諺解本을 간행하게 하였다.

다경茶經　　중국 당나라 육우陸羽가 지은 다서. 총 3권. 760년경에 간행되었다. 상권은 차의 기원·차를 만드는 법과 도구, 중권은 다기茶器, 하권은 차를 끓이는 법과 마시는 법·생산지와 문헌 등이 기록되어 있다.

도덕경道德經　　『노자』老子를 말함. 중국 고대 철학서로, 『도덕경』이라는 이름은 한대漢代에 사용되었다. 춘추시대 말기에 노자老子가 난세를 피하여 함곡관에 이르렀을 때 윤희尹喜가 도를 묻는 데에 대한 대답으로 적어 준 책이라 전하나, 실제로는 전국시대 도가의 언설을 모아 한漢나라 초기에 편찬한 것으로 추측된다. 내용은 우주 간에 존재하는 일종의 이법理法을 도道라 하며, 무위無爲의 치治, 무위의 처세훈을 서술하였다.

동문선東文選　　1478년 성종의 명으로 서거정徐居正 등이 편찬한 우리나라 역대의 시문 선집. 총 133권 45책. 신라의 최치원과 설총薛聰을 비롯하여 편찬 당시의 인물까지 약 500명에 달하는 작가의 작품 4300여 편이 수록되어 있다. 서거정이 지은 서문에는 우리나라 문학에 대한 자부심과 함께 문화유산을 보존하고 계승하려는 의식이 드러나 있다.

망헌유고忘軒遺稿　　조선 전기 문인 이주李冑의 문집. 불분권 1책. 저자의 시문은 1567년 친구인 최숙생崔淑生, 1669년 이선李選 등에 의해 정리되었으나 간행되지 못하다가, 1804년 고성이씨固城李氏의 세고世稿인 『철성연방집』鐵城聯芳集을 중간重刊할 때 함께 수록하여 간행하였다.

매계집梅溪集　　조선 전기 문인 조위曺偉의 문집. 총 2책으로 본집 4권, 부록 1권으로 구성되어 있다. 초간본은 서제庶弟 조신曺伸이 갑자사화 이후 산일된 유문을 정리하여 간행하였는데 현존하지 않는다. 그 후 1718년 김유金楺가 금릉군수金陵郡守로 부임하여 저자의 5대손 조술曺述이 가장家藏해 온 초본草本을 정리하고, 정호鄭澔의 서문, 권상하權尙夏 등의 발문을 받아 간행하였다.

매월당시집梅月堂詩集　　조선 전기 문인 김시습金時習의 시집. 그의 문집은 총 9책으로 시집 15권, 문집 8권으로 구성되어 있는데, 1583년 선조宣祖가 운각芸閣에 명하여, 이산해李山海의 서문을 받아 간행하게 하였다. 현재 국내에는 완본完本이 없고 일본 봉좌문고蓬左文庫에 소장되어 있다.

모재집慕齋集　　조선 전기 문인 김안국金安國의 문집. 15권 7책. 문인 허충

길許忠吉이 영천군수榮川郡守로 부임하여 1574년 유희춘柳希春의 서문을 받아 간행하였고, 박세채朴世采가 증보한 것을 1687년 김구金構가 용강龍岡에서 간행 하였다.

묵재집默齋集　　조선 전기 문인 홍언필洪彦弼의 문집. 총 2책으로 본집 5권, 부록 3권으로 구성되어 있다. 초간본은 아들 홍섬洪暹이 수합하여 1561년 5권으로 간행하였다. 그 후 1935년 후손 홍사철洪思哲 등이 중간하였다.

보한재집保閑齋集　　조선 전기 문인 신숙주申叔舟의 문집. 총 4책으로 문집 17권, 보유 및 부록으로 구성되어 있다. 초간본은 1487년 교서관에서 간행되었으나 현존하지 않는다. 1645년 저자의 7대손 신속申溹이 영천군수榮川郡守로 나갔을 때 초간본 완질을 구하여 이를 17권 4책으로 간행하였다.

불우헌집不憂軒集　　조선 전기 문인 정극인丁克仁의 문집. 2권 1책. 저자의 작품은 임진왜란을 거치면서 거의 유실되었는데, 송시열 당시에 간행이 시도되었다가 중단되고 1786년 후손 정효목丁孝穆이 황경원黃景源의 서문을 받아 간행하였다.

사가시집四佳詩集　　조선 전기 문인 서거정徐居正의 시집. 저자의 문집은 총 27책으로 시집 25권, 시집보유 3권, 문집 6권, 문집보유 2권으로 구성되어 있는데, 1488년 왕명에 의해 운각芸閣에서 간행하였으나 현재 전하지 않는다. 그 후 1705년에 서문유徐文裕가 전주全州에서 중간하였는데, 임원준任元濬·임사홍任士洪의 서문이 실려 있다. 『사가시집보유』四佳詩集補遺는 조선 전기 여러 문헌에서 서거정의 시를 뽑아 모은 것으로, 3권으로 구성되어 있다.

사우정집四雨亭集　　조선 전기 문인 이식李湜의 문집. 상하 2권 2책. 아들 이철李轍과 이식李軾이 가장家藏하고 있던 시고를 바탕으로 편차하여 1500년 성현成俔·채수蔡壽의 서문을 받아 간행하였다. 현재 일본 봉좌문고蓬左文庫에 소장되어 있는데, 이우성李佑成 교수의 『벽사해외수일본』碧史海外蒐佚本에 수록되어 있다.

사재집思齋集　　조선 전기 문인 김정국金正國의 문집. 4권 2책. 초간본은 손자 김효립金堯立이 영유연감永柔縣令으로 재직 시 평안도 관찰사인 윤두수尹斗壽의 도움을 받아 1591년 처음 간행하였는데, 현재 전하지 않는다. 그 후 1603년 윤효선尹孝先이 초간본의 잘못을 수정하고 유실된 부분을 보충하여 간행하였다.

삼국사三國史　　김부식金富軾 등이 인종의 명을 받아 1145년 편찬한 기전체紀傳體 역사서. 총 50권으로 본기本紀 28권, 연표 3권, 지志 9권, 열전 10권으로 구성되어 있다. 삼국과 통일신라의 역사를 연구하는 데 가장 기본적인 사료로 이용될 뿐 아니라, 고려 중기의 역사의식과 문화 수준을 가늠할 수 있는 중요한 자료이다.

삼탄집三灘集　　조선 전기 문인 이승소李承召의 문집. 14권 5책. 외손 이수동李壽童이 간성군수杆城郡守 이희李熙와 함께 1515년 함흥咸興에서 간행하였다. 이후 1535년 이수동이 충청도 관찰사로 재임할 때 청주에서 중간하였다.

세종실록 지리지世宗實錄地理志　　조선의 제4대 왕인 세종의 재위 기간의 역사를 기록한 『세종실록』에 수록된 전국 지리지. 『세종실록』 163권 154책 가운데, 권148~155의 8권 8책에 해당하며, 328개 군현의 지지地志가 기록되어 있다. 지지의 체제를 갖춘 현전하는 최고最古의 독자적인 전국 지리지이다.

소요재집逍遙齋集　　조선 전기 문인 최숙정崔淑精의 문집. 1책으로 본집 2권과 부록으로 구성되어 있다. 순조 연간에 후손 최인점崔仁漸 등이 저자의 유문을 수습하고, 가장본을 합하여 1813년 간행하였다.

소총유고篠叢遺稿　　조선 전기 문인 홍유손洪裕孫의 문집. 1책으로 본집 2

권과 부록으로 구성되어 있다. 8세손 홍술조洪述祖가 구본舊本을 얻어 행장行狀과 유사遺事를 첨부한 뒤에, 이경일李敬一의 서문을 받아 1810년 간행하였다.

시경詩經　　중국 최초의 시선집. 공자孔子가 편집했다고 알려져 있는데, 주周나라 초기부터 춘추시대 중기까지의 시 305편을 모았다. 풍風·아雅·송頌으로 분류되며 모두 노래로 부를 수 있다. 형식상으로는 4언四言을 위주로 하며 부賦·비比·흥興의 표현 방법을 채용하고 있는데, 이러한 수사법은 후대 시인들에 의해 계승되어 몇 천 년 동안 전통적인 예술적 기교로 자리 잡았다.

식우집拭疣集　　조선 전기 문인 김수온金守溫의 문집. 3권 1책. 초간본은 성종成宗의 명으로 교서관에서 간행되었으나 화재를 당해 낙질본落帙本으로 전하였다. 그 후 1673년 14대손 김우준金禹濬이 저자의 유문을 필사하여 낙질본과 함께 1책으로 엮었으며, 성균관대학교 대동문화연구원에서 영인되었다.

십청헌집十淸軒集　　조선 전기 문인 김세필金世弼의 문집. 4권 2책. 1627년 택당澤堂 이식李植이 청주목사忠州牧使로 나갔을 때, 저자의 증손 김인룡金仁龍의 집에서 유고遺稿 1책을 얻고 이를 교정하여 1629년 자신의 서문을 붙여 후손가에 전하게 하였다. 그 후 1748년 7세손 김광악金光岳이 송시열의 신도비명神道碑銘과 민우수閔遇洙의 발문을 얻어 간행하였다.

양곡집陽谷集　　조선 전기 문인 소세양蘇世讓의 문집. 14권 7책. 초간본은 아들 소수蘇遂가 편집하고 박충원朴忠元의 서문을 받아 1571년 곡산谷山에서 간행하였는데, 일본 동양문고東洋文庫에 소장되어 있다.

양촌집陽村集　　여말선초 문인 권근權近의 문집. 40권 10책. 초간본은 아들 권도權蹈에 의해 편찬되었으나 간행 연대는 불분명하다. 그 후 1674년 10세손 권주權儔가 저자의 외손인 남몽뢰南夢賚의 도움을 받아 진주에서 40권 10책으로 중간하였다.

어촌집漁村集　　조선 전기 문인 심언광沈彦光의 문집. 13권 4책. 1572년 초간본이 간행되었으나 유실되었다. 1889년 심양수沈陽洙 등에 의해 중간되었는데, 홍직필洪直弼의 발문이 수록되어 있다.

용재집容齋集　　조선 전기 문인 이행李荇의 문집. 10권 7책. 초간본은 손자 이광李洸이 1586년 함경도 관찰사로 나갔을 때 간행하였으나 널리 유포되지 못하였다. 그 후 증손 이안눌李安訥이 1634년 충청도 관찰사가 되었을 때 청주목사 이경증李景曾에게 부탁하여 간행하였다.

용헌집容軒集　　조선 전기 문인 이원李原의 문집. 4권 2책. 저자의 시는 철성이씨세고鐵城李氏世稿인『철성연방집』鐵城聯芳集에 수록되어 1476년 처음 간행되었다. 그 후 1925년 후손 이종박李鍾博이 권상규權相圭와 함께 저자의 연보를 만들고, 시문 및 제가諸家의 찬술문자撰述文字를 합하여 4권 2책으로 편차하였고, 이것을 후손들이 1957년에 간행하였다.

우암고寓菴稿　　조선 전기 문인 홍언충洪彦忠의 문집. 3권 3책. 저자의 딸 홍씨洪氏가 가장家藏해 둔 것을 외손서外孫婿인 김우굉金宇宏이 1582년 처음 간행하였다. 현재 일본 궁내성도서료宮內城圖書寮에 소장되어 있다.

우정집憂亭集　　조선 전기 문인 김극성金克成의 문집. 6권 3책. 저자의 적손인 김양흠金亮欽이 저자 사후 200여 년 만에 우연히 민가에서 습득하여 등사謄寫하였으나 간행하지는 못하였다. 그 후 김양흠金亮欽의 손자 김영수金永秀 등이 시 600여 수와 문 7편을 4권으로 편집하고 부록 2권을 붙여 1860년 간행하였다.

이평사집李評事集　　조선 전기 문인 이목李穆의 문집. 1책으로 본집 2권 및 부록으로 구성되어 있다. 초간본은 손자 이철李鐵이 1585년 간행하였는데 전하지 않는다. 그 후 증손 이구징李久澄이 초간본의 오류를 수정하고 묘표墓表와 보유補遺를 더하여 1631년 중간하였다.

점필재집佔畢齋集   조선 전기 문인 김종직金宗直의 문집. 저자의 시문집은 총 9책으로 시집 23권, 문집 2권, 이준록彝尊錄 2권, 연보 및 부록으로 구성되어 있다. 1520년 강중진康仲珍이 잔고殘稿를 모아 간행하였으며, 이후 교정과 보판補板을 거쳐 몇 차례 간행되었다. 연보와 문인록門人錄은 1580년 손자 김뉴金紐가 여러 서적과 전문傳聞에 의해 지은 것으로, 1789년 이헌경李獻慶이 교정을 보아 문집에 합부하였다.

중용中庸   중국의 성리학자 주희朱熹가 사서四書에 포함시킨 유교 경전 가운데 하나. 원래는 『예기』禮記 가운데 한 편이었으며, 공자의 손자인 자사子思가 지었다고 전한다.

진일유고眞逸遺稿   조선 전기 문인 성간成侃의 문집. 4권 1책. 저자의 형 성임成任이 유고를 모으고 동생 성현成俔이 편집하여 1467년 목판으로 간행하였다. 1977년 성균관대학교 대동문화연구원에서 이를 정사精寫하여 『이조명현집』李朝名賢集에 수록하여 간행하였다.

추강집秋江集   조선 전기 문인 남효온南孝溫의 문집. 총 5책으로 목록, 본집 8권, 유묵으로 구성되어 있다. 외증손 유홍兪泓이 가장초본家藏草本을 바탕으로 유고遺稿를 수습하여 1577년 간행하였다. 그 후 중간되었다가 저자의 방후손傍後孫 남상규南相圭가 1921년 청도군淸道郡에서 삼간三刊하였다.

춘정집春亭集   조선 전기 문인 변계량卞季良의 문집. 12권 5책. 왕명에 의해 집현전에서 선사善寫한 것을 뒤에 경상감사 권맹손權孟孫이 처음 간행하였다. 초간본이 거의 유실되자 저자를 향사하고 있던 거창居昌 병암서원屛巖書院의 유생들이 유문遺文을 각지에서 찾아내어 1825년 중간하였다.

충암집冲庵集   조선 전기 문인 김정金淨의 문집. 총 7책으로 본집 5권, 연보 2권으로 구성되어 있다. 공주목사公州牧使 허백기許伯琦가 별도로 수습한 유고

遺稿를 신광한申光漢이 소장하고 있던 원고와 합하여 본집과 외집外集으로 나누어, 1552년 간행하였다. 연보는 김원행金元行이 교감校勘한 후 1835년 간행하였다. 그 후 1947년 문집 5권과 연보 2권을 합간하였다.

탁영집濯纓集　　조선 전기 문인 김일손金馹孫의 문집. 총 4책으로 목록, 본집 8권, 속집 2권으로 구성되어 있다. 저자의 시문은 유자광柳子光과 이극돈李克墩에 의하여 대부분 소실燒失되었는데, 1519년 김안국金安國이 2권 1책으로 초간하였다. 이후 여러 차례의 중간을 거쳐 1925년 김영호金榮灝가 본집 8권, 속집 2권 합 4책의 목판본으로 간행하였다.

태재집泰齋集　　조선 전기 문인 유방선柳方善의 문집. 5권 2책. 아들 유윤경柳允庚이 1450년 초간본을 간행하였고, 초간본이 병란 등으로 소실되자 14대손 유천식柳天植 등이 연보, 세계도世系圖, 행장行狀, 유사遺事 등을 부록으로 엮어 1815년 중간하였다.

태허정집太虛亭集　　조선 전기 문인 최항崔恒의 문집. 3권 2책. 처남 서거정徐居正이 저자의 유문 가운데 정수만을 모으고 자신의 서문을 붙여 1486년 처음 간행하였는데, 현재 전하지 않는다. 그 후 8대손 최정현崔鼎鉉이 1707년 중간하였다.

태현경太玄經　　중국 한나라의 양웅揚雄이 지은 역서易書. 총 10권. 『주역』周易을 모의하여 우주 만물의 근원을 논하였는데, 『주역』의 음양이원론陰陽二元論 대신 시始·중中·종終의 삼원론三元論으로써 설명하였다.

허백당집虛白堂集　　조선 전기 문인 성현成俔의 문집. 저자의 문집은 총 8책으로 시집 14권, 보유 5권, 풍아록風雅錄 2권, 습유拾遺 1권, 문집文集 14권, 행장 등으로 구성되어 있으며, 아들 성세창成世昌이 편집하여 선조 연간에 간행하였다. 그 후 1842년 12대손 성재항成載恒 등이 중간하였다.

허백정집虛白亭集　　조선 전기 문인 홍귀달洪貴達의 문집. 원집은 3권 3책, 속집은 6권 3책이다. 원집은 1610년 외현손外玄孫 최정호崔挺豪가 1611년 간행하였으며, 속집은 유치명柳致明의 교감校勘을 거친 후 1843년 간행되었다.

허암유집虛庵遺集　　조선 전기 문인 정희량鄭希良의 문집. 총 2책으로 원집 3권, 속집 3권으로 구성되어 있다. 원집은 저자의 벗인 이우李堣가 1511년 간행하였다. 1897년 11세손 정광서鄭光澨 등이 원집의 내용을 보충하여 속집을 만들고 원집과 함께 간행하였다.

형재시집亨齋詩集　　여말선초 문인 이직李稷의 시집. 4권 1책. 1465년 손자 이영진李永蓁이 처음 간행하였는데, 현재 전하지 않는다. 그 뒤 1618년 후손 이욱李稶이 초간본의 오류를 수정하여 중간하였다.

황정경黃庭經　　중국 위진魏晉 시대 도가들이 양생養生과 수련의 원리를 가르치고 기술하는 데 사용했던 서적. 『태상황정외경옥경』太上黃庭外景玉經과 『태상황정내경옥경』太上黃庭內景玉經을 합쳐서 부르는 명칭이다. 황정黃庭은 인간의 성性과 명命의 근본을 가리킨다.

희락당고希樂堂稿　　조선 전기 문인 김안로金安老의 문집. 8권 6책. 저자의 시문은 저자가 이른바 정유삼흉丁酉三兇의 한 사람이었던 까닭에 간행되지 못하고 후손가에 비장秘藏된 채 전해져 왔다. 그 후 후손가에 전해지던 『희락당고』를 1974년 건국대학교 출판부에서 영인하여 간행하였다.

찾아보기

ㄱ

가도賈島 36
가섭암迦葉庵 238, 239
「갈담」葛覃 63
강복江福 264
강왕곡康王谷 238
강진현 342
개순開順 264
건계建溪의 차 292
검남劍南 36, 264
게(의) 눈 10, 106, 110, 115, 136, 138, 151, 187, 285, 310
경희 선사敬熹師軸 306
계문季文→성중엄成重淹
계융契融 36, 37
고부군 339
고성현 337
고야姑射 242
고창현 344
고흥현 350
공덕사功德寺 78
공석公碩 284, 289
공자孔子 267, 271, 273, 287
관운산關雲山 231
관음사觀音寺 46, 47
광양현 347
광평廣平→송경宋景
구례현 346
굴원屈原 38, 39, 118, 311
권근權近 22, 23, 25, 26, 28, 31
권우權遇 21
균애筠哀 264
근根 선사 194

금곡원金谷園 270
금골산金骨山 253~255
금명金茗 263
「금부」琴賦 262
금설옥미金屑玉糜 61
금헌琴軒→김뉴金紐
기旗 10, 187, 285
기백耆伯→김숭로金崇老
기인杞人 125
김극성金克成 279, 280
김뉴金紐 156, 157, 247
김문량金文良→김수온金守溫
김빈金鑌 329
김세필金世弼 277, 284, 289
김수온金守溫 8, 87~89, 91, 121, 315
김숭로金崇老 108, 109
김시습金時習 8, 173, 175, 177, 178, 181~187, 189, 191, 192, 194~200, 202~205
김시우金時遇 322
김안국金安國 8, 295~298
김안로金安老 299, 302
김일손金馹孫 243, 250
김정金淨 307~309
김종직金宗直 8, 10, 156~160, 162~167, 230, 247

ㄴ

나암 유공懶庵游公 33
나원羅原 264
나주목 11, 341~345, 352
낙안군 231, 350
난예嬾蕊 263
남루南樓 298

남평현 344
남효온南孝溫 8, 228, 229, 246
납면蠟面 263
내모시來牟詩 102, 103
내천來泉 263
노공魯公 125
노동盧仝 43, 54, 72, 115, 117, 132, 134, 141~143, 168, 212, 222, 238, 247, 259, 271, 286
노봉蘆峯 199
노아露牙 100
노자老子 62, 271, 285
녹영綠英 263
뇌검천雷劍泉 191
뇌명雷鳴 263
능악楞岳 199
『능엄경』楞嚴經 121

도곡陶穀 89, 99, 234, 235, 257, 315
도령陶令→도잠陶潛
도잠陶潛 89, 119, 144, 262
독행獨行 263
돌솥 56, 58, 96, 99, 116, 122, 128, 130, 138, 147, 175, 195, 291
동각東閣의 고사高士→하손何遜
동곽東郭 선생 233, 234
동복현 11, 351, 352
동암東菴 62, 64
동중서董仲舒 269
동파東坡→소식蘇軾
동화사桐華寺 231
두금頭金 263
두보杜甫 43, 116, 118, 125, 126, 208, 300, 305
떡차 226

ㄷ

『다경』茶經 9, 141, 142, 187, 200, 238, 262, 287
다방茶房 10, 319, 322
다병茶瓶 81, 322, 328, 332
다부茶賦 10, 262, 273
다시茶時 10, 321, 322
다식방기茶食方機 325
다원茶園 10, 159, 162, 164, 165
다유茶乳 175
다정茶鼎 121
다조茶竈 100
다종茶鍾 322, 328, 330
다천茶泉 221
담양 도호부 348
담정潭鼎 264
당 태위黨太尉 10, 89, 187, 257
대규戴逵 83, 99, 209
대안도戴安道→대규戴逵
도갑산 92

ㅁ

마보麻步 264
마복파馬伏波→마원馬援
마원馬援 119, 120
망해사望海寺 251, 252
매계梅溪→조위曺偉
매계梅谿 스님 25
매성유梅聖兪 271
명茗 263, 273
명곡明谷 스님 73, 74, 78, 79
명월明越 264
명정암明正庵 49
목암 영공牧庵永公 33
몽곽蒙藿 264
묘고야산藐姑射山 260
무민부珢琘賦 282
무쇠탕관 59
무안현 344
무장현 11, 343, 352
무진군 349

무처髮處 264
문연文淵→이원李援
문원文園→사마상여司馬相如
물고기 눈 106, 115, 151, 310
민敏 스님 178, 179
밀양 도호부 335

ㅂ

박금천薄金川 316
박상朴祥 278
박측薄側 263
박 태수朴太守 138
박휘겸朴撝謙 83, 94
방덕공龐德公 147
배뢰蓓蕾 168
백낙천白樂天 271
백련白蓮의 모임 88
백이伯夷 268, 271, 289
백화사百華寺 50, 51
법륜사法輪寺 296
법림사法林社 41
벽송碧松→지엄智嚴
변계량卞季良 8, 21, 43, 44, 51~58
변중량卞仲良 8, 21
보성군 231, 349
보현사普賢寺 195
복록福綠 263
복재復齋→정총鄭摠
봉단차鳳團茶 139, 182
봉병鳳餠 10, 187
부안현 340

ㅅ

사가四佳→서거정徐居正
사가정四佳亭→서거정徐居正
사마상여司馬相如 129, 141, 233, 234, 269
사씨謝氏→사안謝安

사안謝安 104, 233, 234
사운思雲 298
사혜련謝惠連 57, 284
사호四皓 271
산곡山谷→황정견黃庭堅
산동山同 264
〈산수도〉山水圖 98, 99
산음현 338
산제山提 263
산차散茶 263
『삼국사』三國史 162
상성商城 264
생황生黃 263, 273
서거정徐居正 45, 96~104, 106~110, 112~115, 117~122, 124~130, 132~136, 138~144, 146, 147, 149, 181
서호西湖의 처사處士→임포林逋
석교石橋 264
석 잔의 차 134
선다仙茶 143
선장仙掌 263, 273
선지仙芝 263
선춘先春 263
선흡宣歙 264
설수차雪水茶 166
설아雪芽 141
설유雪乳 175, 238, 239
설유차雪乳茶 224
설차雪茶 10, 86, 187, 188, 228, 235, 242, 308, 315
성간成侃 155
성종成宗 10, 140, 150, 210, 242, 294, 333, 334
성중엄成重淹 261
성현成俔 8, 215~219, 287
세 사발 차 143, 238, 267
세마洗馬 264
소룡단小龍團 302
소보巢父 268

소세검蘇世儉 312
소세양蘇世讓 310~313
소식蘇軾 38, 57, 99, 106, 117, 119, 132, 163, 271
소적召的 263
소평邵平 305
속립아粟粒芽 163
손조서孫肇瑞 221
솔바람 소리 10, 106, 116, 128, 129, 136, 187, 188, 223, 224, 307, 309
송경宋景 302
수다완嗽茶椀 334
수미壽眉 92, 94
수정암水精菴 31, 35
숙제叔齊 268
순창군 346
순천 도호부 348
승금勝金 263
승찬僧璨 62, 63
『시경』詩經 50, 63, 102, 236
시출당時出堂 38, 40
신광한申光漢 301, 303, 305
신륵사神勒寺 170~173
신무信撫 264
신분申濆 313
신숙주申叔舟 92, 94, 149
심深 스님 80
심언광沈彦光 8, 314, 316
쌍계雙溪 263
쌍봉雙峯→소세검蘇世儉

ㅇ

아아주鵝兒酒 217
아종鴉鐘 264
악악岳鄂 264
안건題安 98, 99
안관후安寬厚 211
안율보安栗甫→안관후安寬厚

양 효왕梁孝王 269, 270
「양생론」養生論 272, 273
양성지梁誠之 123, 124
양웅揚雄 209, 269
양진楊震 271
양차陽茶 264
어안魚眼 285
엄嚴 스님 219, 220
엄천사嚴川寺 10, 159, 162, 164
여양汝陽 116
영계靈溪 167
영광군 342
영명사永明寺 192, 193, 237
영모翎毛 263
영암군 92, 341
영양다종羚羊茶鍾 328
영은靈隱 스님 71
영초靈草 263
오비五沸 222
오은군吳隱君→오효영吳孝永
오취烏觜 263
오효영吳孝永 108, 109
옥구현 339
옥진玉津 263
옥천玉泉 167
옥천玉川→노동盧仝
옥천자玉川子→노동盧仝
온태溫台 264
왕동王同 264
왕희지王羲之 178
요홍饒洪 264
용계龍溪 264
용단龍團 10, 141, 187
용단차龍團茶 126, 139, 146, 163, 182, 191, 209, 215, 232, 236, 293
용봉龍鳳 182, 263, 282
용봉사龍鳳寺 53
용차龍茶 182, 250
용천사龍泉寺 62, 64

용헌공容軒公→이원李原
우산 장로牛山長老→계융契融
우저牛渚 198
우전雨前 263
우통수于筒水 31, 35
우후雨後 263
운각雲脚 141
운경運慶 263
운유차雲腴茶 10, 187
울산군 335
원민생元閔生 322
원안袁安 209, 233, 234, 256, 257
월단차月團茶 43, 151
월창 방장月窓方丈 41
유관楡關 207, 208
유령劉伶 262, 287
유방선柳方善 8, 62, 65, 67~80
유부兪附 271
유천劉泉 323, 332
유호인兪好仁 222~224
육우陸羽 9, 72, 141, 142, 171, 187, 200, 221, 238, 262, 271, 287
윤 교수尹敎授 48
윤담수尹談叟 112, 113
윤봉尹鳳 327, 328, 330
윤후尹侯 54
음차陰茶 263
의무려산醫巫閭山 251, 252
의적儀狄 271, 272
이로二老 271
이목李穆 8, 10, 262
이백李白 115, 116, 262, 287, 292
이소李愬 234
「이소경」離騷經 311
이식李湜 8, 244, 246, 249
이원李原 8, 48~49, 56, 58, 248
이원李援 248, 249
이윤伊尹 38, 39
이정은李貞恩 228, 246

이주李胄 251~255
이직李稷 36~38, 40, 41
이차공李次公 130, 131
이행李荇 277, 284, 290~292, 301
인제헌麒蹄軒 217
일곱 사발 차 286
일암一菴 148, 149, 152
일창일기一槍一旗 200
일창一槍 286, 300
일휴日休→홍일동洪逸童
임원준任元濬 146
임포林逋 85, 212, 302

ㅈ

자단自端 스님 150
자미子美→홍언필洪彦弼
자순紫筍 10, 187
자심子深→임원준任元濬
자주慈舟→지엄智嚴
작설雀舌 263, 284
작설차雀舌茶 9, 92, 112, 114~117, 187, 207, 213, 217, 277, 320, 326, 327, 333~339, 341~346
잠쏙 스님 118, 119, 128
장성현 345
장안사長安寺 196
장의사藏義寺 26, 27
장자莊子 62, 76, 242, 260
장형張衡 106
장흥 도호부長興都護府 347~351
장흥사長興寺 297, 298
전 장로專長老→일암一菴
전다보煎茶譜 104
점필재佔畢齋→김종직金宗直
정건鄭虔 106
정극인丁克仁 81, 82, 84
정로鄭老→정건鄭虔
정읍현 199, 340

정인사正因寺 274, 275
정자사淨慈寺 223
정중正中→이정은李貞恩
정총鄭摠 27, 28
정희량鄭希良 8, 256~258, 260, 261, 276
제천정濟川亭 215
조업曺鄴 270
조위曺偉 8, 230~233, 235~239, 256, 257, 260, 289
조주다趙州茶 26
조춘早春 263
종수서種樹書 104
종요鍾繇 178
주공周公 271
「주덕송」 287
준峻 스님 177, 202
준俊 장로 202
중니仲尼→공자孔子
중려中慮→권우權遇
『중용』中庸 38
지관사止觀寺 22
지렁이 구멍 108, 115, 144
지렁이 우는 소리 108
지리산 5, 61, 80, 162, 167, 289
지엄智嚴 219
지합指合 263
진등陳登 306
진보進寶 263
진불암眞佛菴 197
진원현 351
진주목 336~339
진해현 339
진훤陳萱 11, 240, 352

ㅊ

차를 전매하는 법(榷茶法) 329
차솥 127
찻잔 153

찻종반(茶鍾盤) 327
창槍 10, 187, 285
창강昌康 264
창성昌盛 327~330
채수蔡壽 226
천荈 263, 273
천원역川原驛 9, 199
천태산天台山 269
청구淸口 263
청구자淸臞子→신분申濆
청성산靑城山 269
청학도인靑鶴道人 299
최부崔溥 240, 241
최숙정崔淑精 170
최항崔恒 85
추연鄒衍 299, 300
춘정春亭→변계량卞季良

ㅌ

『태현경』太玄經 209
태호太湖 264
토원兔園 234, 270

ㅍ

파菠 263, 273
파다병吧茶甁 328
편작扁鵲 271
편차片茶 263
포선逋仙→임포林逋
풍기 김공豐基金公 88
필탁畢卓 115, 116

ㅎ

하동현 338
하손何遜 85, 212
하연河演 59~61

한유韓愈 57, 108, 151, 269
한인수韓仁叟 170
함咸 감사 122
함양군 10, 159, 337
함평현 343
항소杭蘇 264
해수海壽 322
해안蟹眼 285
허虛 스님 47
허유許由 268
형협荊峽 264
혜가慧可 62, 63, 108
혜강嵇康 189, 262, 272, 273
혜산惠山 114, 167
혜산惠山의 샘물 114
호浩 스님 64, 67
홍귀달洪貴達 8, 207~214
홍언충洪彦忠 274, 276
홍언필洪彦弼 281, 291
홍유손洪裕孫 168, 229
홍이부洪吏部 112, 113
홍일동洪逸童 105~107
홍주제洪州題 236
화영華英 263
환귀사還歸寺 79
황매黃梅 264
황정견黃庭堅 280
『황정경』黃庭經 139
황제黃帝 271, 329
흥광興廣 264
흥덕현 345
희공姬公→주공周公